走向数字文明

数字贸易

新一轮全球化的驱动力

中国信息通信研究院 组编
石立娜 岳云嵩 马兰 等著

机械工业出版社
CHINA MACHINE PRESS

《数字贸易》是服务我国数字经济建设，为数字中国战略提供智力支撑的专业经济读物。

新一轮科技革命和产业变革加快推进，数字经济广泛渗透、数字化转型蓬勃展开，数字贸易应运而生，对贸易模式、贸易对象、贸易结构、贸易格局正产生深远影响，推动全球产业链、供应链、价值链和创新链深刻变革，成为新一轮经济全球化的重要驱动力量。本书在明确数字贸易概念内涵、框架体系、现实意义基础上，对全球和中国发展趋势、国别经贸政策、国际规则谈判、数字出海等问题展开深入研究分析。

图书在版编目（CIP）数据

数字贸易：新一轮全球化的驱动力／中国信息通信研究院组编；石立娜等著. -- 北京：机械工业出版社，2025.5. --（走向数字文明）. -- ISBN 978-7-111-78330-5

Ⅰ.F724.6

中国国家版本馆CIP数据核字第2025HP6466号

机械工业出版社（北京市百万庄大街22号　邮政编码100037）
策划编辑：李　浩　　　　　　责任编辑：李　浩
责任校对：张　征　宋　安　　责任印制：常天培
北京联兴盛业印刷股份有限公司印刷
2025年6月第1版第1次印刷
170mm×230mm·16.5印张·1插页·212千字
标准书号：ISBN 978-7-111-78330-5
定价：89.00元

电话服务　　　　　　　　　网络服务
客服电话：010-88361066　　机　工　官　网：www.cmpbook.com
　　　　　010-88379833　　机　工　官　博：weibo.com/cmp1952
　　　　　010-68326294　　金　书　网：www.golden-book.com
封底无防伪标均为盗版　　机工教育服务网：www.cmpedu.com

推 荐 序

中国信息通信研究院副院长　王志勤

当今世界，数字技术正以前所未有的速度重塑社会生产模式、生活方式和治理逻辑，成为重组全球要素资源、重塑全球经济结构、重构全球竞争格局的关键力量。全球数字经济规模持续扩张，5G、人工智能、大数据等数字技术与实体经济深度融合，持续提升经济全要素生产率。数据作为新型生产要素广泛融入生产、分配、流通、消费各环节，其爆发式增长和规模化应用不断催生新产业、新业态。平台作为新的组织方式和商业形态，推动技术和产业变革朝着数字化、智能化方向加速演进，在贯通经济循环、优化社会资源配置的作用日益突显。人工智能快速发展突破，深度融入千行百业，驱动科技跨越发展、产业优化升级、生产力整体跃升等方面深刻变革。

从人类文明史来看，每一次跃迁都伴随着技术与制度的共振。当蒸汽机轰鸣开启工业文明时，亚当·斯密以《国富论》重构经济规则；当电力网络重塑城市形态时，马克斯·韦伯用科层制定义现代治理；今天，数字技术的指数级进化正将人类推向新的文明临界点。人类如何在数字化快速发展中驾驭风险、平衡创新与秩序，是迫切需要解答的难题。

当前，数字化大发展大变革与制度建设的不适应问题日益显现。例如，数据要素的产权界定滞后于交易流通需求，全球算力竞争与数字主权博弈正在影响数字领域的国际合作，政府治理能力亟待提升以更好地适应数字化智能化发展的需要,网络安全威胁从技术漏洞升级为系统性风险。这些矛盾的本质,是工业文明的治理工具箱已经无法拆解数字时代的复杂问题,需要我们系统性思考数字时代的治理体系变革。

基于上述洞察,中国信息通信研究院与机械工业出版社共同策划了"数字经济与治理"系列丛书,以全球视野、中国方案、学术深度、实践导向为锚点,通过《数字治理》《数字贸易》《数字政府》《数字安全》四册,回应当前数字治理的热点难点问题。《数字治理》和《数字贸易》两册聚焦全球层面的数字治理规则重塑、数字贸易演变,洞察了数字化发展背景下的国际治理体系改革和国际经贸发展最新动向,展现了中国积极参与全球数字治理体系建设、深化全球数字贸易合作的实践成果。《数字政府》聚焦国家层面治理能力的提升,基于政府数字化变革的规律特征,提出了建设路径、制度改革和未来发展方向。《数字安全》识别了数字化发展中面临的安全挑战,基于数字安全技术和产业发展分析,探讨了如何在数字化时代实现安全与发展的动态平衡。

从编撰成文到出版发行,"数字经济与治理"系列丛书凝聚了中国信息通信研究院各研究团队的辛勤与智慧。编写团队均长期深耕在产业发展和数字治理一线,拥有丰富的实践经验,书中嵌入了大量我们长期积累的数据和案例。希望这套丛书能成为政策制定者的案头参考、学术研究者的思想火种、行业实践者的行动指南,更期待它激发每一位读者对数字时代"何以治""何以安""何以兴"的深度思考。

历史长河奔腾不息,时代考卷常答常新。站在"数字文明"的新起点上,唯有建立技术向善的治理框架、包容普惠的发展模式、动态平衡的监管体系,我们才能将数字技术的变革性力量转化为文明进步的可持续动能。

前　言

当前，数字技术与国际贸易融合渗透不断深化，数字贸易的发展与规则构建引发各界广泛关注。在以信息技术为代表的新一轮科技革命和产业变革加快推进的背景下，数字贸易以数字技术赋能、以数据流动为关键牵引、以现代信息网络为重要载体、以数字平台为有力支撑，是国际贸易创新发展的一次巨大飞跃，对贸易模式、贸易格局将产生深远影响，推动全球产业与竞争合作深刻变革，成为国际贸易增长的新引擎，为经济全球化注入新动力。

当前，百年变局加速演进，多种因素交织叠加，世界经济进入新的动荡期，数字贸易发展展现出强劲韧性与活力。自2014—2023年，全球数字服务贸易的年均同比增速达到8%，占全球服务贸易的比重由43%上升至54%，成为推动世界经济一体化和国际贸易增长的关键力量。与此同时，数字服务贸易规模波动较小，在稳定全球贸易格局和经济发展方面发挥重要作用。

发展数字贸易越来越受到各国的重视。世界主要国家和地区高度重视数字化转型与数字贸易发展，在多方面继续发力：在促进发展方面，各国持续开展服务业扩大市场准入、加大产业政策支持力度、优化创新发展环境、深化国际互利合作等举措提升数字产业竞争优势。在监管治理方面，各国聚焦个人隐私保护、平台治理、网络安全监管、数据安全保障等方面，完善政策法规、推进监管协调，防范化解新技术、新应用带来的风险挑战。

随着数字化快速推进，数字贸易成为国际规则制定的重点与焦点。贸易方式和贸易对象的数字化引发了新的国际规则制定需求，数字经贸规则的内涵外延不断丰富，从促进电子商务发展向促进数字经济协同创新包容发展转变。面临数字时代供应链韧性、网络安全等挑战，各国一方面加强国际规则合作以及时应对新形势、新问题，另一方面严加国内数字监管导致规则博弈复杂性上升。新兴经济体展现出规则制定和引领潜力，谈判机制日趋灵活多元，国际组织积极制定、推广数字贸易国际标准，以提升数字贸易的互操作性和确保规则适用的一致性。

中国数字贸易发展迅速，规模和增速均居世界前列。党的二十大报告将数字贸易与货物贸易、服务贸易作为建设贸易强国的三大支柱，党的二十届三中全会提出，创新发展数字贸易，为新时期我国发展数字贸易提供了根本遵循，指明了前进方向。近十年，中国数字服务贸易规模实现了翻番，从2014年的约1685.2亿美元增长至2023年的3666.1亿美元，年均同比增速达到了9.6%，在全球排名中稳居前列。2023年，我国数字贸易稳步增长，贸易顺差不断扩大，国际竞争力持续增强。

面对世界经济增长乏力、世界开放指数不断下滑，地缘政治、单边主义和保护主义上升等挑战，数字贸易将作为新一轮全球化的崛起力量，以数据流牵引和驱动物资流、服务流、技术流、资金流和人才流，以平台集聚资源、推动协同、提升效率、构筑生态，为全球发展和合作注入强劲动力。

目 录

推荐序
前　言

第一章　认识数字贸易　/　1

第一节　数字贸易的概念内涵　/　2

第二节　数字贸易推动变革发展　/　4

第三节　数字贸易的特征与分类　/　6

第四节　数字贸易统计测度　/　10

第五节　数字贸易的现实意义　/　22

第二章　全球数字贸易发展态势　/　25

第一节　全球贸易波动加大背景下，数字服务贸易稳定器作用显现　/　26

第二节　ICT 服务是数字服务贸易重要增长极，人工智能等新兴技术赋予数字贸易更大增长潜力　/　28

第三节　数字服务贸易保持多强格局，欠发达地区加速追赶　/　29

第四节　全球电子商务扭转下滑态势，领先经济体增速出现分化　/　32

第五节　数字跨国企业海外销售规模下降，数字领域跨境投资不容乐观 / 34

第六节　国际互联网流量保持高速增长，多极化趋势进一步加强 / 37

第三章　主要经济体数字贸易政策动向 / 45

第一节　发达经济体的数字贸易政策动向 / 46

第二节　发展中经济体的数字贸易政策动向 / 65

第四章　中国数字贸易发展情况 / 81

第一节　数字服务贸易保持稳步增长，规模位居世界前列 / 82

第二节　ICT服务贸易展现活力，典型业态蓬勃发展 / 84

第三节　跨境电商发展迅猛，成为外贸增长新亮点 / 86

第四节　互联网企业出海进程加快，协同效应持续增强 / 90

第五章　数字贸易的关键数字服务和典型应用场景 / 95

第一节　数字贸易的关键数字服务 / 96

第二节　数字贸易的典型应用场景 / 104

第六章　数字贸易推动数字贸易规则进入新阶段 / 117

第一节　数字贸易变革驱动数字经贸规则不断演进发展 / 118

第二节　数字贸易持续增长提升数字经贸规则合作的重要性 / 124

第三节　数字监管环境趋严引发数字经贸规则博弈复杂性上升 / 125

第四节　数字贸易区域格局调整激发新兴经济体规则引领潜力 / 130

第五节 数字时代应对挑战新需求推动谈判机制形成立体化格局 / 133

第七章 数字贸易规则谈判机制最新进展 / 137

第一节 多边机制数字贸易规则谈判进入新阶段 / 138

第二节 双边及区域数字贸易协定谈判维持活跃 / 142

第八章 数字贸易规则重点议题发展态势 / 149

第一节 贸易便利化相关议题 / 150

第二节 数字贸易规则核心议题 / 167

第三节 数字贸易规则新兴议题 / 184

第九章 数字贸易标准的内涵框架及发展趋势 / 201

第一节 数字贸易标准的内涵及框架体系 / 202

第二节 国际数字贸易标准化最新进展 / 206

第三节 我国数字贸易标准制定进展情况 / 216

第十章 数字出海 / 225

第一节 数字出海的目的和意义 / 226

第二节 数字出海的主要路径和最新趋势 / 230

第三节 数字出海的实践典型 / 236

第四节 数字出海的发展展望与政策建议 / 247

第一章

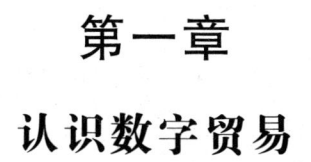

认识数字贸易

第一节　数字贸易的概念内涵

数字贸易是数字技术赋能、以数据流动为关键牵引、以现代信息网络为重要载体、以数字平台为有力支撑的国际贸易新形态，是贸易模式的一种革命性变化，其内涵正不断发展和丰富。

一、数字技术和现代信息网络是数字贸易的基础

数字技术在流通环节的应用，推动传统贸易数字化转型，带来成本降低和效率提升；数字技术在研发、生产、管理等环节的应用，催生出新的服务场景和模式，使得原本不可能贸易的服务变得可以贸易，即原本只能线下交付的服务变为可远程线上交付的服务。

二、数据流动在数字贸易中发挥着牵引和驱动作用

数据流动带动信息流动，牵引资本、技术、人才等要素在不同国家间有序流转，促进货物贸易、服务贸易便利化，推动社交媒体、搜索引擎等新商业模式的国际化发展。

三、数字平台是数字贸易中信息形成、汇聚和交换的重要枢纽

数字平台提供一种将有关市场主体汇聚并进行在线互动的机制，为数据、商品和服务的供需对接，以及研发、创新、生产等的分工协同提供支持。数字平台企业可以记录和提取平台用户之间在线操作和交互的相关数据，在数据驱动增长的时代具有巨大的优势。联合国贸发会议《数字经济报告（2019）》显示，全球市值排名前十位的公司中，有七家使用了基于平台的商业模式。

实践案例 1-1：国际组织和主要经济体对数字贸易的界定

> 相关国际组织和国家围绕数字贸易概念内涵进行了广泛讨论，虽然各方对数字贸易定义的表述尚不统一，但对本质内涵的认识却趋于一致。
>
> OECD、WTO 和 IMF（2020）基于统计目的将数字贸易定义为通过数字订购和/或数字交付开展的贸易，并提出了数字贸易的概念性框架。虽然该定义和框架是为了统计目的而提出，但也可以看出其对贸易开展方式和贸易交易标的改变的强调。
>
> 美国国际贸易委员会（2013）将数字贸易定义为，通过固定线路或无线网络交付的产品和服务。美国国际贸易委员会（2014）修改了其定义，提出数字贸易是互联网及相关技术在订购、生产或交付方面发挥着重要作用的贸易。美国贸易代表办公室（2017）指出，数字贸易是一个广泛的概念，它不仅涵盖了互联网上消费品的销售和在线服务的供应，还涵盖了使全球价值链得以实现的数据流，使智能制造得以实现的服务以及无数其他平台和应用。
>
> 欧盟委员会（2021）对数字贸易的定义是，通过电子手段实现的商品或服务贸易，包括：纯数字的贸易，如在线视频、音乐；仅部分数字化的贸易，如通过网络购买实体图书。

四、数字贸易是数字技术在贸易领域应用的产物

数字贸易是由电子商务、跨境电子商务发展演进而来的商贸活动的一个新阶段。**电子商务**强调商务活动的电子化、网络化，即借助信息技术开展商务贸易活动，如线上推广、网络零售、移动支付等。世界贸易组织（WTO）将其定义为，通过电子方式实现生产、分配、营销、销售或交付商品与服务。

我国《中华人民共和国电子商务法》将其定义为，通过互联网等信息网络销售商品或者提供服务的经营活动。**跨境电子商务**强调跨越国境开展的电子商务活动，我国外汇管理局将其定义为，通过互联网等信息网络从事商品或者服务贸易进出口的经营活动。**数字贸易**是数字技术在贸易领域的应用进一步深化的结果，相比电子商务和跨境电子商务，其同样要求通过"互联网等信息网络"实现，并突出强调以数据形式存在的贸易活动和贸易对象（见图1-1）。

从电子商务到数字贸易
信息通信技术在商贸领域应用不断深化

传统商务与贸易（1.0）
- **商务**：与买卖商品服务相关的商业事务
- **贸易**：是指买卖或交易行为的总称，通常特指不同国家之间的交易

+电子
阶段一：电子商务（2.0）
- **电子商务**：通过互联网销售商品或者提供服务的经营活动
- **电子**：商务活动的信息化

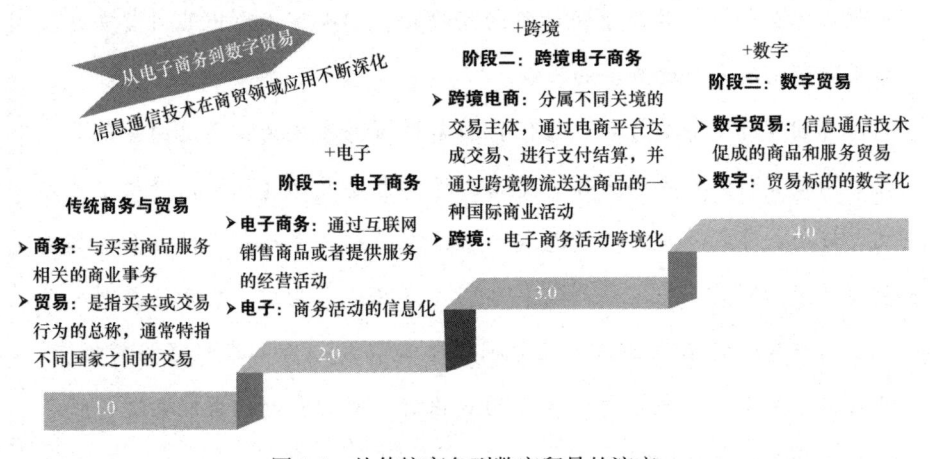

+跨境
阶段二：跨境电子商务（3.0）
- **跨境电商**：分属不同关境的交易主体，通过电商平台达成交易、进行支付结算，并通过跨境物流送达商品的一种国际商业活动
- **跨境**：电子商务活动跨境化

+数字
阶段三：数字贸易（4.0）
- **数字贸易**：信息通信技术促成的商品和服务贸易
- **数字**：贸易标的的数字化

图1-1　从传统商务到数字贸易的演变

第二节　数字贸易推动变革发展

伴随着科技发展进步，国际生产贸易网络的模式形态也在不断变化。许多机构、智库和学者认为，自传统贸易、价值链贸易后，数字贸易正导致新一轮全球化的出现。

一、传统贸易时期，国际贸易相对集中于最终产品的贸易

随着人类社会生产力水平的提升，生产和消费开始分离，人们通过销售手中多余的产品获得货币收益，再进一步购买所需的其他产品，从而实现福

利水平的提升，并导致交易乃至贸易活动开始出现和发展。特别是航海能力的提升，贸易的运输成本极大减少，地理范围极大扩张，使得传统贸易活动逐渐由区域拓展至全球，开启了全球贸易时代。在这一阶段，由于生产、运输和协调水平相对较低，全球分工较为简单，贸易的标的大多是最终产品，如原材料、茶叶、工艺品等，表现为"一国生产、全球销售"。在这一阶段，国际贸易在国民经济中的重要性逐渐增强，货物贸易在 GDP 中的占比由最初不足 1% 逐渐上升至 20% 以上。

二、价值链贸易时期，中间产品贸易在国际贸易中的占比大幅增加

随着技术产业的进一步发展，飞机、汽车、计算机、手机等更复杂的产品出现了，由单一国家独立完成复杂产品生产的难度越来越大，从原材料获取、技术开发应用、规模化生产等角度看都变得不再经济。此外，运输和通信的成本不断降低，企业间协同变得更加容易。在此背景下，"一国生产"转变为"多国生产"，跨国企业开始对全球进行更广泛的布局，将原本由自身独立完成的研发、生产和管理等环节进行更细化的切分，通过对外投资、中间品贸易、离岸服务外包等方式与海外企业进行合作。随着价值链贸易的快速发展，近几十年来，全球制造业中间品贸易占比已经超过 70%。

三、数字贸易时期，国际贸易呈现出更多的数字化特征

国际贸易活动从物理空间延伸至数字空间，推动了线上线下、生产消费、货物服务、内贸外贸的相互融合。国际贸易各领域正面临深刻变革，以往耗时、费力、成本高昂的市场调研、海外营销、交易撮合、物流仓储等环节正因为数字技术应用而得到改善和优化。以往贸易主要是大额商品贸易，现在则出现了跨境电商的小额商品贸易，以及可数字化交付的服务贸易；以往贸易规则主要聚焦于与线下贸易相关的关税和非关税壁垒，现在则更多地开始

讨论线上线下交汇、纯线上等领域的规则，如数字贸易便利化、数据跨境流动、可互操作性、数字市场开放等（见表1-1）。

表1-1 三轮贸易全球化比较

发展阶段		第一轮 传统贸易	第二轮 价值链贸易	第三轮 数字贸易
方式		实地考察、面对面沟通、实物运输、海关监管		贸易全流程数字化、部分服务可以数字交付
对象	货物	最终品	中间品	小额商品、部分商品转变为数字服务形态
	服务	运输服务、旅游服务为主	其他类型服务贸易、离岸服务外包兴起	部分传统服务转变为数字服务形态、新兴数字服务快速发展
	数据	较少		数据贸易出现和发展、跨境数据流动经济影响增大
规则		市场准入	贸易便利化、国内规则、边境后非关税措施（NTMs）	数据流动、数字链接、可互操作性

资料来源：中国信息通信研究院。

第三节　数字贸易的特征与分类

一、数字贸易有两点最突出的变化

1. 贸易方式的数字化

贸易方式的数字化，即面向贸易全流程、全产业链的数字化转型。一方面是推动传统贸易大部分流程的数字化、网络化和智能化发展，实现贸易成本更低、效率更优、主体更多元。例如，许多中小企业通过数字平台搜索海外市场信息、推广商品服务、达成外贸订购，以及获取通关、物流、金融等外贸服务。另一方面是促进各类服务贸易跨境交付方式的数字化变革，丰富了贸易的形式。例如，传统以商品交易、面对面交付或以传统通信方式为主要交付方式的文化、娱乐内容、教育、研发等跨境贸易领域，可以通过广泛丰富的、基于在线途径交付和互动的跨境服务贸易方式来实现。

实践案例 1-2：贸易方式数字化的影响

> 数字技术几乎对外贸领域所有环节都产生了影响，有力地推动了外贸的降本增效，以及解决了一系列信息不对称问题。
>
> （1）外贸信息传递的优化。随着数字技术的发展，越来越多的外贸企业通过搜索引擎和在线广告获取国际市场信息，使得传统贸易中海外市场的调研成本大幅降低；通过数字平台进行宣传推广和商品销售，打造通往国际市场新途径。物理世界的时间、空间的硬约束被打破，买卖双方不再需要在规定时间、规定地点完成交易，国际贸易出现无限可能。
>
> （2）外贸综合服务的转型。外贸综合服务企业借助数字技术，能够为外贸企业提供方便快捷的通关、物流、收汇、退税、结算等服务，细化了贸易分工，简化了贸易流程，帮助中小微企业降本增效、扩大市场、专注研发、打造品牌，已经成为外贸转型升级和创新发展的新动能。
>
> （3）外贸监管模式的创新。为适应贸易方式的数字化，政府在监管政策和方式上也正在推进与时俱进的调整。例如，围绕跨境电子商务发展建立信息共享、金融服务、智能物流、电商诚信、统计监测和风险防控等体系，推动"关""税""汇""检""商""物""融"一体化，以实现跨境电子商务的自由化、便利化、规范化发展。

2. 贸易对象的数字化

贸易对象的数字化即以数据形式存在的要素和服务成为国际贸易中的重要交易对象，可以大体分为三类：

（1）ICT 服务的贸易，包括电信服务、计算机服务、信息服务、软件复制和/或分发的许可证等，可以为经济社会各领域的数字化发展提供强有力支撑。

（2）ICT 赋能的其他服务贸易，即 ICT 服务以外的传统服务通过数字化转型，嵌入不同的数字化载体，从而实现交付内容的数字化，包括数字金融、数字教育、数字医疗、工业互联网等的数字化服务贸易。

（3）具有商业价值的数据要素的跨境流动。数字经济时代，数据已成为一种关键生产要素，广泛融入价值创造过程，推动商业模式创新发展。然而，当前全球范围内数据确权、保护、交易等制度尚不完善，导致数据价值难以衡量、数据交易缺乏保障，因此跨境数据流动的价值尚无法充分体现。未来随着数据交易相关技术、产业和制度的完善，其贸易价值有望得到进一步释放。

实践案例 1-3：贸易对象数字化的影响

数字技术发展应用使得传统服务转变为以数据形式存在的数字化服务，进而推动了贸易对象的数字化。

（1）服务变得可以存储复制。传统服务具有即时性和不可存储性等特点，教育、表演和医疗等服务大多需要面对面进行。随着上述服务被录制并转化为数据形式，可以存储于硬件设备中，甚至是"云"上，"可贸易性"大大提升。

（2）服务对象体现为可以远程在线交付的数据。全球网络普及率、速率稳步提升，网络使用价格持续下降，搭建了广阔、高效、廉价的数字化运输通道，使得种类繁多的数字产品和服务能够实现远程交付，进入不同国家消费者日常生活和企业生产经营之中。

(3) 服务变得更丰富更智能。数字技术赋能于服务活动的各个环节，拓展出更多的可能性。许多高度标准化的重复性工作被机器所取代，服务的提供者由最初的人转变为人和机器，甚至只有机器，服务变得更加自动化、智能化，以及更能满足人们的个性化需求，有助于更好地突破不同国家间的文化障碍。

二、数字贸易的分类

基于数字贸易的内涵特征，本书归纳了数字贸易的九大类型。其中，贸易方式数字化主要体现在数字订购、数字交付和数字技术在其他贸易环节的具体应用，对应的主要业态为跨境电子商务。贸易对象的数字化主要体现在通过数字交付的服务和数据，对应的主要业态为ICT服务、金融服务等可以通过数字化手段进行交付的数字服务贸易（见表1-2）。

表1-2 数字贸易的分类

分类	标的	贸易方式数字化			跨境	举例
		订购	交付	其他*		
1	货物	●		●	●	通过跨境电商平台购买国外商品
2				●	●	借助在线支付、在线展会、智慧物流等手段开展的货物贸易
3	服务	●		●	●	通过网络预订国外景点门票和租车服务
4			●	●		通过线下购买国外保险服务
5			●	●	●	通过线上购买国外流媒体服务
6		●	●		●	通过线上向跨国企业在本国的子公司购买软件
7			●		●	通过线下向跨国企业在本国的子公司购买软件
8				●	●	通过线下购买运输服务，但服务体验因数字技术应用变得更好

(续)

分类	标的	贸易方式数字化			跨境	举 例
		订购	交付	其他*		
9	数据		●	●	●	非货币数据跨境流动或访问,如搜索引擎、社交媒体等免费的跨境数字服务,如促成贸易或间接创造价值的其他数据流动

注:其他*包括与贸易相关的在线展会、在线支付、数字物流、智慧海关、市场大数据分析等。
资料来源:中国信息通信研究院。

上述分类有以下两大特点:一是纳入了借助数字订购、数字交付以外的其他数字化手段开展的贸易,如在线展会、在线支付、智慧海关等,虽然短期内难以在统计中体现,但可以确保长期研究对数字贸易有更综合全面的考量;二是把通过现存商业模式开展的数字交付的服务贸易纳入数字贸易,即不需要跨境,以强调数字跨国企业海外子公司在全球数字经贸活动中仍扮演着至关重要的角色。

第四节 数字贸易统计测度

目前,国内外智库、机构和学者围绕数字贸易的统计测度进行了诸多理论探索和现实实践。

一、数字贸易规模统计测度的国外实践

1. 窄测度:数字交付贸易

联合国贸易与发展会议(UNCTAD)和美国国际贸易委员会(USITC)均采用窄口径方法定义数字贸易,即数字贸易是"通过数字化交付的服务贸易",在线订购的实体货物不在此范围。在具体测度方法上,UNCTAD 提出的"ICT 赋能服务贸易"统计框架被广泛采用。2015 年,UNCTAD 成立工作组开

始推进衡量 ICT 赋能服务贸易的工作。在实际测算时，UNCTAD 提出潜在 ICT 赋能服务（Potentially ICT-enabled Services）的概念，即数字可交付服务贸易，它是基于现有服务贸易统计体系获取数据，计算范围包括所有可以通过数字交付的服务贸易。

具体而言，UNCTAD 将服务贸易分为数字可交付和数字不可交付两类，并基于 2010 年《国际收支服务扩展分类》（EBOPS 2010）第一层的 12 个品类进行划分，将其中 6 个品类划入数字可交付服务贸易范畴，即保险和养老金服务，金融服务，知识产权使用费，电信、计算机和信息服务，其他商业服务，以及视听和相关服务。然而，采用这一统计方法的问题在于，它无法测算 ICT 赋能服务贸易中真正通过数字化交付的部分。

为解决这一问题，2016—2017 年，在瑞典政府的资助下，UNCTAD 通过向企业发放调查问卷，询问企业通过 ICT 远程方式向海外客户进行出口的比例等问题，分别对哥斯达黎加、印度和泰国进行试点调查。结果显示，印度实际数字交付比率达到 81%，哥斯达黎加达到 97%。但总体来看，UNCTAD 对上述国家开展的试点研究尚未在国际上形成数字贸易规模测度的通用范式，实际通过数字交付的服务贸易规模测度仍是当前数字贸易规模测度研究面临的瓶颈所在。

2. 宽测度：数字订购贸易+数字交付贸易

经济合作与发展组织（OECD）、世界贸易组织（WTO）、国际货币基金组织（IMF）等国际组织对数字贸易的界定相对宽泛，采用宽口径定义，认为数字贸易是"所有通过数字化形式订购和/或交付的贸易"。2017 年，OECD 和 WTO 主导的国际贸易机构间工作团队（TFITS）成立专家组，随后 IMF 加入该团队，重点研究数字贸易的概念框架和统计标准。2020 年 3 月，OECD、WTO、IMF 发布首版《数字贸易测度手册》（简称 OECD-WTO-IMF 框架），提出了一个广义版的数字贸易概念框架，再次完善了数字贸易的概念模型，为数字贸易测度做了前期准备工作。

该框架按照交易性质划分，数字贸易被分为三部分：数字订购贸易（Digitally Ordered Trade），指通过用于接收或发出订单的方式在互联网上进行的交易，例如在线购物、在线预定旅行等；数字交付贸易（Digitally Delivered Trade），指通过ICT网络以电子可下载方式远程交付的跨境交易，如在线购买游戏、音乐等非实体的服务或商品；数字中介平台赋能贸易（Digital Intermediary Platform Enabled Trade），指为交易双方提供交易平台和中介服务的行为。

比较UNCTAD提出的窄口径数字贸易测度方法和OECD-WTO-IMF框架提出的宽口径数字贸易测度方法后发现，UNCTAD的窄口径测度只针对服务贸易，其范畴只包含数字可交付的服务贸易，而OECD-WTO-IMF框架的宽口径测度同时考虑了服务贸易和货物贸易，除了和窄口径重叠的数字交付贸易外，还包括数字订购贸易，交易标的既包括货物，又包括服务。

二、数字贸易规模统计测度的国内实践

1. 机构和学者的相关实践

目前，国内机构和学者对数字贸易统计的关注焦点主要集中在实际交付的数字服务贸易方面，采用的方法主要是间接测度法。如贾怀勤教授建议有关部门开展数字贸易测度，并提出可由国际收支表的经常项目统计获取数字可交付服务的规模，然后通过商务部服贸司重点企业服务贸易统计监测调查、社会智库的近似数据或者建立数学模型等方法，获取数字技术融合比（简称"融合比"），具体包括"数字实交比（实交比）"和"数字订购比（订购比）"，再由"实交比"调整数字可交付服务，用"订购比"调整数字可订购服务，最终将调整后数值两者加和得到服务数字贸易的总额。国家工信安全发展研究中心通过运用此方法对我国数字服务贸易进行了试测度。

中国信通院建议构建"数字化作用系数"，包括"数字交付比"和"数字

化率"两个关键系数，来测算跨境服务数字贸易额。其中"数字交付比"与贾怀勤的"数字实交比"类似，也是通过调查获取某类贸易线上交付的规模占贸易总规模的比例，然后与数字可交付服务相乘，得到实际交付的数字服务贸易额。

一点区别是，信通院将数字服务贸易分为"ICT 技术服务贸易"和"ICT 技术支持的服务贸易"两类，"ICT 技术服务贸易"是 100%数字交付的。"数字化率"主要用来测算 ICT 技术赋能的服务中数字技术的贡献份额，这与信通院超宽口径界定的数字贸易概念一致，其认为"不同贸易类型在生产、订购、营销、交付等不同环节的数字技术应用程度不同，且不同贸易类型在不同贸易环节的数字技术应用可产生的效果也不同"，其中包含了数字订购的服务部分，但并不等同于数字订购服务。

天津鼎韬产业研究院重点关注数字形式的服务贸易和服务外包，将数字贸易分为 ICT 服务、离岸外包服务、个人文娱服务、数字中台服务和其他五大领域，测算中也借鉴 UNCTAD 可数字交付服务在现有服务贸易统计体系中的对应关系，构建了"服务贸易的数字化渗透率"评价指标体系，并通过企业调研获得的基础数据，计算出每个领域的数字化渗透率，再通过加和对服务数字贸易的规模进行计算和评估。

国内外的统计测度实践，具体详见下表 1-3。

表 1-3　数字贸易规模测度现状及方法总结

数字贸易		代理指标	建议收集方法	方法提出来源
数字订购贸易	数字订购货物贸易√	跨境电商的货物贸易数据	中国跨境电商管理平台零售（B2C）进出口额	中国海关总署五个代码（9610、1210、1239、9710、9810）
		OECD 跨境电商数据	报关单	《数字贸易测度手册》
	数字订购服务贸易×		1. 企业调查； 2. 家庭调查； 3. 国际服务贸易调查； 4. 增值税数据； 5. 信用卡数据	WTO、OECD、IMF 联合发布的第二版《数字贸易测度手册》

（续）

数字贸易		代理指标	建议收集方法	方法提出来源
数字交付贸易	数字可交付服务贸易√	潜在ICT赋能服务，共6类： 电信、计算机和信息服务； 金融服务； 保险服务； 其他商业服务； 知识产权； 个人文娱	按2010年《国际收支服务扩展分类》（EBOPS 2010）； 从联合国贸发会议统计司国际贸易数据集中收集	联合国贸发会议（UNCTAD）
		信通技术赋能服务贸易，共13类	按2010年《国际收支服务扩展分类》（EBOPS 2010）	第二版《数字贸易测度手册》
	数字实际交付服务贸易×		1. 国际服务贸易调查（ITS）：通过调查数字交付的出/进口占比； 2. 国际交易申报系统调查（ITRS）； 3. 企业调查； 4. 家庭调查； 5. 增值税数据； 6. 专家判断	第二版《数字贸易测度手册》
		数字技术可融合服务中已融合的贸易占比/样本实际数字交付比	1. 样本企业调查； 2. 中国信通院发布的服务业各行业数字经济对全行业增加值占比作为融合比估值； 3. 构建数学模型	贾怀勤"融合比法"
		12大类服务贸易中各类服务业企业的进/出口融合比	样本企业调查	工信安研中心的"两化融合公共服务平台"
		数字渗透率	企业调研+样本采集+统计模型+指标体系	天津鼎韬研究院
	数字服务贸易	数字产品贸易	1. 国际贸易进出口数据：外汇管理局的国际收支数据、商务部服贸司的企业监测数据； 2. 数字经济相关行业领域统计数据：统计局数据、数字经济相关部门； 3. 重点数字贸易企业定期报送数据	中国信通院规划所
		数字服务贸易		
		数字技术贸易		
		数据贸易		
		数字化效率提升贸易		

资料来源：中国信息通信研究院。

2. 商务部的统计实践

商务部服贸司 2021 年和 2022 年连续两年发布的《中国数字贸易发展报告》均对数字交付贸易分类下的数字技术贸易、数字服务贸易、数字产品贸易和数据贸易的发展现状进行了阐述，但均未给出每一分类的具体规模，而是挑选了每一分类下的代表性指标进行了描述性分析，如表 1-4 所示。

表 1-4　商务部报告中国数字贸易分领域统计数据

报告年份	一级分类	二级分类	表 证 指 标
2021	数字交付	数字技术贸易	电信、计算机和信息服务（ICT）贸易规模
			软件出口
			云计算市场规模及全球份额
			数字基础设施
		数字服务贸易	数字服务平台企业数量和市值
			跨境支付业务笔数和金额
			卫星导航与位置服务产业总体产值
		数字产品贸易	文化产品：游戏、网络文学等
			数字产品"走出去"平台
		数据贸易	数据产生量和总量
			中国国际出口带宽
	数字订购	跨境电商	跨境电商进出口总规模
			跨境电商海外布局/出口去向
2022	数字交付	数字技术贸易	电信、计算机和信息服务（ICT）贸易规模
			云计算市场规模及全球份额
			专利合作条约（PCT）国际专利申请总量
		数字服务贸易	金融服务进出口规模
			保险与养老服务进出口规模
			知识产权使用费服务进出口规模
			跨境支付业务笔数和金额
		数字产品贸易	文化产品：游戏、网络文学、影视作品等
		数据贸易	数据产生量和存储量
			中国国际出口带宽
	数字订购	跨境电商	跨境电商进出口总规模
			跨境电商海外布局/出口去向

资料来源：中国信息通信研究院。

三、我国数字贸易统计的重点难点

1. 数字实际交付服务贸易的统计

无论是基于窄口径还是宽口径的数字贸易内涵和测度，如何获取数字实际交付服务贸易总额都是数字贸易测度的关键，国内外对此问题的探索刚刚起步[一]。目前，统计测度数字实际交付服务贸易的方式主要有三种：

（1）已经实践过的试测度，是在已有贸易统计调查基础上增加调查问题的企业直接调查，主要代表是 UNCTAD 在印度、泰国和哥斯达黎加进行的小样本企业调查，以及美国经济分析局（BEA）在原有服务贸易调查问卷中增加的数字实际交付贸易比调查。

（2）国内学者提出的通过样本企业调查获取实际交付比，主要代表是贾怀勤（2018）提出的"融合比法"、天津鼎韬研究院提出的"数字渗透率"等，其基本思想基本一致，主张通过样本企业调查获取数字实际交付贸易占该行业服务贸易总额的比例。

（3）国际组织直接给定的数字实际交付比，主要代表是 WTO、OECD、IMF 联合发布的第二版《数字贸易测度手册》（简称《手册》），以及 WTO 直接在两份报告中给出的界定。其中，《手册》根据 EBOPS 2010（扩展的国际收支服务分类 2010）的服务贸易分类和《服务贸易总协定》确定的四种服务贸易供应模式[二]，选定了特定供应模式下七种服务贸易分类属于可数字交付贸易（Digitally Deliverable Services），分别是电信、计算机和信息服务（ICT 服务），金融服务，保险和养老金服务，知识产权使用费，其他商业服务，个人、文化和娱乐服务，以及旅游服务，具体如表 1-5 所示。

[一] 贾怀勤，高晓雨，许晓娟，方元欣. 数字贸易测度的概念架构、指标体系和测度方法初探［J］. 统计研究，2021，38（12）：30-41.

[二] 模式 1 是跨境供应，模式 2 是境外消费，模式 3 是商业存在，模式 4 是自然人移动。

表 1-5 数字可交付服务按供应模式分配的比例表

	2010 年国际收支平衡表构成部分	模式 1	模式 2	模式 3	模式 4
SF	保险和养老金服务	**100**			
SF1	直接保险	100			
SF11	人寿保险	100			
SF12	运费保险	100			
SF13	其他直接保险	100			
SF2	再保险	100			
SF3	辅助保险服务	100			
SF4	养老金和标准化保障服务	100			
SF41	养老服务	100			
SF42	标准化担保服务	100			
SG	金融服务	**100**			
SG1	明确收费和其他金融服务	100			
SG2	间接测度的金融中介服务（FISIM）	100			
SH	知识产权使用费（其他未涵盖）	**100**			
SH1	特许经营和商标许可使用费	100			
SH2	研究和开发成果的使用许可证	100			
SH3	复制和/或分发计算机软件的许可证	100			
SH4	复制和/或发行视听及相关产品的许可证	100			
SH41	复制和/或发行视听产品的许可证	100			
SH42	复制和/或分销其他产品的许可证	100			
SI	电信、计算机和信息服务	**80**			**20**
SI1	电信服务	100			
SI2	计算机服务	75			25
SI21	计算机软件	75			25
SI21z	其中：软件原件	100			
SI22	其他计算机服务	75			25
SI3	信息服务	100			
SI31	新闻社服务	100			
SI32	其他信息服务	100			
SJ	其他商业服务	**80**			**20**

（续）

2010年国际收支平衡表构成部分		模式1	模式2	模式3	模式4
SJ1	研发服务	90			10
SJ11	为增加知识储备而系统开展的工作	90			10
SJ111	提供定制化的和非定制化的研发服务	90			10
SJ112	出售研发产生的所有权	100			
SJ1121	专利	100			
SJ1122	研发产生的版权所有	100			
SJ1123	工业工艺和设计	100			
SJ1124	因研发而产生的其他所有权销售	100			
SJ12	其他研发服务	90			10
SJ2	专业及管理咨询服务	75			25
SJ21	法律、会计、管理咨询和公共关系服务	75			25
SJ211	法律服务	75			25
SJ212	会计、审计、簿记和税务咨询服务	75			25
SJ213	商务和管理咨询及公关关系服务	75			25
SJ22	广告、市场调查和民意调查服务	75			25
SJ22z	其中：会议、交易会、展览组织服务	75			25
SJ3	技术、贸易相关和其他商业服务	80			20
SJ31	建筑、工程、科学和其他技术服务	75			25
SJ311	建筑服务	75			25
SJ312	工程服务	75			25
SJ313	科学和其他技术服务	75			25
SJ34	贸易相关服务	100			
SJ35	其他商业服务（其他未涵盖）	75			25
SJ35z	其中：就业服务，即人员的搜寻、安置和提供服务	75			25
SK	**个人、文化和娱乐服务**	**75**			**25**
SK1	视听及相关服务	70	10		20
SK11	视听服务	70	10		20
SK11z	其中：音像原件	100			
SK12	艺术相关服务	70	10		20

(续)

	2010年国际收支平衡表构成部分	模式1	模式2	模式3	模式4
SK2	其他个人、文化和娱乐服务	75			25
SK21	卫生服务	75			25
SK22	教育服务	75			25
SK23	遗产及娱乐服务	75			25
SD	**旅游服务**		**100**		

其中，数字实际交付服务仅包含金融服务、保险和养老金服务、知识产权使用费、电信、计算机和信息服务，其他商业服务以及个人、文化和娱乐服务共六类服务贸易通过模式1比例供应的贸易额。与可数字交付服务相比，数字已交付服务不包含"电信、计算机和信息服务，其他商业服务，以及个人、文化和娱乐服务"这三类通过模式4供应以及旅游服务通过模式2供应的部分，即数字实际交付服务贸易规模小于可数字交付服务贸易规模。

WTO和世界银行在2023年发布的《服务贸易促进发展》报告中，给出了2005—2023年的数字实际交付贸易规模，其统计描述是包括表1-5中给出的六类国际收支（BOP）类别通过服务贸易总协定模式1出口的总规模。与之类似，WTO在最新发布的《2023年世界贸易统计评论》中，也给出了数字实际交付的全球出口规模，并从区域内和区域间两个维度对全球的数字实际交付的服务出口规模进行分析，其统计描述也是包括跨境服务（服务贸易总协定模式1）的以上六类服务贸易。

由此可以发现，在UNCTAD"可数字化交付的服务贸易"所规定的六大类服务贸易领域中，WTO上述两份报告和《手册》基本保持一致，认为每种类别实际交付的数字服务贸易比例就是通过模式1提供的比例，因此"金融服务，保险和养老金服务以及知识产权使用费"这三大类是全部完全数字化交付的。而"电信、计算机和信息服务，其他商业服务，个人、文化和娱乐服务，旅游服务"这四类中包含了不能通过模式1跨境交付/数字化交付的服务内容。通过上述总结可知，虽然目前全球范围内尚未形成对数字贸易整体权威统一的统计测度方案，但在数字实际交付贸易方面，WTO已经建立了专门的数字实际交付贸易数据库，并给出了全球、各大洲和国家层面的国际可比数据，这对我国具有重要参考意义。

2. 数字化订购的服务贸易规模的统计

本书认同中国信通院和CIC工信安全对数字订购服务贸易的划分，将EBOPS 2010的12个分类中除了属于可数字交付的6类服务类别外的其他6类服务归为数字订购但未数字交付的服务，包括加工服务、保养维修服务、运输、旅行、建筑和政府服务。该部分是目前数字贸易子项分类中讨论最少的，也是未来统计创新的亮点。目前，我们主要对《手册》进行了讨论，提出的统计方法是通过企业调查、家庭调查、国际服务贸易调查、增值税数据以及信用卡数据等，获取相关规模数据。但目前尚未付诸实践，可作为数字贸易统计测度的长期目标和任务逐步推进。

需说明的是，按照本书对数字贸易组成部分的理解，除了以上两部分，还涉及"数字订购的货物贸易"和"既数字订购又数字交付的服务贸易"，其中"数字订购的货物贸易"主要指跨境电商，我国海关总署对此有权威官方的数据收集和公布机制，为社会各界提供了重要参考。对于"既数字订购又数字交付的服务贸易"，我们尚无法完全从数字交付服务贸易中统计剥离，且占比数值较小，故本书暂未对其统计做详细说明。

3. 数据源问题

（1）长期性、系统性、持续性的基础数据可获得性问题。客观、稳定、可靠的数据来源是测度工作的保障[一]，但目前基础数据不可获得性问题突出，尚无专门的数字贸易数据统计和监测体系。

[一] 高晓雨，王梦梓，贾怀勤. 数字贸易测度研究——从聚焦数字实际交付服务到数字贸易全覆盖[J]. 统计研究，2023，40（11）：17-28.

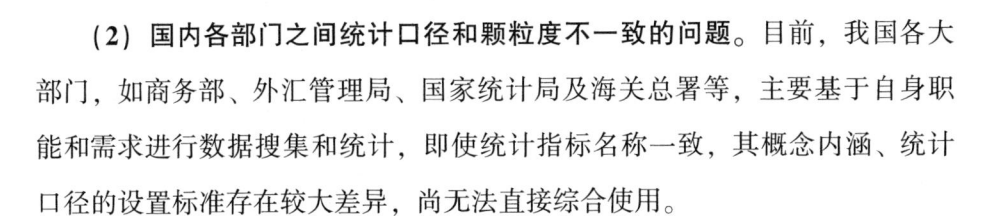

(2) 国内各部门之间统计口径和颗粒度不一致的问题。目前，我国各大部门，如商务部、外汇管理局、国家统计局及海关总署等，主要基于自身职能和需求进行数据搜集和统计，即使统计指标名称一致，其概念内涵、统计口径的设置标准存在较大差异，尚无法直接综合使用。

(3) 各经济体之间数据获取方式不同，部分数据难以运用现有统计工具核算。以《手册》提出的三维统计测算思路为例，发展中经济体远未能做到，即便是多数发达经济体也只是使用所列的某种方法采集到部分栏目所需数据，而非全部栏目要求的数据。

四、数字贸易统计测度的路径探讨和建议

1. 统计原则

(1) 国际可比原则。与国际社会接轨的数字贸易测度架构是确保国际可比性的前提，统计口径应和主要国际组织保持统一，以便于进行国际比较和决策参考。

(2) 长中短期结合，先粗后细原则。完善系统的统计测度框架都是从浅入深、从粗到细逐步建立起来的，在目前国际尚无统计共识方案及国内尚无权威统计结果的现状下，当务之急是建立方便、可操作性强的统计框架并付诸实践。

(3) 短期非独立原则。《手册》明确表示数字贸易并非独立的贸易门类，而是包含在现有货物贸易和服务贸易当中。简而言之，数字贸易统计只改变构成，不改变贸易总量。因此，数字贸易统计应该是基于现有服务贸易和货物贸易的统计剥离，至少在短期内不涉及新的统计方法，应主要依托于现有的货物贸易和服务贸易统计。

2. 短期、中期和长期路径和措施

(1) 短期。短期应基于现有货物贸易和服务贸易统计基础，构建一个方

便统计的、可操作性强的统计思路和框架,并充分利用已有数据进行规模统计。从具体实施来看,对于数字订购的货物贸易,本书研究跨境贸易,数字订购货物主要是货物跨境电商部分,在实际统计中,跨境电商也主要是针对货物。因此本书界定的数字订购货物与我国的跨境电商统计一致,故可直接采用海关总署的中国跨境电商管理平台的统计数据进行表证,来源是海关总署的5个代码(分别是9610、1210、1239、9710、9810)。对于实际交付的数字服务贸易,可在综合借鉴第二版《贸易测度手册》和WTO两份报告中实际交付比的基础上,将金融服务、保险和养老金服务、知识产权使用费三大类的数字实际交付比视作100%,其他三类的实交比可在借鉴基础上(其中,电信、计算机和信息服务以及其他商业服务的实际交付比是80%,个人、文化和娱乐服务是75%),通过国内重点企业调查进行数据校准,以获得更符合中国实际的规模比例。

(2) **中期**。中期对已投入使用的统计思路和框架不断完善、延伸,并结合我国国情和实际需求,逐步建立可考察分领域(如数字技术贸易、数字服务贸易、数字产品贸易和数据贸易)、分省市数字贸易规模的专门统计体系。

(3) **长期**。长期可探索全方位的数字贸易测度方法,可借鉴目前国内外学者探索的数字经济测度方法,建立数字贸易卫星账户、数字贸易供给使用表或投入产出表,从而拓宽数据收集渠道,形成系统而完善的数字贸易测度方法。

第五节 数字贸易的现实意义

一、数字贸易是国际贸易创新发展的一次巨大飞跃

(1) 助力贸易各环节降本增效提质,为传统增长注入新动能。物流、仓储、金融等外贸服务环节加快数字化转型,通过平台为外贸企业提供一站式服务;贸易监管持续数字化与流程创新,办事效率不断提升;通过网络进行

营销和获取市场信息，降低了各方沟通成本和交易风险。

（2）创新了服务提供方式。 随着数字技术的发展，传统服务可复制和高度标准化，服务提供方式也由线下面对面接触转移到线上远程交付，"可贸易性"大大提升。

（3）服务贸易中新模式、新业态不断涌现，催生了新的数字服务。 例如，3D打印技术的发展促进了软件设计的贸易，制造、建筑等行业正越来越多地利用3D打印技术，通过数字网络将设计方案发送到远方，使得制造、建筑等行业的跨境贸易成为可能。

二、数字贸易将推动全球价值链发生深刻变革

数字贸易降低了全球价值链中的通信、运输、物流、匹配和验证成本，有助于协调地理位置分散的研发和生产任务，国际分工更加细化和专业化，价值链不断延伸。例如，大型跨国企业通过供应链管理系统对跨国采购、生产和销售进行管理，实现各个环节的协同化、一体化，有效降低延迟效应。此外，数字服务逐渐渗透进生产经营活动之中，服务要素在投入和产出中的比重不断增长，成为价值链的重要组成部分，影响价值链的收益分配。从投入角度看，以ICT服务为代表的生产性服务，被广泛应用于制造企业的研发设计、生产制造、经营管理等环节，提高了企业生产效率、产品附加值和市场占有率。从产出角度看，企业将生产过程中积累的专业知识转化为各类型数字服务，由提供产品向提供全生命周期管理转变，由提供设备向提供系统解决方案转变。

三、数字贸易是打造国际合作竞争新优势的重要途径

（1）推动本国传统产品和服务更好地拓展国际市场。 为打造和培育参与国际合作竞争的新优势，各国通过推动企业供应链管理、监管流程、服务环

节的数字化转型，帮助企业降低贸易成本和提高贸易效率、提升国际竞争力。

（2）推动本国数字产业融入全球数字领域分工。当今世界正处在向数字经济迈进的时期，跨越式发展路径尚未形成，产业变革和经济新格局尚未定型。世界各国纷纷强化政策引导，着力推动技术创新突破、产业融合应用、数字治理完善，以战略制高点驱动数字经济腾飞。数字贸易有助于数字产业融入全球性数字市场，通过国际市场力量推动本国技术产业发展。

（3）推动监管模式创新与开放合作。数字贸易的快速发展给传统外贸监管带来巨大挑战，如小金额、大批量、分散化的 B2C、C2C 跨境电子商务订单，具有广域、匿名、即时、交互等特点，各国外贸监管部门纷纷创新监管方式，为安全有序的发展提供保障，同时强化政策法规对接，推进国际监管协调合作。

四、数字贸易为包容性发展创造了有利条件

（1）更好发挥中小企业和初创企业的独特优势。数字贸易降低了贸易的成本和参与门槛，为中小企业、初创企业参与国际分工提供了新机遇，有助于推动形成一系列特色的、小众的细分产业市场。

（2）带动发展中国家和农村地区融入数字全球化发展。世界银行 2019 年发布的《电子商务发展：来自中国的经验》显示，电子商务向农村拓展延伸，可为弱势群体创造就业机会，也可为农村居民带来品种多样、物美价廉的外部产品。在全球范围内，加快数字化转型与数字贸易发展，使发达国家向发展落后国家提供在线培训、远程医疗等知识型援助变得更加便利，也为广大发展中国家融入全球化提供了渠道、创造了机会。

第二章

全球数字贸易发展态势

随着数字技术的持续革新，特别是人工智能、大数据、云计算等前沿科技的应用，全球数字贸易经历了前所未有的快速发展。2014—2023年，全球数字服务贸易的年均同比增速达到8%，占全球服务贸易的比重由43%上升至54%，成为推动世界经济一体化和国际贸易增长的关键力量。2023年，全球数字服务贸易在货物贸易额同比下滑5.6%的情况下表现出较强韧性，同比增长9%。其中，ICT服务增长动能更加强劲，实现两位数增长。电子商务作为数字贸易的重要组成部分，2023年成功扭转上一年下滑趋势，为防止货物贸易进一步下滑贡献了积极力量。

第一节　全球贸易波动加大背景下，数字服务贸易稳定器作用显现

一、全球数字服务贸易保持稳定向好

2023年，在地区冲突、地缘政治紧张局势加剧、全球供应链中断等多重因素影响下，全球贸易受到较大冲击。其中，全球货物贸易额同比下降5.6%，数字服务贸易同比增长9%。从图2-1⊖中可以看出，2014—2023年，相较货物贸易和其他服务贸易，数字服务贸易规模持续稳定增长，且波动较小，在稳定全球贸易格局和经济发展方面发挥重要作用。

二、全球数字服务规模增速明显回升

2023年，全球数字服务贸易规模达4.25万亿美元，同比增速明显回升，较2022年（3.7%）上升5.3个百分点。在服务贸易中的占比为54.2%，与

⊖ 本图参考WTO的方法，表示以2014年的贸易规模为基准100，其余年份相对2014年的规模变化情况。

2022年基本持平（见图2-2）。引领全球数字服务贸易增长的动能主要是ICT服务、金融服务、保险和养老金服务，分别贡献了30.2%、13.5%和9.3%的数字服务贸易增长。

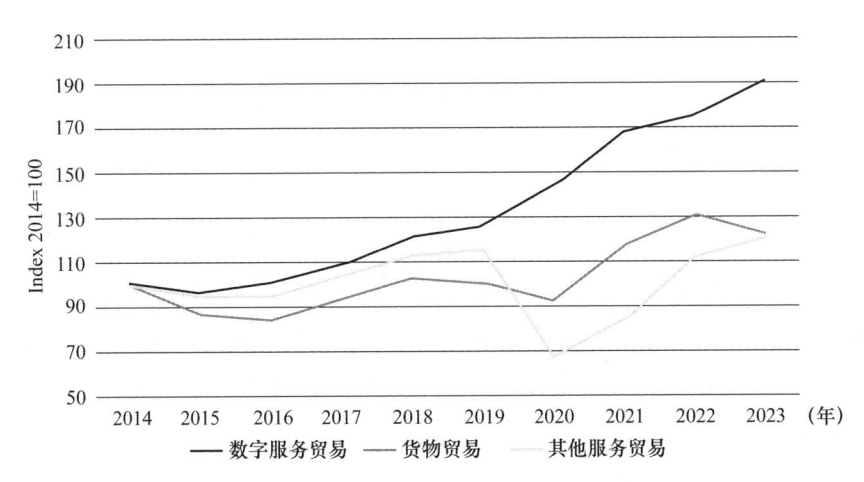

图2-1 2014—2023年全球数字服务贸易、货物贸易和其他服务贸易发展趋势

资料来源：世界贸易组织。

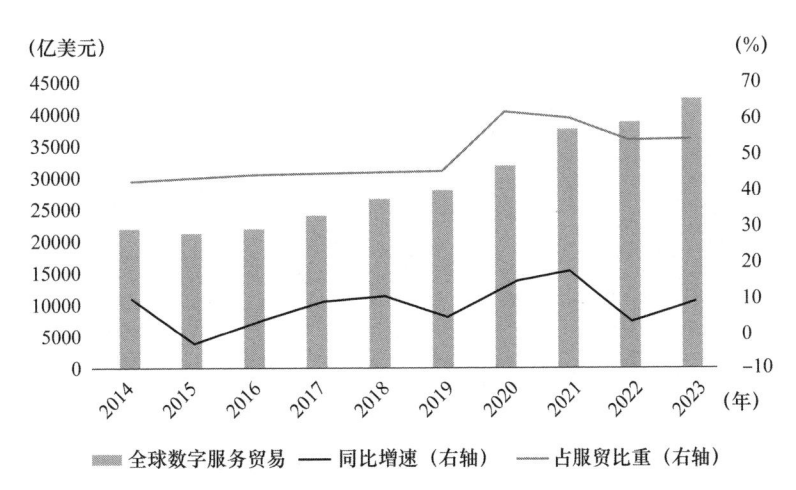

图2-2 2014—2023年全球数字服务贸易规模、增速和占比情况

资料来源：世界贸易组织。

第二节　ICT 服务是数字服务贸易重要增长极，人工智能等新兴技术赋予数字贸易更大增长潜力

一、ICT 服务以高增速高占比持续彰显重要性

从增速看，2023 年 ICT 服务同比增长 11.3%，远高于 2022 年的 5.8%，在细分数字服务贸易中排名第 2，仅次于保险和养老金服务的 17.1%。从占比看，2023 年，ICT 服务规模在全球单项数字服务出口中占比最高（24.6%），规模为 10441.2 亿美元；其次是金融服务 6788.4 亿美元（16.0%）和知识产权相关服务 4615.8 亿美元（10.9%）（见图 2-3）。ICT 服务在数字服务贸易中占据重要地位，反映出全球互联网流量持续增长背景下，对软件、云服务、机器学习和网络安全等需求的继续释放。

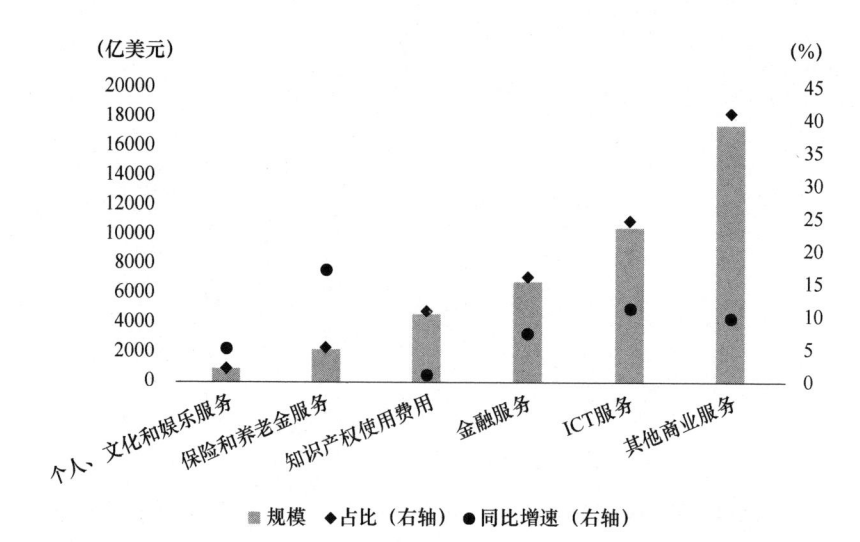

图 2-3　2023 年全球数字服务出口分行业增速及占比情况

资料来源：世界贸易组织。

二、人工智能对数字贸易发展的驱动作用开始显现

（1）生成式人工智能正在显著改变软件服务、信息服务、视听和文娱等数字服务部门的创作、传播和使用方式，为数字服务贸易提供新的驱动力。根据彭博智库（Bloomberg Intelligence）预测，以生成式人工智能为核心的信息技术服务支出将从2022年的0.8亿美元增长到2027年的216.9亿美元。

（2）人工智能可促进贸易便利化、提高贸易效率、降低贸易成本以及增强供应链的透明度和韧性，进而引发国际贸易方式产生变革。例如，人工智能结合物联网技术，可以及时分析和处理海关检测数据中的异常情况，自动化和优化业务流程，改进清关时的风险管理，并提出最佳通关路线建议。人工智能与区块链技术结合可以创建智能合约，实现自动支付处理、托管服务和贸易融资，降低跨境贸易中的支付延迟、纠纷和欺诈风险。人工智能也被用于识别假冒产品、检测是否滥用关税优惠等。但人工智能发展也带来了版权保护、隐私保护和市场垄断等挑战，需要健全的监管框架确保人工智能技术健康可持续发展。

第三节　数字服务贸易保持多强格局，欠发达地区加速追赶

数字服务贸易前十强的市场集中度基本未变，英国、印度和法国增速突出。2023年，全球数字服务贸易排名前十的经济体构成与上年完全一致，仍然由八个发达经济体和两个发展中经济体构成，且相比2022年均实现规模增长。从规模排名看，美国、爱尔兰、英国的数字服务贸易规模继续排在前三位。从全球占比看，2023年前十经济体的数字服务总出口规模占全球数字服务出口规模的65.6%，与2022年的65.7%基本持平。其中，爱尔兰、英国、

荷兰、印度和法国全球份额上升，美国、德国、中国、新加坡和日本全球份额下降。从增速看，英国、印度、荷兰和法国的同比增速均在10%以上，爱尔兰、德国、新加坡、日本四个经济体的同比增速均在5%~10%（见图2-4）。

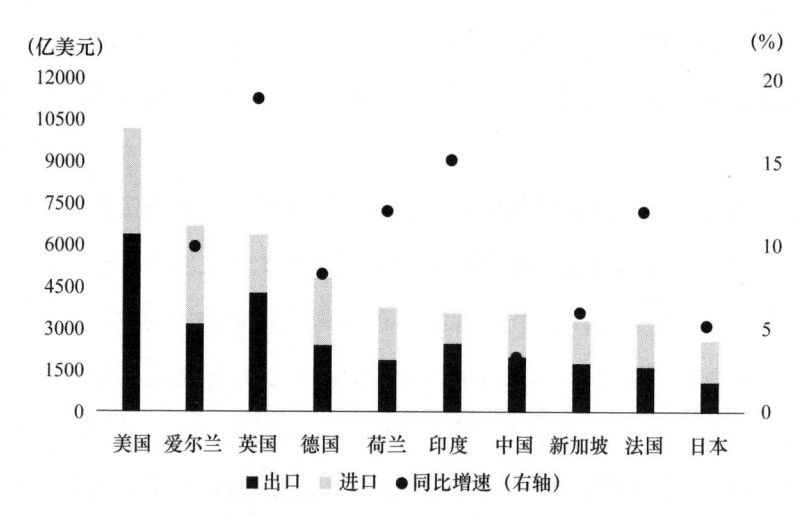

图2-4 2023年数字服务贸易规模前十的经济体

资料来源：基于WTO数据计算。

数字服务出口区域集中度依然较高，欠发达地区增速较快。从区域集中度看，2023年，全球数字服务出口仍主要集中在欧洲、亚洲和北美洲三大区域，共占据全球数字服务出口的95%，相比2022年（93.5%）略有上升。其中，欧洲在全球数字服务出口中所占比重超过一半（53%），其次为亚洲（24%）和北美洲（18%）（见图2-5）。

从增速看，2021—2023年非洲、中南美洲和加勒比地区等欠发达地区数字服务出口的增长速度较高，分别同比增长12.6%和10.6%，超过了全球平均水平（9%），尤其是非洲，其同比增速在各区域中排名第一（见图2-6）。

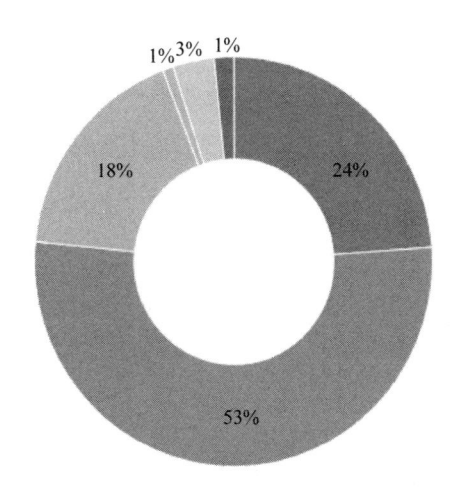

图 2-5　2023 年全球分区域数字服务出口贸易占比情况

资料来源：世界贸易组织。

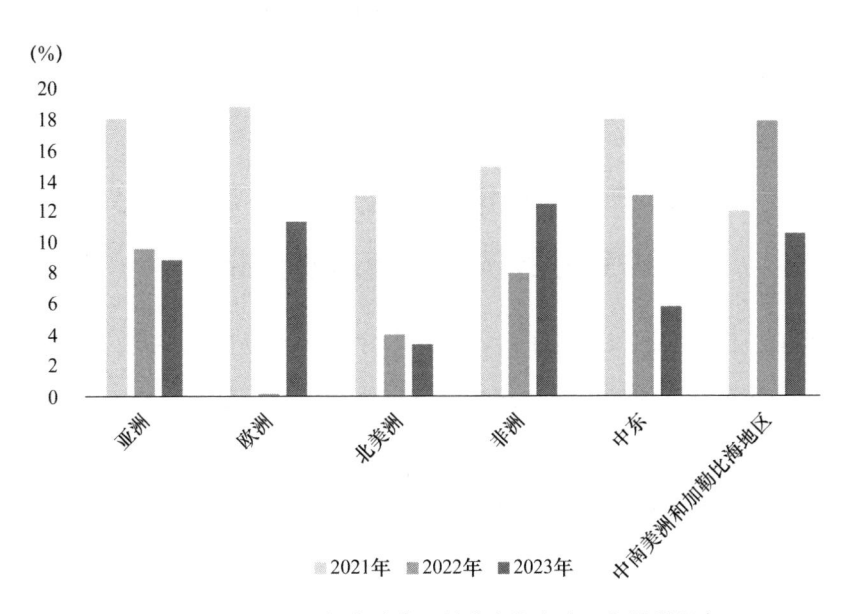

图 2-6　2021—2023 年全球分区域数字服务出口贸易增长率

资料来源：世界贸易组织。

非洲被视为全球最后的"数字蓝海",世界主要经济体和大型企业竞相在非洲数字各领域发力,加强对非洲数字经济的投资与布局。如美国、欧盟均在非洲进行了强有力的数字战略部署。2022年8月,美国发布《美国对撒哈拉以南非洲战略》,同年12月启动"非洲数字转型倡议",将扩大非洲数字接入、改善数字生态系统作为首要目标。2022年2月,欧盟宣布实施《欧盟-非洲:全球门户投资一揽子计划》,对非洲数字基建进行大规模投资是该计划的重要内容之一,将加快非洲大陆的数字化转型。中国在加强非洲数字基础建设方面起到关键作用,《中非合作论坛—达喀尔行动计划(2022—2024)》提出,制定并实施"中非数字创新伙伴计划",积极探讨和促进云计算、大数据、人工智能、物联网、移动互联网等新技术应用领域合作,携手拓展"丝路电商"合作。微软、亚马逊云(AWS)和甲骨文等数字巨头纷纷在非洲建立数据中心和跨国网络等。中国企业为非洲电信运营商提供设备和技术服务,有效提升了区域信息化水平,助力非洲经济数字化转型项目落地实施。

第四节　全球电子商务扭转下滑态势,领先经济体增速出现分化

目前,国际层面仅统计了各经济体数字服务贸易的国际可比数据,围绕跨境电商统计制度的框架设计和测度实践尚不完善,缺乏全球及各国层面跨境电商发展的国际可比数据。因此,本书采用权威数据分析公司 Statista 在全球和各国层面的 B2C 电子商务交易额数据进行分析。

一、全球电子商务交易额恢复正增长

2023 年全球 B2C 电子商务(包含跨境电商和国内电商)交易额达 3.59

万亿美元，同比增长 0.8%，增速较 2022 年（-1.3%）提高约 2.1 个百分点（见图 2-7）。在全球线下消费基本恢复的情况下，电子商务恢复正增长，意味着其市场基础已得到进一步巩固。预计未来几年，全球 B2C 电子商务交易额规模将继续呈现温和增长趋势。

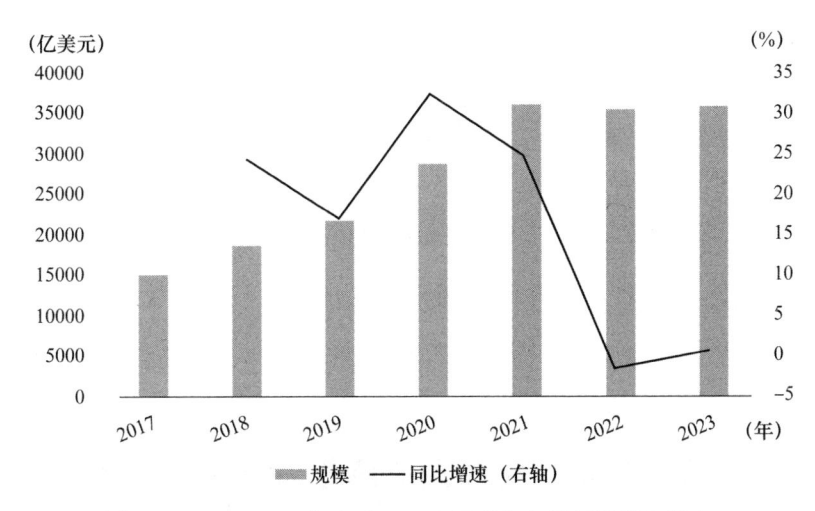

图 2-7　2017—2023 年全球 B2C 电子商务交易额规模和增速

资料来源：Statista。

二、全球电子商务市场格局相对稳定，领先经济体增速分化

从规模看，2023 年 B2C 电子商务交易额前十经济体与上年基本保持一致。其中，中国和美国的总规模依然处于绝对领先地位，分别约为 1.3 万亿美元和 1.1 万亿美元，在全球中的占比分别为 42%、36%。日本、英国、德国、韩国、法国和加拿大等发达经济体为第二梯队。从增速看，2023 年美国、日本、加拿大、印度的 B2C 电子商务交易额实现正增长，其他六个经济体均出现负增长，但跌幅比上年有所收窄。其中，美国同比增速最高，为 12.9%（见图 2-8）。

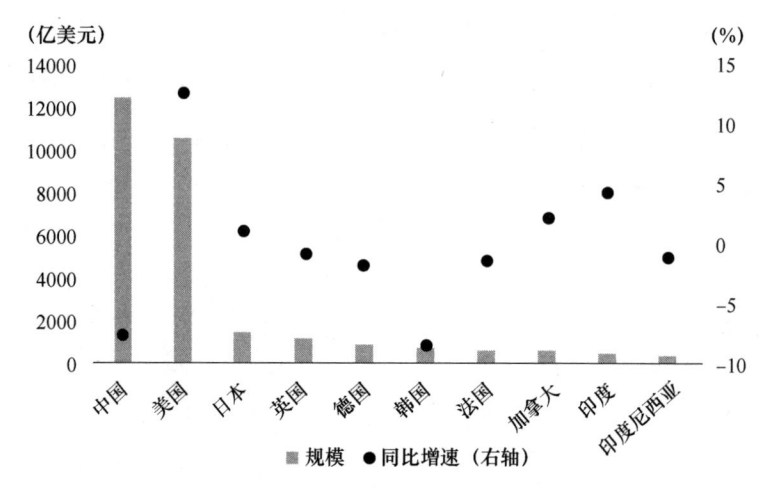

图 2-8　2023 年全球 B2C 电子商务交易额前十经济体

资料来源：Statista。

第五节　数字跨国企业海外销售规模下降，数字领域跨境投资不容乐观

数字跨国企业是数字服务提供的主体之一，其海外销售、资产和雇员的增速和占比可以反映当前数字企业在境外开展国际业务的情况。数字领域对外投资不仅是数字跨国企业开展国际业务的前提条件，也是反映数字领域国家间经济联系程度和全球数字贸易发展态势的重要指标。

一、数字跨国企业国外销售下滑，国外资产占比降至五年内新低

本书从全球非金融类百强企业中筛选出分属 5 个数字行业的 18 家跨国企业[1]，并对它们的财报数据进行挖掘分析。结果显示，从规模变化看，2023

---

[1] 代表性数字跨国企业包括：三星、苹果、字母表、IBM、微软、SAP、亚马逊、鸿海、英特尔、康卡斯特、德国电信、日本电报电话、西班牙电信、沃达丰、索尼、华为、腾讯、法国电信。涉及行业包括：电信服务、计算机服务、电子商务、通信和计算机设备、电子元器件。

年代表性数字跨国企业的国外销售收入较 2022 年同比下降 7.2%，为近 5 年来的首次下降；国外资产增长率近 5 年无明显变化，2023 年仅略微增长约 0.5%。从占比看，国外销售收入占总销售收入的比重约为 57%，相较于 2022 年（57.7%）下降约 0.7 个百分点，与近 5 年相比未发生明显变动。国外资产占总资产比重约 49.4%，相较于 2022 年（50.5%）下降了约 1 个百分点，与 2019 年、2020 年相比下降更多，为近 5 年来最低水平，意味着延续性的"海外资产轻量化"趋势进一步加强（见图 2-9）。2023 年以来，全球贸易投资复苏乏力，主要市场需求低迷，直接影响了数字跨国企业的总销售收入和国外销售收入。同时，面对不确定的国际政治和市场环境，企业会进行海外业务战略调整，选择减少海外资产投资。

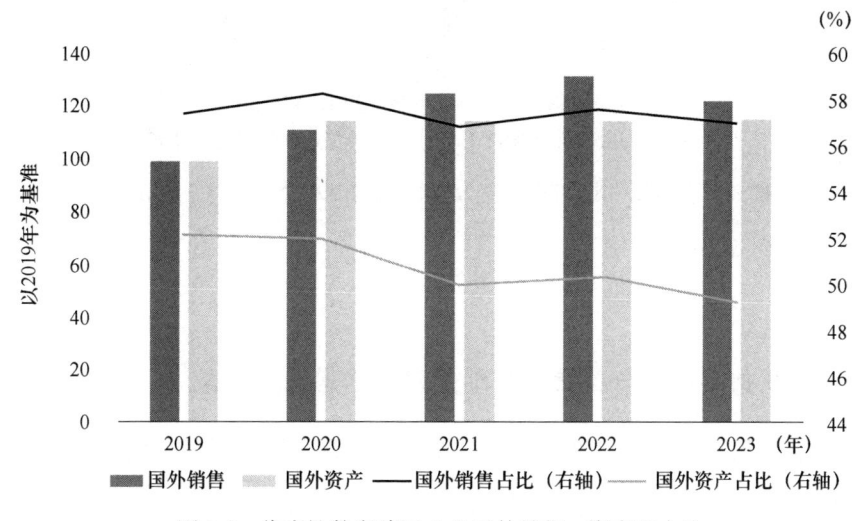

图 2-9 代表性数字跨国企业国外销售、资产和占比

二、数字领域跨境投资规模和全球占比下滑严重

本书基于 UNCTAD 关于数字核心产业和信息通信业的投资数据分析显示，绿地投资方面，信息通信业作为数字服务领域较具代表性的产业部门，

2023年绿地投资金额为1100亿美元，同比下降14%（见图2-10），高于全球跨境投资下降10%的幅度。数字核心产业①绿地投资金额和全球占比也出现断崖式下降，金额为203.82亿美元，相比2022年的345.18亿美元下降41%。

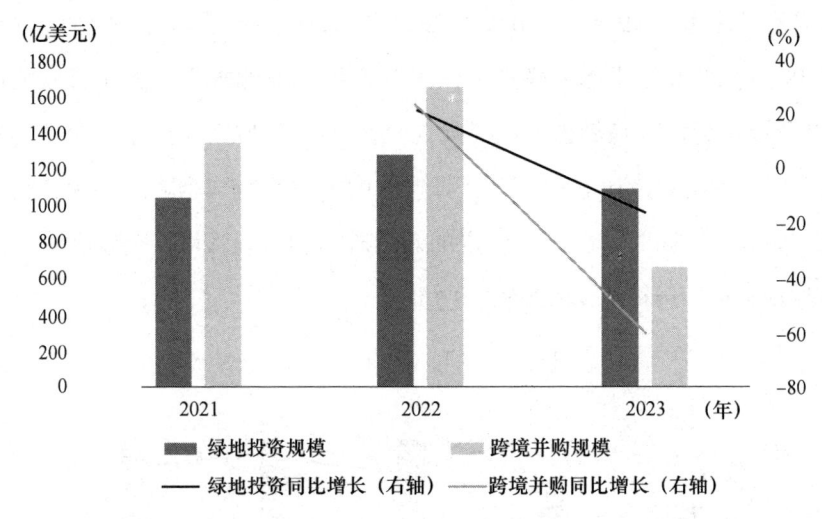

图2-10 2021—2023年全球信息通信业绿地投资和跨境并购情况

资料来源：UNCTAD。

三、从数字产业分类看，绿地投资衰退是普遍现象

2023年互联网平台、数字内容、数字解决方案和电子商务的绿地投资金额分别同比下降86.8%、76.5%、41.1%、28.2%（见图2-11）。跨境并购方面，2023年，信息通信业的跨境并购额虽然在服务业中依然位居第一，但只有670亿美元，相比2022年的1660亿美元下降60%（见图2-10），在全球跨

---

① UNCTAD 中的数字核心产业与我国数字经济中的数字核心产业分类有所区别，前者主要包括数字内容、数字解决方案、电子商务和互联网平台，其中数字内容和数字解决方案是数字服务贸易的重要组成部分，电子商务属于跨境电商，互联网平台则是开展数字服务贸易和跨境电商的关键中介平台。

境并购总额中的占比约为 17.7%，较 2022 年下降约 24.5 个百分点。UNCTAD 报告显示，2023 年服务业跨国并购的整体金额下降了一半以上，信息通信业则是服务业中下降最多的。2023 年全球范围内更紧缩的金融环境、更严格的投融资条件、投资者的不确定性提高、信心水平下降，以及反垄断机构和外国投资监管机构对绿地投资和并购交易更严格的监管审查，是导致绿地投资和跨境并购下降的主要原因。

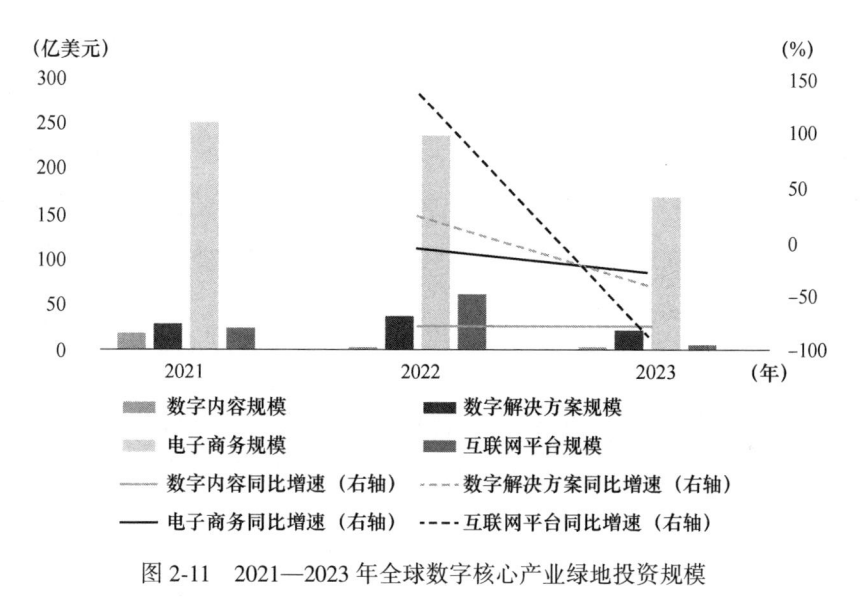

图 2-11　2021—2023 年全球数字核心产业绿地投资规模

资料来源：UNCTAD。

第六节　国际互联网流量保持高速增长，多极化趋势进一步加强

随着全球经济的数字化转型，数据已经成为重要的生产要素。数据流量本身既是可数字化贸易的对象，又是支撑全球数字贸易繁荣发展的重要驱动力，其流动趋势与数字贸易发展态势与各国法规监管密切相关。目前，国际

带宽容量和国际互联网流量平均值是表征全球跨境数据流动情况的主要指标。其中，国际带宽容量代表国际互联网传输数据流量的最大能力，国际互联网流量平均值代表国际互联网数据的实际流动状态。

一、跨境数据流动对国际经贸发展至关重要

1. 可以拉动全球经济增长

跨境数据流动使得数字服务贸易可跨越地域限制实现远程线上交付，如数字医疗、在线办公、在线教育等。数据通过数字平台在各国生产者和消费者间流动，支撑跨境电子商务蓬勃发展和在线市场高效运营，且跨境数据流动对数字贸易及经济增长具有明显拉动效应。据麦肯锡估测，数据流动量每增加10%，将带动GDP增长0.2%。到2025年，全球数据流动对经济增长的贡献将达到11万亿美元。

2. 可以扩大全球化参与

数据要素推动的数字全球化已成为区域间重要的联系纽带，是数字贸易范围扩大和频次提升的重要原因。跨境数据流动可以降低中小企业参与跨境业务所需的最小规模和边际成本，提升其数字贸易参与度，使其能够"生而全球化"。同时，OECD发布的报告显示，跨境数据流动可以帮助跨国企业建立并维护复杂的全球价值链，有效协调人力资源、研发、生产、销售和售后等流程，助力更多欠发达国家和地区更广泛融入全球贸易网络并从中获益。麦肯锡研究认为，以跨境数据流动为基础的数字贸易对欠发达经济体的经济增长具有显著促进作用。

3. 深刻影响全球化和全球价值链分工

跨境数据流动在传输信息流和知识流的同时，支持商品、服务、资本等的全球流动，促使全球进入超级互联时代，深刻改变参与主体、跨境交易方式和经济利益流向等全球化轨迹。推动全球价值链中高端向具有数据要素和

数字技术优势的地区和企业转移，形成新的"全球数据价值链"[一]，增加全球化收益新维度，进一步影响国际利益分配格局。同时，促进全球产、学、研等创新主体之间的知识共享和协作创新，通过跨境交流信息、研究成果和应用实践，不断推动技术创新突破，进而改变全球价值链分工。

二、全球互联网流量增长略有放缓，但仍保持较高水平

1. 流动规模

2023年，全球互联网流量规模达到313.2TBPS，较2022年（253.7TBPS）增长59.5TBPS。从2019—2023年增速看，全球互联网流量规模的同比增速在2020年最高，达到46%。此后三年稳定在25%左右，2023年为23%，较2022年（28%）降低约5个百分点（见图2-12）。这主要是由于2019—2020年疫情居家导致全球互联网流量激增，2021—2023年回归正常模式后的全球互联网流量增速有所放缓，但仍然保持20%以上的强劲增长。

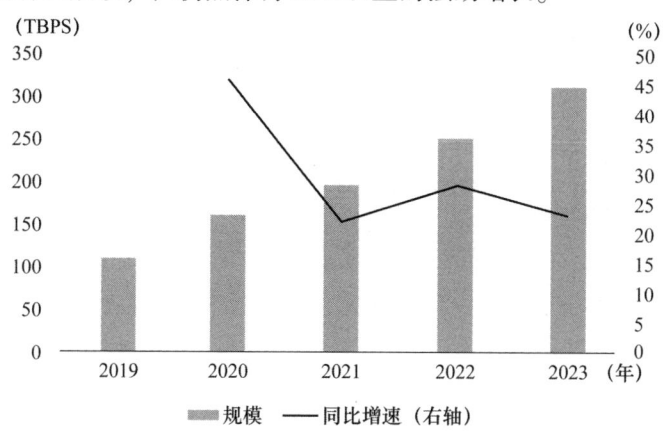

图2-12　2019—2023年全球国际间互联网流量规模和增速

资料来源：Tele Geography。

[一] Nguyen D, Paczos M. Measuring the economic value of data and cross-border data flows: A business perspective [J]. OECD Digital Economy Papers, 2020. DOI: 10.1787/6345995e-en.

2. 区域

欧洲、亚洲占据全球互联网流量中心地位，非洲流量增速全球最高。从规模占比看，2023年欧洲、亚洲互联网流量规模分别达到183TBPS、104.5TBPS，全球占比分别为42%、24%，与2022年基本一致。其次分别是北美[①](14.7%)、中东（7.0%）、拉丁美洲（6.9%）、非洲（3.9%）以及大洋洲（1.0%）。与2019年相比，欧洲、北美的互联网流量规模全球占比分别下降3个和1.1个百分点，亚洲、非洲和拉丁美洲则分别上升3.4个、1个和0.5个百分点（见图2-13），全球互联网流量中心开始由发达地区向发展中地区缓慢转移，但总体仍以欧洲、亚洲为中心。

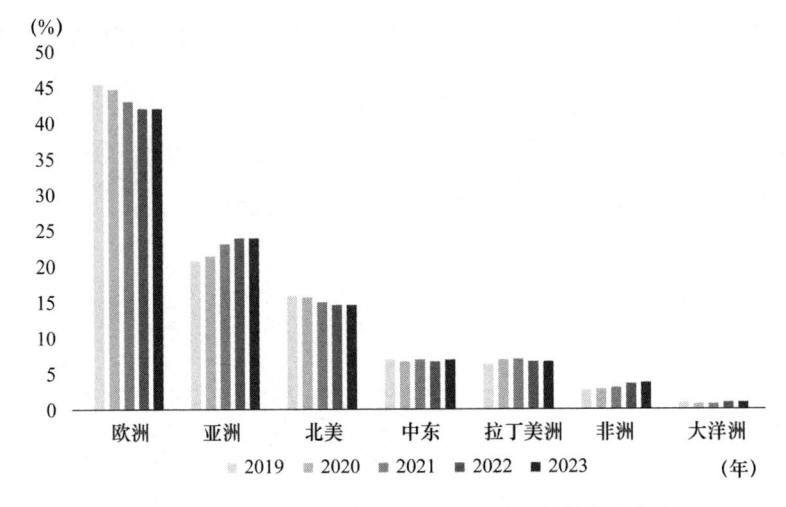

图2-13 2019—2023年各大洲国际互联网流量全球占比

资料来源：Tele Geography。

3. 同比增速

2023年全球各大洲的国际互联网流量规模均实现了20%以上的高速增长，且流量规模较低的区域具有更高的同比增速。其中，非洲在2023年同比增速

---

① 主要指美国和加拿大，后同。

最高，超过 27%，其次为大洋洲和中东地区，同比增速分别为 25%、24% 左右，而北美、亚洲、欧洲以及拉丁美洲同比增速基本一致，约为 23% 左右（见图 2-14）。非洲流量规模增速最高主要得益于三方面因素：一是 2023 年大规模的网络基础设施建设和升级（包括多条海缆和陆地光纤网络），大幅增加了非洲内部及其与欧洲、亚洲的连接带宽；二是微软、亚马逊和甲骨文等云服务巨头在非洲建立数据中心，增强了本地的数据处理和存储能力；三是非洲消费者对 4G 和 5G 移动通信技术的广泛采用，非洲跨国网络数量的增加以及谷歌、Meta 和阿卡迈（Akamai）等企业内容本地化策略的实施等。

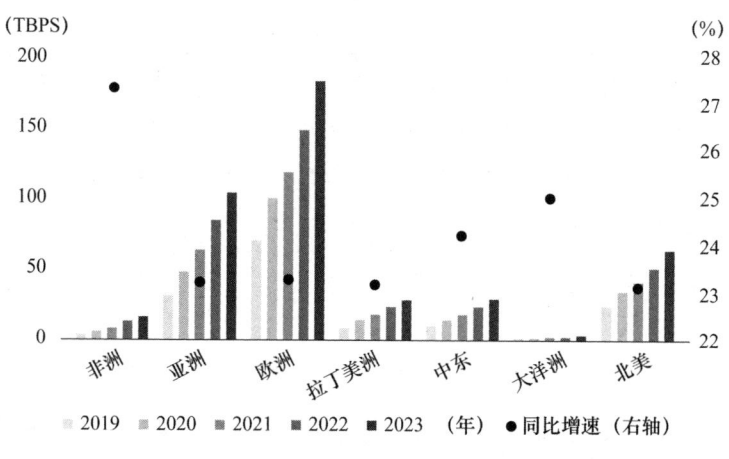

图 2-14　2019—2023 年各大洲国际互联网流量规模和增速

资料来源：Tele Geography。

4. 国别

爱尔兰等欧盟国家互联网流量增速最高，新加坡等亚洲国家持续强势增长。从规模排名看，2023 年全球互联网流量规模最大的 5 个国家依次是美国、德国、法国、新加坡和中国。从同比增速看，在 15 个主要国家中，爱尔兰、法国、荷兰等欧盟国家增速最高，分别达到 42.2%、33.7% 和 32.4%；美国、德国、英国等其余国家均实现了 20% 以上的正增长；俄罗斯增速最低，为-4.4%（见图2-15）。从复合增长率看，2019—2023年，全球复合增长率最高的依然以亚洲国家为主，包括新加坡（32.2%）、日本（27.6%）和中国（24.9%）等。

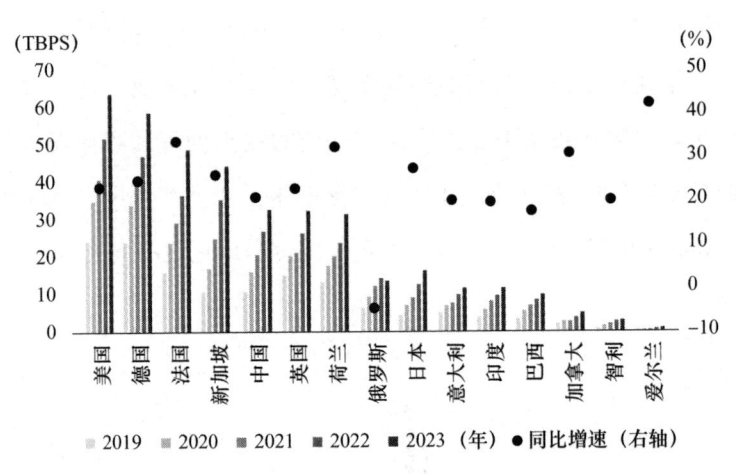

图2-15 2019—2023年主要国家国际互联网流量规模和增速

资料来源：Tele Geography。

5. 区域流动方向

欧亚内部国际带宽领跑全球，区域互联围绕美欧亚展开，非洲和中东地区主要连接欧洲。从区域内和区域间综合看，2023年国际带宽容量最高的两个方向均在区域内，分别是欧洲内部（517.6TBPS）和亚洲内部（188.6TBPS）。尤其是欧洲，其71%的国际带宽容量集中在本区域内部，亚洲的相应比重也高达61%。仅从区域间方向看，国际带宽容量最高的5个方向依次是北美-拉丁美洲方向（112.1TBPS）、欧洲-中东方向（74.6TBPS）、北美-亚洲方向（55.4TBPS）、欧洲-亚洲方向（52.3TBPS）和北美-欧洲方向（43.2TBPS）。与非洲和中东联系最紧密的区域均是欧洲，二者与欧洲间的国际带宽容量均超过其总容量的80%（见图2-16），其主要原因是欧洲因地理位置优势，是非洲和中东连接全球互联网的重要转接地。

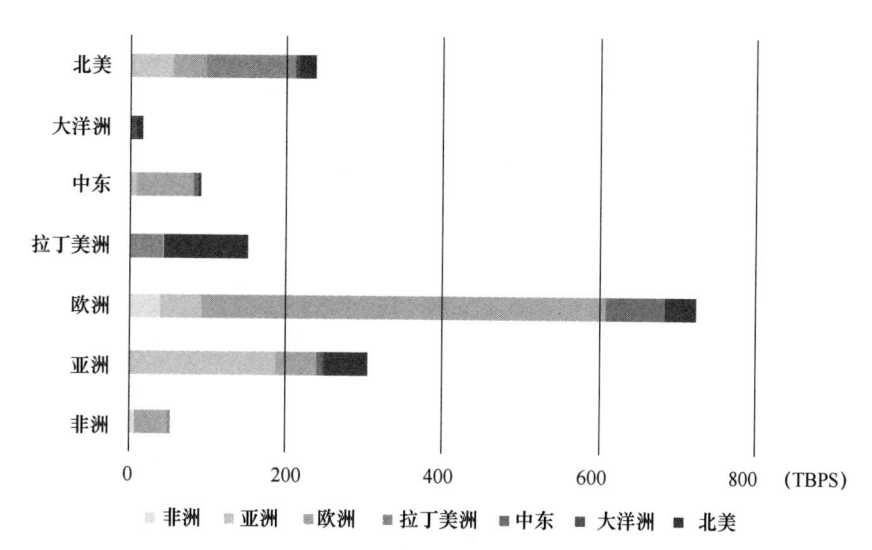

图 2-16 2023年各大洲区域内和区域间国际带宽容量规模

资料来源：Tele Geography。

第三章

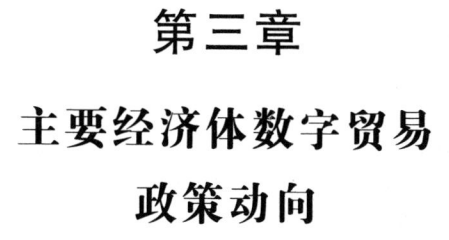

主要经济体数字贸易政策动向

第一节 发达经济体的数字贸易政策动向

一、美国

美国加大关键数字产业投入，推广美式数字治理理念，强调以盟友和伙伴关系为基础的"新型国际经济伙伴关系"。从政策走向来看，美国高度重视数字产业发展，不断完善数字治理政策体系，提升参与数字贸易的综合竞争力，着力巩固其在数字技术、应用方面的领先地位，维护其在数字技术、产业、规则、标准方面的国际领导力。

1. 国内数字政策

在国内层面，美国大力投资半导体研发制造，鼓励数字技术创新和产业应用，完善数据管理、网络安全相关政策，对特殊数据加强保护，探索规范大型平台企业竞争行为，加强国内数字经济治理。

在促进数字产业发展方面：

(1) 巩固国内核心数字技术和关键数字产业的竞争优势。2022年8月，美国通过《2022年芯片与科学法案》，将投入约2800亿美元促进关键领域科技创新。其中，为美国半导体研发、制造和劳动力发展提供527亿美元，另授权拨款约2300亿美元，用于促进美国在量子计算、人工智能等领域的科研创新，以巩固美国在半导体及未来产业的领导地位。与此同时，持续增加对先进数字技术的研发投入，2023财年美国联邦政府对相关领域的研发支出预算2049亿美元，首次突破2000亿美元大关，同比增幅高达28%；其中，人工智能、先进计算软硬件、量子信息科技、高端通信技术、数据存储和管理等数字技术是其研发投资的重点领域。

(2) 推进新兴数字产业及应用。在人工智能领域，2021年1月，美国颁布《国家人工智能倡议法案》，成立人工智能倡议办公室（NAIIO），促进人工智能研究机构间合作，定期更新国家人工智能发展战略计划，出台人工智能最佳实践和标准，确保美国在人工智能领域的领导地位。在数字货币领域，2022年3月，美国发布《关于确保数字资产负责任发展的行政命令》，要求多部门联合对美国央行数字货币及支付系统的部署方案开展研究。

（3）提升公众的数字服务体验。尽管众多领先的数字服务商来自美国，但根据美国政府数据，目前只有2%的政府表格被数字化、45%的网站没有被设计成可在移动设备上运行。2023年9月，美国发布提供数字优先的公共体验政策指南，为政府机构在提供在线工具和体验方面设定标准要求，以确保向公众提供易于使用、值得信赖和可访问的信息。

在完善数字监管体系方面：

（1）各州陆续颁布消费者隐私保护法案。继《加利福尼亚州消费者隐私法案》（CCPA）于2020年1月实施后，弗吉尼亚州、科罗拉多州、犹他州和康涅狄格州相继发布相关立法，华盛顿州、印第安纳州和哥伦比亚特区等加速推动消费者数据保护相关立法进程。

（2）联邦层面探索统一的数据保护立法，疫情背景下加强特殊类型数据保护。2022年6月，美国参众两院联合发布《美国数据隐私和保护法案》（草案），这是首份获得参众两院支持的美国联邦层面规制私营部门的综合性隐私保护法草案。

（3）推进网络信息安全立法进程。2021年1月，美国针对外国网络威胁发布行政令，要求云服务提供商履行境外交易"记录保存义务"，同时必须验证获得基础设施即服务（IaaS）账户的用户身份。

（4）强化网络平台和反垄断监管。2020年5月，美国发布名为《关于防止网络审查的行政命令》（Executive Order on Preventing Online Censorship），强化对Twitter、Facebook、Instagram、YouTube等网络社交平台的内容筛查权

限监管。2021年6月，美国众议院反垄断小组委员会宣布了五项反垄断法案，旨在消除"主导平台"滥用优势地位侵害平台内经营者利益，打击制约创新式收购，通过强化数据可携带和互操作降低数字市场进入壁垒，增加反垄断审查、执法预算。美国2022年发布新版《国家网络安全战略》，强调在未来决定性十年维护美国在数字技术等领域的全球领导地位；2023年更新《国家网络安全战略》《国家人工智能研发战略》，在原有政策体系基础上进一步强调前沿研发投资，注重制定技术标准。

（5）加严先进数字技术领域的对外投资管制。2023年8月，美国政府发布《关于美国在受到关切的国家投资于特定的国家安全技术和产品的问题》，要求严格管控人工智能、量子信息等领域对中国等国家的投资管制；2024年6月，美国财政部发布拟议规则公告，明确以上投资限制令实施中的禁止交易范围、调查内容、惩罚措施等管制细节。

（6）加强人工智能风险管理。2023年10月，美国发布《关于安全、可靠和可信的人工智能的行政命令》，要求人工智能系统的开发者向美国政府提交安全方面的测试结果，加大在先进算力、高端人才等关键要素的投资和政策支持力度，要求建立强有力的人工智能国际联盟框架，以主导全球标准制定。2023年，美国共提出181项人工智能相关法案，比2022年（88项）增加一倍多。

（7）提高跨境电商进口免税门槛。近两年来，美国会议员提出多项限制从中国进口小额商品免税的立法提案；2024年以来加快相关立法进程，4月美国众议院筹款委员会批准一项法案，调整审核进口商品"小额豁免"入境的规则，将豁免门槛和壁垒提高，同时建立罚款等违规惩罚措施；同月，美国国土安全部宣布加强对"小额豁免"进口包裹的审查。

2. 国际数字治理

在国际层面，从机制来看，美国重视联合盟友、利用国际协定和国际倡议等多种渠道，构建在多边框架下的"数字领导力"。从转变来看，"多边"立场转向，重视与特定发展中国家合作。

（1）在现有国际组织框架下推动"数字议题"。美国加强以本国利益为导向的国际合作，如与欧日共同探讨并形成围绕 WTO 电子商务和数字贸易议题的联合提案，与英国、新加坡等国家就数字经贸合作发表联合声明，在国际电信联盟（ITU）框架下推动 Partner 2 Connect（P2C）数字联盟。

（2）尝试组建新的数字合作多边机制。美国扩展 APEC 机制下的全球跨境隐私保护规则（GCBPR），提出《互联网未来宣言》、推动组建"互联网未来联盟"，发布以数字贸易为重要内容之一的"印太经济框架"（IPEF）。

（3）对数据跨境流动多边规则的立场产生"转向"。2023 年 10 月，美国贸易代表办公室声明，美国在 WTO 电子商务规则谈判中放弃该国长期以来坚持的部分规则主张，包括跨境数据自由流动、禁止数据本地化等要求，并正在审查其在数据和源代码等敏感领域的贸易规则现行举措。同时，美国继续推动"小多边"数据自由流动，如在七国集团（G7）内部推动"可信赖的数据自由流动"（DFFT）。2024 年 5 月，美国国务院发布《美国国际网络空间和数字政策战略》，强调所谓的"数字团结"概念，建立联盟以及与合作伙伴协调应对跨国威胁。

（4）除与欧、日等传统盟友加强数字合作外，加强与新兴市场国家的数字贸易伙伴关系。美国在《数字战略 2020—2024》指引下，持续加强对拉丁美洲和非洲国家的技术援助，加强政府间互动和数字企业合作。2023 年 11 月，美国与萨尔瓦多政府发布数字合作联合声明，推动萨尔瓦多成为区域数字技术中心；2024 年 4~5 月，分别通过领导人联合声明或谅解备忘录等形式，与乌拉圭、肯尼亚达成数字技术合作共识。

二、欧盟

欧盟推动数字产业创新发展，打造欧式数字治理规则模板，强化数字战略自主。欧盟以增强数字空间、数字时代的战略自主性为总体目标，将自身数字能力提升、国际数字治理领导力发挥，与建设开放、有竞争力的欧盟单一数字市场相结合，通过"外"与"内"的联动互促和数字领域"硬"与"软"实力的协同提升，寻求为数字贸易确立契合欧洲价值观的全球及双边规则框架。

1. 区域内数字政策

在促进数字产业发展方面。

(1) 制定数字化发展战略。 2021年3月，欧盟发布《2030数字指南：欧洲数字十年之路》，设立了专家人才、基础设施、企业和公共服务四个方位的数字化基本目标。此后，欧盟又陆续制订多个着眼于抢抓新兴技术发展先机的筹资计划，包括"数字欧盟计划""连通欧盟设施计划""地平线计划"和农村发展基金等，对高性能计算、量子信息和人工智能等技术发展前沿热门领域进行重点投资。2021年5月，欧盟发布新版《欧洲新工业战略》，明确将"处理战略依赖关系"列为核心任务，并连续两年发布《战略依赖度和能力分析报告》，指出半导体、网络安全、云计算、边缘计算是需要降低依赖的重点领域，将持续扩大国际合作伙伴关系、推动实现供应链多元化摆在欧盟对外政策的优先位置。2022年2月，欧盟委员会发布《安全和国防技术路线图》，提出了降低欧盟在安全和国防关键技术及价值链中的战略依赖的具体措施，包括加强独立研发、确立协同工作机制、加强与盟国合作等。

(2) 突出重视欧洲传统产业、技术的数字化转型。 2020年7月，欧洲议会发布《欧洲数字主权》报告，为欧洲数字化转型确定了构建数据框架、促进可信环境、建立竞争和监管规则三大方向。2021年3月，欧盟在《2030数字指南：欧洲数字十年之路》计划中提出未来十年欧洲加快数字化转型的具体目标及衡量指标；2022年6月更新《欧洲数据战略》，11月正式发布《2030数字指南：欧洲数字十年之路》，12月发布《欧洲数字权利和原则宣言》，进一步明确了欧盟数字化转型的技术方案和未来工作重点。

（3）**重视前沿领域研发投入**。2023—2024年度"地平线欧洲"计划投入约36亿欧元支持核心数字技术发展，促进数字技术在医疗、文化创意、工业等领域的应用。

（4）**推动数字单一市场建设**。欧盟通过《欧洲数据战略》《数字市场法》《数字服务法》等战略或立法不断推动数字单一市场建设，此外，还通过阶段性评估报告推动提升欧盟数字创新能力。2024年7月欧盟发布第二份《"数字十年"状况报告》，强调目前光纤网络仅覆盖64%的家庭，而5G网络仅覆盖欧盟50%的地域范围且性能不足，只有55.6%的人拥有基本数字技能；预计到2030年仅有17%的企业将使用人工智能。报告要求欧盟国家加强行动，与欧盟委员会共同努力、建立真正有效的数字单一市场，如激励小企业采用创新的数字工具，加强数字技能培养，为居民提供安全的电子身份证明，以实现"数字十年"目标，确保欧盟未来经济繁荣。

（5）**通过数据开放共享提升数字创新能力**。2023年9月，欧盟《数据治理法》在历经15个月的宽限期后，正式适用相关监管条款，旨在通过监管新型数据中介机构、要求其提升中立性和透明度，促进数据共享。2023年11月，欧盟理事会通过《关于公平访问和使用数据的统一规则的条例》（又称《欧洲数据法案》），于2024年2月生效，要求授权公共部门为维护公共利益访问和使用私营部门数据，同时保障欧洲企业公平访问商业数据，使其免受数据共享合同中不公平条款的影响，以便调动小型企业参与数据市场的积极性。据欧盟估算，到2028年新规则将通过扩大数据供给创造2700亿欧元的GDP。2024年4月，《欧洲互操作法案》生效，以2030年实现100%关键公共服务在线为目标，通过引入互操作性强制评估机制和监管沙箱、建立一站式门户网站等方式促进跨境数据交换，加速公共部门的数字化转型。

在完善数字监管体系方面：欧盟致力于增强在数字治理上的话语权与引领作用。

(1) 建立和完善欧盟数字安全与治理规则。 在数据安全上，2022年5月，欧盟理事会批准了《数据治理法》，旨在通过允许公共数据安全再利用、促进数据中介机构发展、鼓励公共利益用途数据获取和提供非个人数据国际保障，促进欧盟内部数字安全可信流动。在网络安全上，2020年12月提出的《欧盟高水平共同网络安全措施未来指令》（NIS 2），为信息和通信技术产品、服务、流程建立了欧洲网络安全认证框架。2024年欧盟出台《网络弹性法案》和《网络安全条例》，以进一步完善欧盟现有网络安全立法框架，为欧盟各地数字产品和相关服务建立共同的网络安全规则。在供应链安全上，欧盟出台《芯片法案》《可持续产品生态设计法规》和单一市场紧急工具（SMEI），以整合欧盟内部资源、提升供应链关键信息共享与流通的数字技术手段、加强与盟国合作，确保可能的危机状态下的人员、货物和服务自由流动。

(2) 在确保安全可信的同时营造开放、公平的营商环境，加强对大型跨国数字企业的市场监管。 欧洲理事会在2021年3月通过的关于欧盟"数字十年"网络安全战略的结论中特别强调，将在实现网络安全战略自主性的同时，保持开放架构。2022年7月，欧洲议会通过《数字服务法》《数字市场法》，对欧盟市场上的数字企业进行竞争、隐私、广告信息等方面的监管，以打击和防范数字市场垄断风险，支持中小企业发展，确保欧洲数字市场的开放与多元。2024年2月，欧盟《数字服务法》全部条款正式生效，该法旨在确保用户在线安全、隐私和言论自由等权利，阻止非法或有害内容传播，如果在欧洲运营的大型在线平台或科技企业违反相关规定，可能面临数十亿欧元的处罚。2024年3月，欧盟《数字市场法》全面实施，该法旨在明确数字服务提供者责任，遏制大型网络平台恶性竞争行为；生效当月，欧盟委员会宣布对在欧投资或运营的苹果、谷歌和Meta等三家跨国公司展开调查，以审查其守法情况。此外，2022年2月的欧盟《欧洲数据法案》草案旨在促进数据的安全可信共享和使用，确保数字环境的公平性。一旦推行，将强制亚马逊、微软、特斯拉等头部数字企业分享更多数据，进一步促进中小数字企业发展。

(3) 出台全球首部《人工智能法》。2024年5月，欧盟通过《人工智能法》，这是世界上首部对人工智能进行系统监管的法律，主要基于风险分类方法，对不同风险级别的应用采取相应的规制措施，将推动主要经济体加快人工智能监管立法和国际规则制定。

2. 国际数字治理

在区域外层面，欧盟将增强整体在数字贸易中的利益和优势地位作为重要目标，并将其与欧盟的数字领域对外战略，以及国际数字治理的所谓"布鲁塞尔效应"紧密结合。

(1) 强化国际多边框架下的议程设置与规则引领。其中既包括国际电信联盟（ITU）、国际标准化组织（ISO）、国际电工委员会（IEC）及联合国等传统国际多边组织与机制，也包括欧盟与非洲、中东地区、印太地区、拉美地区发起的区域性多边合作框架，欧盟在数据跨境流动、人工智能治理等热点议题方面，通过规则引领，获取数字贸易发展有利地位。

(2) 加快重点技术领域的数字伙伴关系建设。2023年11月，欧盟与加拿大启动数字伙伴关系；2024年，与美国举行第五次、第六次贸易和技术理事会（TTC）会议；2024年3月，与韩国举行第二届数字伙伴关系理事会；2024年4月，与日本举行第二届数字伙伴关系理事会；2024年6月，与澳大利亚展开第二次数字对话。欧盟与上述国家的双边合作重点均涵盖人工智能、半导体、5G/6G连接、高性能计算或量子技术等关键数字技术、数据、平台经济、网络安全等重点领域。与日本的双边合作还涉及海底电缆、电子识别；与加拿大的双边合作还涉及数字身份、外国信息操纵和虚假信息、基础研究等方面。

（3）加快跨境数据流动和数字贸易协定谈判。 2023 年 10 月七国集团贸易部长会议期间，欧盟与日本达成"跨境数据流动协定"，取消相互之间的数据本地化壁垒，促进双边自由贸易；欧盟将与新加坡、韩国等展开数字贸易协定相关谈判。

（4）加快完善对外数字政策合作框架，扩大双边数字贸易关系。 2023 年以来，法国与中国、印度、日本、阿联酋等加强在人工智能、先进数字技术、数字生态系统等领域的合作。2024 年 2 月，德国发布首份《国际数字化政策战略》，明确提出倡导全球数字政策交往的开放、自由和安全的互联网等九项原则，作为其拓展国际数字合作的指引。

三、英国

英国明确数字化转型的顶层设计，释放数字创新发展潜力，重构数字贸易合作网络。 英国脱欧后，在数字贸易方面以促进经济增长和创新为主要方向，充分发挥数据活力和数字贸易优势，争取全球领导地位，同时致力于高水平的数据保护，保障数据开放共享。

1. 国内数字政策

在国内层面，作为数字服务业大国，英国明确数字化战略顶层设计，通过灵活的配套政策和可操作性的措施，实现英国国内的经济转型，推动其生产力、就业与经济增长。

在促进数字产业发展方面。

（1）明确数字化转型顶层设计。 2022 年 6 月，英国发布《英国数字化战略》（UK Digital Strategy），以成为全球数字化业务首选地为愿景，指出英国未来主要行动包括建设一流数字基础设施、支持创新和知识产权、培养技术人才、扩大融资、推动数字成果普惠共享、提升全球地位六个方面；10月更新《英国数字化战略》为企业雇用科技与数字化方面的外籍员工提供流程化指引，助力英国塑造"全球科技超级大国地位"。之后，外交、联邦和发展办公室于2024年3月发布《数字发展战略2024—2030》，提出数字化转型、数字包容、数字责任、数字可持续性等四大目标，重点关注数字经济投资、网络安全等关键领域，着力夯实数字化基础。

（2）高度重视数字技术创新与知识产权保护。英国政府大幅增加在研发方面的投资，并强化研发的税收激励措施以刺激私人投资，从而实现数字领域的创新发展。

（3）积极促进数字领域的技术增长与人才培养。英国政府将与大学、教育机构及企业进行合作，提供实体经济切实需要的数字技能培训。

（4）在数字企业融资与上市方面给予诸多支持。通过企业投资计划（EIS）、种子企业投资计划（SEIS）和风险投资信托基金（VCTs）以及许多有活力的早期风险投资基金（VC）等计划推出了极好的风险投资激励措施，并将继续推动伦敦证券交易所（LSE）成为数字技术公司上市的最佳地点。

（5）以电子单证立法促进贸易便利化。2023年9月，《2023年电子贸易单证法》生效，英国成为七国集团中首个通过立法形式认可电子贸易单证与纸质单据具有同等效力的国家。基于英国在普通法系和国际海事法领域的影响力，该法对全球贸易便利化产生积极推动作用。

在完善数字监管体系方面，英国注重维护安全的数字环境、充分的数据流动以及搭建宽松、支持创新的监管框架。

（1）构建宽松、鼓励创新的国内监管框架。英国政府通过"数字监管计划"阐述了其创新理念，表示其致力于在数字监管方面表现得更具前瞻性与协调性，使其相关规则较欧盟规则更加简化与有利创新。

(2)构建创新的数据使用和流动管理制度。《英国数字化战略》提出，英国希望通过简化《通用数据保护条例》（GDPR）中的某些部分，减轻合理使用个人数据的企业和组织的负担。2022年5月，英国基于前期开展的调研，形成《数据改革法案》，旨在创建一个世界级的数据权利制度，减轻企业负担、促进经济发展、帮助科学创新并改善英国人民的生活。

(3)进一步规范数字市场竞争。2024年5月，英国通过《数字市场、竞争和消费者法案》，授权增强执法和处罚权力，通过认定"具有战略市场地位"的公司，遏制大型科技企业通过合并等方式强化和滥用其市场支配地位，增强对市场公平竞争和消费者保护的监管，打造良好的数字市场发展环境。

2. 国际数字治理

在国际层面，从机制来看，英国受"脱欧"和新冠疫情影响，重视重构对外合作网络，积极参与多双边数字经贸合作。

(1)签署或推动经贸协定谈判。自2021年1月起，欧盟贸易协定不再适用于英国，其通过正式批准或临时申请等方式，与70余个国家和地区达成替代协议，启动与美国、新西兰的自贸协定谈判。2022年2月，《英国-新加坡数字经济协定》（UKSDEA）被正式签署，双方在跨境电子支付、供应链数字化、中小企业发展等领域加强合作。2023年7月，英国加入《全面与进步跨太平洋伙伴关系协定》（CPTPP）。当前，英国与印度、加拿大、墨西哥、海湾合作委员会、以色列、瑞士、韩国、美国正在进行的自贸谈判，均将数字贸易作为重点内容。

(2)向东亚拓展数字贸易伙伴关系。2023年11月，英国与韩国建立数字伙伴关系；2024年1月，英国与日本举行第二届数字部长级会议，宣称双方重视基于共同"民主价值观"的双边数字伙伴关系。

(3)加强人工智能合作。2024年2月英法宣布将成立研究合作基金，深化人工智能合作，继2023年英国举办首届全球人工智能安全峰会，并与多国签署《布莱切利宣言》后,支持法国举办新一届峰会,建立促进全球人工智能安全的新伙伴关系。

从具体主张来看,英国主要以《数字贸易五点计划》为指南,促进数字贸易增长和创新。

(1)确保数字市场开放性。2021年11月,英国更新《出口战略:英国制造,销往全球》,以支持英国企业参与全球竞争和跨境投资。

(2)促进数据跨境流动。2021年8月,英国公布脱欧后的"新全球数据计划",建立国际数据伙伴关系;2023年9月英美确认个人数据跨境传输"数据桥"并于10月正式生效,使个人数据在两个国家之间自由流动。

(3)创新数字交易系统。2022年2月,英国与新加坡签署《英国-新加坡数字经济协定》,支持互操作性的跨境电子支付系统发展。

四、爱尔兰

爱尔兰厚植数字化营商沃土,推动数字监管框架构建,积极提高国际数字竞争力。爱尔兰持续推进成为欧洲和全球数字发展核心的数字领导者的目标,与全球联系紧密,拥有许多领先的技术公司,并在整个欧洲的数字监管中发挥重要作用。

1. 国内数字政策

在国内层面,爱尔兰积极推动国家数字战略企业支柱的实施,为中小企业开发最佳数字生态系统,提高爱尔兰的数字竞争力,坚持业务数字化转型、数字基础设施建设、技能和公共服务数字化。并保证现代化、有凝聚力、资源充足的监管框架的支持。

在促进数字产业发展方面。

(1)爱尔兰历届政府始终延续友善高效的营商环境、公正稳定的司法体系与外部环境。2003年以来,爱尔兰的企业税率一直维持在12.5%的低水平,还为跨国公司提供多种税收优惠,并与包括中国在内的 72 个国家签署了全面的避免双重征税协议。因此,爱尔兰被全球科技巨头看作"避税天堂",1800 多家跨国公司落户爱尔兰,其中就有 Meta、苹果、谷歌、亚马逊、微软、英特尔、华为、TikTok 等众多世界名企。

(2)爱尔兰于 2022 年 2 月发布国家数字战略(NDS)。《数字爱尔兰框架》积极推动数字化转型和数字基础设施建设是该战略的重要部分,其中包括 27 亿欧元的国家宽带计划,确保所有企业都有机会实现数字化,保持爱尔兰作为领先数字企业所在地的吸引力,并最大限度地发挥数字化转型对更广泛生态系统的好处。旨在到 2030 年,75% 的企业将采用云计算、大数据和人工智能;到 2030 年,90% 的中小企业至少具有基本的数字强度;到 2026 年,至少有 800 家企业获得 8500 万欧元数字化转型基金的支持;从 2022 年起,至少 35% 的初创企业和早期企业资金投资于创新数字企业。

(3)爱尔兰于 2021 年 7 月发布"爱尔兰国家人工智能战略"。该战略提出了政府的整体方法,以支持人工智能在企业和公共服务中的采用,包括支持性创新生态系统、安全的数据和连接基础设施,以及确保人工智能在企业和公共服务中采用的政策。根据该战略建立的经济数字咨询论坛(EDAF)为政府提供建议并与政府合作,推动企业采用包括人工智能在内的数字技术。

(4)爱尔兰数字创意产业的未来计划于 2024 年启动。《数字创意产业路线图》的目标是建立一个政府部门和企业机构可以与数字创意产业进行协调一致合作的框架。路线图聚焦商业设计(包括工业设计、产品设计、视觉传达、Ui/Ux 和交互设计、服务设计和战略设计)、数字游戏和内容创作(包括广告和品牌、商业社交媒体内容、移动应用程序的多媒体内容以及新兴沉浸式技术的内容)三个领域。

在数字领域人才培养方面,爱尔兰教育部与儿童、平等、残疾、融合和青年部于 2024 年联合发布了《爱尔兰 2024—2033 年读写能力、计算能力和数字素养战略：从出生到成年早期的每一位学习者》，提出数字素养是指运用数字技术合理安全地获取信息、探索信息、管理信息、理解信息、整合信息、交流信息、评估信息、创造信息和传播信息的能力，具体包括批判辩证、安全负责、遵照伦理、协作创新地运用信息和通信技术寻找真实信息，进行友好包容的在线交流。该战略覆盖学前到中学结束的各个教育阶段，旨在促进学习者在读写能力、计算能力和数字素养方面的提升，培养学习者应对不断变化的数字世界的能力。相较于此前发布的教育数字化发展政策，该战略超越学校这一单一的教育场域或某一特定的教育阶段，强调数字素养对学习者的重要性，并关注到更多与学习者提升能力素养相关的主体。

在完善数字监管体系方面，爱尔兰不断在欧盟层面发挥越来越大的领导、塑造和影响力作用，并大力倡导为数字经济和更广泛的社会建立最佳监管框架。2021年，爱尔兰数据保护委员会（DPC）发布"2022—2027年监管战略"，这一五年规划详细列出了未来五年的五大战略目标，包括持续有效地监管，保障个人及提高保障资料意识，优先保护儿童和其他弱势群体，利益相关者澄清，支持组织并推动合规性。对于欧盟乃至全球数据隐私执法的未来发展趋势都具有较强的参考意义。

该监管战略可以保障《法律执行指令》《电子隐私指令》《2018年数据保护法》等数据保护法律的运用与执行，让所有利益相关方认识到相关法律的一致性和确定性。2024年2月起，爱尔兰媒体监管机构Coimisiún na Meán开始承担欧盟新的在线安全监管权力，其职责是在爱尔兰执行欧盟《数字服务法》（DSA）。由于许多大型科技公司的欧洲总部设在爱尔兰，爱尔兰监管机构在受理来自其他国家的投诉方面发挥作用。

2. 国际数字治理

在国际层面。

（1）爱尔兰积极参与欧盟（国际合作）与其他志同道合的成员国建立更

强大的网络，特别是"数字9+"国家（D9+），即欧盟委员会年度数字经济和社会指数（DESI）中排名靠前的欧洲国家（目前爱尔兰在欧盟数字经济与社会指数中排名第五）。爱尔兰坚持在欧洲的数据、数字市场、数字服务、网络安全和人工智能等领域采取平衡和最佳的社会和经济数字监管方法方面发出强有力的声音。

（2）爱尔兰不断加强国际数字治理方面的影响力，2023年5月，爱尔兰数据保护委员会根据欧盟《通用数据保护条例》（GDPR）开出了有史以来最大的罚款，判决对Meta（Facebook）罚款12亿欧元，并勒令停止欧盟-美国数据传输；2024年7月，爱尔兰数据保护委员会就人工智能数据问题对社交平台X提起诉讼，诉讼最终于9月以"在X公司同意永久停止处理其来自欧盟和欧洲经济区（EEA）用户的个人数据用于人工智能模型训练"宣告结束。

（3）爱尔兰积极参与国际数字保护平台，2023年5月17日，乌克兰、爱尔兰、冰岛和日本四国正式加入了北约卓越合作网络防御中心（CCDCOE），通过研究、培训和演习促进网络共同防御能力的提升。

五、新加坡

新加坡充分利用自身数字经济枢纽地位，致力于打造亚太数字中心。

1. 国内数字政策

在国内层面，新加坡完善数据监管和网络安全立法，重视新兴数字技术领域合作。新加坡创建"Trustmark认证"，用于证明企业已经采取了负责任的数据保护措施，增强客户对企业合规收集、使用和披露个人数据的信赖程度；2022年3月，发布《基础匿名化指南》，为数据匿名化和去标识化处理提供技术指导；2022年7月宣布要推动新的立法，完善水利、医疗、海事、媒体、信息通信、能源和航空等关键信息基础设施（CIIs）保护。

在对外合作上，新加坡与英国签署《数字经济协定》（DEA），将在数字经济领域开展广泛合作；与哥伦比亚签署合作备忘录，重点加强数字技术和在线市场合作，包括人工智能、物联网、区块链和数字产业等；与日本签署数字经济领域合作备忘录，加强在 5G 技术、AI 治理、网络安全和数据流动等方面合作。

2. 国际数字治理

在国际层面。

（1）新加坡构建高效灵活的数字贸易规则体系。新加坡实施高度外向型经济发展战略，发展具有竞争力的数字经济，打造自身成为"亚太数字中心"。从总体主张看，新加坡旨在维护经济全球化和贸易自由化，推广数字贸易自由化规则，通过务实合作寻求各国制度分歧着陆区，实现数字经济共同发展。从策略路径看，新加坡引领"纯数字"国际经贸规则谈判，就新兴技术领域嵌入合作属性较强的规则条款，提高谈判效率。新加坡探索的协定体例形式更加灵活多样，致力于覆盖数字领域议题更广、谈判更为高效的"纯数字"协定缔结与签署，为全球数字贸易规则发展提供了新模板。

（2）重点布局数字经济协定引领国际谈判机制发展。2000—2023 年，新加坡通过签署 24 项包含电子商务专门条款或章节的双边或区域自由贸易协定，继承传统数字经贸规则模板，体现新加坡对数字经济发展的关注。作为东南亚唯一的发达国家，新加坡通过联结拉丁美洲的智利和大洋洲的新西兰，签订《数字经济伙伴关系协定》（DEPA），形成了"金三角"式的数字地理结构范围。DEPA 签订后，新加坡倾向以更灵活高效的谈判方式与澳大利亚、英国、韩国等伙伴国家签署数字经济协定，数字经济协定签署数量居全球首位。

（3）侧重于数字经济包容发展议题。新加坡一方面关注对数字经贸规则中传统议题的"升级"，同时以合作鼓励与向善引导结合的思路覆盖人工智能、数据创新、数字身份等涉及数字经济发展与合作的新兴议题。在传统贸易便利化议题中，DEPA 是首个将电子发票议题引入数字贸易规则的协定，电子支付规则也是其他亚太贸易协定中未纳入的数字贸易议题；针对金融科技等重点服务部门推出产业发展合作与监管合作条款。DEPA 提出建立可信、安全、负责使用的人工智能伦理和治理框架，UKSDEA 将"道德""技术互操作性""技术中立"纳入了人工智能治理框架需遵守的原则，并将这一原则的适用范围推广至更多新兴技术类别。

六、日本

日本强化参与国际机制建设能力，积极构建多层次数字经济伙伴关系，希望强化规则谈判引领者和协调者角色。

1. 国内数字政策

在国内层面。

（1）持续完善个人信息保护立法。 日本的《个人信息保护法》每隔三年进行一次修订，最新修订于 2022 年 4 月 1 日全面生效，强化用户权利、加重数据处理者义务、新增假名化信息相关条款、扩大域外适用范围和加强惩罚力度等。

（2）加强平台治理，促进公平竞争。 2021 年底，日本知识产权战略总部完成围绕《平台数据处理规则指南》的内部磋商，重点包含平台规则设计、实施和评估，预计 2025 年在医疗、教育、防灾和基础设施等领域实施。

（3）重视提升半导体等关键基础产业竞争力。 2023 年 6 月，日本修订《半导体和数字产业战略》，拟提供数十亿美元的补贴，加大对国内芯片行业的支持力度，目标是到 2030 年将日本芯片销售额提高两倍。

（4）推动政务数据开放共享。 2024 年 2 月，日本内阁公布《开放数据基本指南（草案）》，旨在促进政务数据共享，并根据数据使用目的，将尚不向公众开放的数据提供给有限使用者。

在监管方面，日本加强公平竞争立法与内容监管。鼓励中小企业数字创

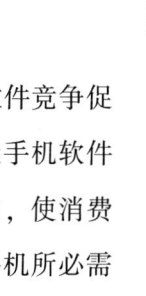

新。2024年6月，由日本公平贸易委员会提出的《智能手机特定软件竞争促进法》在参议院全体会议上正式获得批准和通过。该法旨在为智能手机软件市场营造一种竞争环境，通过竞争激活各种实体的创新能力与动力，使消费者可以选择和享受创新创造带来的各种服务，同时确保使用智能手机所必需的软件（移动操作系统、应用程序商店、浏览器和搜索引擎等"特定软件"）的安全性。强化人工智能生成内容监管。2024年6月，日本内阁通过新财年"综合创新战略"，明确将出台打击互联网上虚假和错误信息的举措，解决生成式人工智能等新技术和服务崛起所导致的虚假信息问题，并为受害者提供补救措施。

2. 国际数字治理

在国际层面。

（1）参与并试图引领国际机制建设。作为WTO电子商务谈判的联合召集方之一，2021年12月日本与新加坡、澳大利亚共同发表联合声明，宣布在八个领域的谈判达成基本共识，推动各方积极参与多边规则建设；广泛参与OECD关于实施数字经济税收框架第二支柱《全球反税基侵蚀示范规则》的磋商，签署《互联网未来宣言》《网络犯罪公约》（第二附加议定书），共同发布OECD针对应用AI系统进行分类的框架，联合制定关于改善数字市场竞争的纲要及数字贸易原则等。2023年在七国集团广岛峰会上启动"广岛人工智能进程"；2024年5月与OECD启动"数字社会倡议"，建立一个全球政策平台，促进各国分享与数字经济相关的政策和案例。

（2）积极构建数字经济伙伴关系。2022年2月，日本在两年前签署的《美日数字贸易协定》基础上，召开日美贸易合作框架首次会议，就数据保护与供应链强化合作进行磋商；2022年5月与欧盟宣布建立数字伙伴关系，促进数字经济合作，内容包括5G/6G、人工智能、数据隐私（包括跨境数据流动）和绿色数据基础设施等，就合作关系进展开展年度评估；2022年7月与新加坡达成关于推进信息通信技术领域合作的决定；此外，还推动在七国集团框架下建立"可信的数据自由流动"（DFFT）机制，引领跨境数据流动规则建设。2024 年 2 月举行第 14 届日美数字经济对话，一方面，重申双方在人工智能、5G/6G、网络连接等关键技术领域的合作；另一方面，强调了在人工智能治理、跨境隐私规则、互联网治理、联合国活动等国际规则上的协调。

(3) 持续推动二十国集团（G20）"大阪数字经济宣言"成果落地。2024 年 6 月，七国集团领导人宣言和部长宣言重申，支持 2019 年达成"可信赖数据自由流动"（DFFT）的措施和承诺。

七、韩国

韩国夯实数字贸易产业基础，广泛参与全球数字贸易协定，构筑国际竞争新优势。

1. 国内数字政策

在国内层面。

(1) 提升个人信息跨境流动便利化水平。2021 年 9 月，韩国个人信息保护委员会提交《个人信息保护法（修正案）》，为个人信息跨境流动提供多样化途径选择，包括基于国际条约、协定、认证、达到本法规定的个人信息保护水平的国家或地区、履行合同需要等。

(2) 通过立法构建全方位的数据产业支持体系。2022 年 4 月，韩国《数据产业振兴和利用促进基本法》实施，对数据产业振兴做出规定，强化机制建设，在总理办公室下设国家数据政策委员会，每三年审议并发布新版数据产业振兴综合计划；界定各类法律主体，覆盖数据全生命周期各环节；扶持数据分析商、交易供应商、数据经纪商等市场主体发展，促进数据交易和流通；设立纠纷调解委员会，专门负责解决与数据产生、交易和使用等有关的各类纠纷。

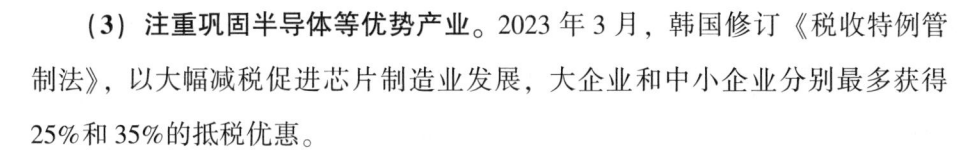

(3)注重巩固半导体等优势产业。 2023年3月，韩国修订《税收特例管制法》，以大幅减税促进芯片制造业发展，大企业和中小企业分别最多获得25%和35%的抵税优惠。

2. 国际数字治理

在国际层面。

(1)广泛参与国际数字贸易规则制定。 韩国积极参与 WTO、OECD 等关于电子商务、数据经济税收等规则的制定。

(2)深化区域和双边数字贸易合作。 韩国积极融入区域数字贸易协定，2021年9月向 DEPA 成员国提出加入申请；2022年2月，推动包括数字贸易规则的《区域全面经济伙伴关系协定》（RCEP）在本国正式生效。在双边层面，2021年12月，韩国与新加坡达成《数字伙伴关系协定》，这是韩国与他国缔结的首个专门的数字贸易协定，在 DEPA 基础上增加了有关源代码、金融服务领域的计算设施位置等相关规定；2022年7月与英国就"数据充分性"达成原则性协议，允许两国数据不受限制地跨境流动；11月，韩国与新加坡签署《数字伙伴关系协定》，这是韩国的首个数字伙伴关系协定。2023年8月韩国申请加入《数字经济伙伴关系协定》的实质性磋商完成，希望以此为契机引领电子商务国际规则谈判。2024年5月，韩国正式加入 DEPA。

第二节 发展中经济体的数字贸易政策动向

一、东盟

东盟加快推进数字区域一体化进程，完善数字治理法规体系，打造多层次、多方位的国际合作格局。

1. 区域内数字政策

在发展方面，数字经济一体化是东盟推动数字贸易发展的重要抓手。东南亚数字经济发展前景广阔，但基础较为薄弱。为此，东盟将数字经济一体化作为其发挥区域规模优势、弥合数字鸿沟的关键，着力筑牢数字贸易发展的基础。

新冠疫情下，东盟数字化转型进程进一步加快，仅 2020 年就增加 6000 万数字服务新用户。截至 2024 年，东盟地区拥有超过 4.6 亿数字消费者，每年新增数百万人的在线平台用户，电子商务、数字服务和数据流动已成为推动东盟经济增长的新动力。根据世界经济论坛数据，2030 年东盟数字经济规模有望达到 2 万亿美元。

2021 年 10 月，东盟峰会发表关于促进地区数字化转型的声明，强调通过数字化转型将疫情风险转化为发展机遇，包括提高东盟内部数字连接的质量、可及性和可负担性；实施《东盟数字总体规划 2025》，将东盟建设成为领先的数字经济区；加强网络安全合作和能力建设，加强东盟在区域网络安全秩序中的中心地位；2023 年启动《东盟数字经济框架协议》（DEFA）谈判，制定统一的数字贸易规则和促进政策，包括跨境数据流动等贸易自由化便利化举措、改善连通性、人力资本、支付系统、数据隐私和安全、知识产权保护等，目的是推动处于数字化不同阶段的东盟国家实现数字经济、数字贸易的协调发展，为区域数字贸易发展创造更适宜的政策环境。

监管方面，加快数字治理制度和法律体系建设。

（1）建立人工智能伦理规则。2024 年 2 月，东盟发布《东盟人工智能治理与伦理指南》，为东盟地区人工智能技术的道德设计、开发和部署提供全面指导。

（2）加快安全监管、平台治理等法规建设。2023 年 7 月，越南《个人数据保护法令》生效，并公布互联网服务更新法令草案，规定个人数据跨境转移和数据本地化的具体要求。2023 年 8 月，泰国实施《关于数字平台服务业务运营的皇家法令》，要求"通用数字平台"申请备案，向监管部门提供有助于确定服务风险程度的关键信息。2024年3月，马来西亚通过《网络安全法2024》，要求对所有涉及关键信息基础设施运营的实体实行许可证管理，以应对不断提高的网络安全风险。2024年5月，新加坡通过《网络安全法》修正案，将适用对象从关键信息基础设施扩大到临时网络安全关注系统、特殊网络安全利益实体等更大范围，以适应技术进步对网络安全带来的挑战。

2. 国际数字治理

国际合作方面，东盟积极参与多边和跨区域合作。

（1）坚持多边主义。在多项联合声明中，东盟重申维护以WTO为核心的开放、自由、公平、基于规则和非歧视性多边贸易体系的承诺。

（2）积极推动RCEP框架下的数字合作。东盟致力于推动无纸化贸易、跨境数据流动、增强中小企业使用电子商务的能力、保护消费者权益、分享最佳做法、开展网络安全方面的合作等，为地区数字贸易发展创造有利环境。

（3）与中国的数字合作迈入新阶段。东盟制定《数字经济合作伙伴关系行动的计划（2021—2025）》，加强数字治理对话和数字规则协调衔接。

（4）加强与欧洲国家合作。东盟与欧盟持续开展数字领域合作对话，探索建立数字经济互联互通机制；重视数字创新和技术支撑作用，与英国发布关于未来经济合作的联合声明，涉及数字技术、智慧城市等内容。此外，东盟七个成员国参与"印太经济框架"，未来将探讨跨境数据流动、数据本地化、提高中小企业开展电子商务能力、加强隐私保护以及AI治理等数字贸易规则议题。

（5）主要成员国政策各有侧重。泰国对内加强个人数据保护立法，对外寻求数字技术支撑，《个人数据保护法》（PDPA）生效实施；分别在2022年6月和7月与英国、芬兰签署合作意向书，寻求在人工智能、大数据、网络安全等领域的广泛合作；7月，与中国签署关于网络安全合作的谅解备忘录，旨在加强网络安全领域交流，维护网络空间稳定。越南制定全方位的国家数字战略行动计划，对外加强电子商务监管和寻求数字化转型合作；发布《到2030年第四次工业革命国家战略》及具体行动计划，旨在创建现代化和安全的数字基础设施，为数字经济发展开创新空间；加快数字政府建设，加强对电子商务的监管，要求跨境电商国际平台需设本地办事处或指定授权在越南的代表；与英国签署加强数字经济和数字化转型合作的意向书。

二、非盟

非盟积极推进数字发展议程，参与国际规则制定。

1. 区域内数字政策

发展方面，非盟关注新兴技术发展和数字普惠议程。

（1）发布人工智能发展战略。2024年7月，非盟执行理事会在第45届常务会议上批准《非洲大陆人工智能战略》，这是一项具有里程碑意义的决定。该战略呼吁非盟成员国采取统一的国家方法，以应对人工智能驱动变革的复杂性，旨在加强区域和全球合作，并将非洲定位为包容性和负责任的人工智能发展的领导者，强调了非洲应致力于以非洲为中心，以发展为重点的人工智能路径，以及促进合乎道德、负责任和公平的做法。

（2）发布《非洲数字契约》。《非洲数字契约》是一项以《2063年议程》和"非盟数字化转型战略"为基础的倡议，旨在将政府、企业和民间社会聚集在一起，塑造一个互联互通且有弹性的非洲，准备以包容性和创新为核心引领数字革命，共同努力弥合数字鸿沟，保护数字权利，并为所有非洲人创造安全公平的数字环境。

监管方面，非盟积极推动儿童在线权益保护。2024年2月，非盟执行理事会第44届常务会议通过《非洲联盟儿童在线安全和赋权政策》。该政策文件确立儿童安全权、隐私权和在线参与权等关键原则，提出为儿童在线隐私和安全制定统一的法律框架，推动加强刑法立法，要求建立非洲联盟儿童在线安全和赋权指导委员会，支持成员国制定战略和计划以促进儿童在线安全和赋权。

2. 国际数字治理

国际合作方面，非盟重视参与数字领域国际规则制定和国际发展合作。

（1）积极推动与国际数字规则的接轨。2024年1月，非盟和平与安全理事会通过《关于在网络空间使用信息和通信技术适用国际法的非洲共同立场》，并经国家元首和政府首脑大会批准，这是首次由国家集团共同发布的数字领域国际法立场文件。该文件从领土主权、不干涉、和平解决争端、诉诸战争权、战时法、国际人道法、国际人权法等角度，全面阐述对传统国际法适用于网络空间的立场，此外还特别强调支持发展中国家数字能力建设的主张。

（2）与主要经济体加强数字发展合作。2024年4月，"中非互联网发展与合作论坛"成功举办，并发表《关于中非人工智能合作的主席声明》，呼吁各方在加强政策对话与沟通、推动技术研发与应用、促进产业合作与发展、开展人才交流与能力建设、筑牢网络和数据安全屏障等方面加强合作。

三、印度

印度支持数字产业加快发展，发挥广阔市场优势、补齐制度短板，开展多元化数字贸易合作。从政策走向来看，印度希望凭借自身数字市场的巨大潜力，积极完善国内法律法规和政策体系，发挥"后发优势"吸引全球企业对印数字产业投资，并通过外交途径增进与美欧等经济体的数字贸易联系，最终跻身全球数字经济强国行列。莫迪政府提出"自力更生的印度"的角色定位，提倡通过数字技术创新和产业数字化转型发展自身实力。

1. 国内数字政策

发展方面，2015年7月，印度政府启动了"数字印度"倡议，目的是建立安全、稳定的数字基础设施，增加印度国内的互联网普及率和培育公民数字素养，并使印度能够自主提供优质的数字服务。为发展半导体等硬件的制造和供应能力，2020年以来，印度政府先后推出"生产关联激励计划"（PLI）、"印度半导体任务"等一批政策，聚焦芯片制造、半导体产业链、量子计算、算力基础设施建设等领域，对参与相关行业的企业提供大量补贴和拨款。同时，印度对创新数字技术研发进行大规模投资。2024年3月，印度发布"印度人工智能计划"，将为人工智能发展投资超过1000亿卢比（约11.4亿美元），以建立一个全面的生态系统，催化人工智能创新，促进人工智能在各行业领域的应用，并致力于提升公众使用技能。

监管方面，2023年，印度首部全面保护个人数据权利的法律《数字个人数据保护法》生效施行，该法对个人数据跨境传输活动进行规制，允许向印度境外传输个人信息，但中央政府能够以通知方式明确予以限制；要求确保个人数据被使用时必须被用于合法目的，要求赋予个人用户审查和更正他们提供的数据以及删除此类数据的权利。2023年，印度开始《数字印度法案》立法工作以更新其数字法律框架，该法案强调了公平市场准入、反垄断、促进创新等原则，并拟就提高互联网开放水平、促进用户安全与信任、处置虚假信息、完善互联网平台监管和人工智能治理等作出规定。

2. 国际数字治理

在国际层面，印度试图利用中美科技竞争契机，扮演"中国替代者"角色，积极对外开展数字贸易合作和承接数字产业投资。在双边合作方面，印度频繁与美国及其盟友接触。

2023年1月31日，美印正式启动"关键和新兴技术倡议"加强双边技术合作，包括人工智能、量子计算、半导体和信息通信技术等领域；在美国的推动下，苹果、美光科技、超微半导体、亚马逊等一批美国企业先后宣布在印投资设厂或追加投资。2023年6月，与美国政府发布"关于美国-印度全球数字发展伙伴关系的公告"，建立数字发展领域的合作伙伴关系；2024年2

月，与美国国际开发署磋商相关落地举措。

2023年5月，欧盟-印度贸易和技术委员会举行了首次部长级会议，加强双方的数字贸易对话，协调有关人工智能、半导体和数据流通的政策，并共同努力弥合数字技能差距。2023年11月举行第二次会议，就下步工作计划达成一致，并签署半导体合作谅解备忘录。

2021年1月，印度和日本签署了一项信息技术协议，宣称将加强双方在5G通信、人工智能和海底光缆网络领域的合作；2023年7月，印度电子信息技术部与日本经济产业省签署日印半导体供应链伙伴关系谅解备忘录，同月讨论推动双边数字支付合作。在多边合作和参与国际组织方面，印度在二十国集团、金砖国家、上海合作组织、世贸组织、世界银行、国际电联、经合组织等框架下积极参与数字领域合作，并利用孟加拉湾多部门技术和经济合作倡议、英联邦、南亚区域合作联盟、印太经济框架、四方机制等框架推动与相关国家的数字技术与规则合作。例如，印度与美国、日本、澳大利亚共同设立了"关键和新兴技术工作小组"和"四边技术网络"，在2023年11月二十国集团领导人视频峰会上力推促进数字公共基础设施发展的全球性倡议，推广以"印度堆栈"为代表的印度数字基础设施建设方案等。

四、智利

聚焦数字经济发展前沿议题，积极参与全球数字贸易规则体系构建，致力于将自身打造成为南美数字枢纽。目前，智利尚未针对数字产业发展形成顶层设计，仅聚焦重点议题发布国家战略或法令。智利科技、知识与创新部长曾于讲话中公开表示，计划推动智利成为南半球科技中心，关注前沿科技创新与数字经济发展。

1. 国内数字政策

在数字政府建设上，2022年5月，智利政府提出了"数字智利2035"战略,提出在保障网络安全的前提下,通过强化基础设施建设等方式促进公共服务数字化发展,实现国家数字化转型。该战略提出,2025年,智利政府公共服务数字化覆盖率应达到95%,并于2035年达到100%。

在人工智能发展方面,2021年10月,智利科学技术与创新部发布《国家人工智能战略》,该战略主要包含三大支柱。

(1)促进人工智能技术发展,旨在鼓励社会开发并使用人工智能工具,为人工智能发展提供包括人力、技术、基础设施以及数据等资源。

(2)关注人工智能技术的使用,旨在促进人工智能系统研发、围绕人工智能技术的创新创业项目启动,以及相关技术在公共与私营部门中的普遍使用。

(3)监管人工智能技术安全发展,包括鼓励各利益相关方就人工智能技术的伦理框架、安全标准等展开讨论并形成共识,实现以人为本的人工智能技术开发与使用。

《智利人工智能行动计划》配套该战略同时发布,该计划提出了70项优先行动,185项与社会经济发展、人才培养相关的倡议,以及一项260亿美元的公共投资。该计划包括为与人工智能相关的技能设置认证机制、鼓励与人工智能技术的创业项目以及推广人工智能技术相关培训课程。在研究领域,该计划提出为人工智能相关博士课程的学者提供科研经费,鼓励产学研加强合作,并促进公共部门与私营主体签署合作协议,为人工智能技术专业人士提供更多就业机会。

在人工智能监管方面,2023年智利政府提出一项关于监管人工智能系统、机器人和相关技术应用的立法草案,旨在将法律和道德问题纳入人工智能技术研发与商业化应用中,并在保障公民基本权利与促进科技发展中取得平衡。该法案主要内容包括根据风险等级对人工智能系统进行分类,成立国家人工智能委员会对人工智能技术发展与应用进行监管,并通过确定人工智能技术可接受与不可接受的用途，减少对社会的潜在风险。

在数据相关议题方面，2018年智利将数据保护纳入宪法，成为智利公民的一项基本权利。在法律层面，1999年第19.628号《私生活保护法》为个人数据保护提供了法律基础。2017年，智利政府推出第11144-07号法案，旨在履行作为OECD成员国的承诺，调整数据保护法规并规范数据跨境流动制度。该法案规范了个人数据的处理活动，强化对个人数据的保护，将数据主体的同意作为数据处理的法律依据。2021年智利再次对该法案进行修订，设置个人数据保护机构。该法案同时明确在跨境数据传输情景中，只有数据接收方能够提供与智利同等水平的保护时，个人数据才被允许跨境转移。

2. 国际数字治理

在国际层面。

（1）积极参与数字经贸规则构建，促进数字贸易自由化发展。 在多边层面，智利作为WTO电子商务谈判参与方，积极推动各方尽快形成稳定案文，尽早结束谈判。特别是对于谈判中较为敏感的"电子传输永久免征关税"议题，与多数持反对态度的发展中成员不同，智利于谈判中多次明确表态有能力做出高水平承诺，电子传输永久免征关税将有助于推动其国内中小企业发展。在区域规则中，2018年3月，智利同日本、加拿大、澳大利亚、新西兰、马来西亚、新加坡、越南、文莱、墨西哥以及秘鲁共同签署了《全面与进步跨太平洋伙伴关系协定》，在电子商务专章内对跨境数据流动、计算设施本地化、数字产品非歧视待遇、源代码保护等议题做出自由化水平较高的承诺。

（2）积极构建数字经济伙伴关系，不断扩大合作范围。 2019年5月，智利与新加坡、新西兰共同发起《数字经济伙伴关系协定》，首次提出人工智能、数据创新等新兴技术领域的合作条款，进一步巩固了与两新间的数字经济伙伴关系。2023年12月，智利与欧盟签署了《高级框架协议》，提出共同开展前沿科技创新，促进数字化转型，深化并拓展了欧盟与智利间的科技伙伴关系。2024年4月，智利政府与拉美和加勒比开发银行（CAF）共同发布针对智利的发展支持战略，将联合CAF共同支持有关发展项目，深化合作。该战略将提高智利数字化程度、实现互联互通列为四大核心支柱之一，在该支柱下实现国内普遍的互联网接入，加强数字政府建设，并将智利打造为南美洲的数字枢纽将成为双方合作的领域。

五、中亚五国

中亚五国分阶段建设数字基础设施，实施数字化国家战略，提升各国数字治理能力。从政策走向来看，中亚国家致力于完善本国数字治理体系，在数字基础设施方面都有不同程度的发展，电子政务能力也有所提升。国际上，中亚国家普遍将数字经济作为建设现代化经济体系，推动本国经济高质量发展的新动力和新方向，并积极开展对外合作。

1. 区域内数字政策

区域内层面，中亚国家近几年积极建设现代信息和通信技术基础设施，地区互联网用户数量实现了大幅增长。据Internet World Stats发布的数据显示，截至2023年，中亚国家的互联网用户总数已超过64.55百万人，互联网普及率达76.5%。中亚国家电子商务交易量增长迅猛，各国也纷纷为电子商务的发展提供制度保障，包括哈萨克斯坦的《2025年前电子商务发展路线图》，乌兹别克斯坦的《2030年国家数字战略》等；中亚国家的电子政务已经有一定的覆盖面，特别是在各国中央政府行政机关以及主要城市的行政部门内已建立起内联网，电子化和网络化的目标在这些部门中已初步实现，政务数字化实施现状总体呈现出"先首都，后地方；先城市，后乡村"的趋势。

2. 国际数字治理

国际层面，中亚国家非常重视发展数字经济。在2019年6月举行的上海合作组织成员国元首理事会第十四次会议比什凯克峰会上，各国元首积极推动相互间的数字经济合作。2021年11月，中亚区域经济合作（CAREC）第20次部长级会议审议通过《CAREC数字战略2030》，旨在促进数字化工作的区域合作，促进政策设计、能力建设和区域对话，加强CAREC成员国之间的合作，优化数字基础并创建具有互操作性的数字平台，实现区域数字合作。2022年6月，中国与中亚五国也在数据安全方面达成合作，通过《"中国+中亚五国"数据安全合作倡议》，共同应对数据安全风险挑战。此外，中亚五国将不断加强"中国+中亚五国"的数字互联建设，从各个方面不断优化发展数字丝绸之路的政策环境。

中亚各国纷纷出台数字经济发展战略，侧重点各有不同。

（1）哈萨克斯坦对内加快推动政府治理和公共服务体系数字化转型，对外适度引入国外技术，提升国内数字主权能力。哈萨克斯坦致力于缩小首都等大城市与周边小城市的数字经济差距，2017年12月批准了《数字哈萨克斯坦》国家规划，2019年12月出台关于该规划的修补和补充决议，要求扩大通信基础设施覆盖面，数据不出国。2020年新冠疫情期间，哈萨克斯坦大幅加快了政务办理数字化的步伐，"eGOV.kz"与国内25家主要银行建立了数据连接，公民可在线缴税、缴纳罚款、领取养老金和福利等。2021年9月，哈萨克斯坦总理与俄罗斯联邦储蓄银行签署了一份合作备忘录，哈方拟引进俄储研发的数字政务平台，对当前数字平台进行整体置换。2022年4月鉴于国际形势，哈萨克斯坦数字发展、创新和航空航天工业部副部长正式宣布放弃俄储方案，由其国内IT公司完成新数字政务平台开发。2023年中哈双边贸易额增长30%，达到410亿美元，中国是哈萨克斯坦最大贸易伙伴。

（2）乌兹别克斯坦对内推行数据本地存储政策，对外推进多元化的对外合作。2020年乌兹别克斯坦总统多次召开会议并颁布总统令，鼓励数字经济发展。同年10月，乌兹别克总统签署《2030年国家数字战略》，要求扩大电信基础设施和数据处理中心，加强数字经济投入。2021年1月14日，乌兹别克斯坦总统签署了《个人数据法》修正案，规定使用信息技术和网络处理公民个人数据的企业所有者和运营商，有义务确保其收集、分析和存储个人数据的数据库在物理上位于乌兹别克斯坦境内，并以规定方式在国家个人数据库登记册中注册。乌兹别克斯坦与韩国行政安全部签署了合作备忘录，韩国专家参与制定了乌兹别克斯坦数字政务系统发展概念草案，并参与建立数字政务系统所需的数据处理中心。2022年9月，中国商务部与乌兹别克斯坦投资和外贸部（现改组为"投资、工业和贸易部"）签署《关于加强数字经济领域投资合作的谅解备忘录》，双方深挖合作潜力，进一步加强数字发展领域政策沟通。

（3）吉尔吉斯斯坦对内大力开展经济产业数字化，对外坚持数字化与国际接轨。吉尔吉斯斯坦于2018年出台了《2019—2023年数字化吉尔吉斯斯坦转型规划》，该规划包括数字化教育、信息技术人才培养、改善数字基础设施、建设电子政务系统、创造条件发展数字经济。吉尔吉斯斯坦通过制定实施《2022—2027年电子商务支持和发展规划》，加快吉尔吉斯斯坦经济数字化转型，拉动国家经济发展。2024年吉尔吉斯斯坦总理在第二届"数字吉尔吉斯斯坦"国际论坛中宣布将通过《吉尔吉斯斯坦数字法典》，为数字发展提供法律依据。吉尔吉斯斯坦积极与国际接轨，发展数字贸易，与先进国家和国际组织对接，在数字化建设领域参照国际通用标准，主动加入"欧亚经济联盟2025年数字议程"，参与共建"丝绸之路"，并支持其他关于发展本地区数字基础设施的国际倡议。2023年10月，中吉双方签署《关于加强数字经济领域投资合作的谅解备忘录》，探讨共同利用数字机遇，加快各行业数字化转型。

（4）塔吉克斯坦加强国内数字贸易能力的建设，着力构建数字生态系统。2016年塔吉克斯坦发布《塔吉克斯坦共和国至2030年国家发展战略》，通过发展国家电信传输能力把通信服务扩大到同地区其他国家，建设跨境电信基础设施，确保各类跨国运输设施和电网的正常使用。2019年塔吉克斯坦制定了《关于塔吉克斯坦年度社会经济发展成果和未来任务》决议，决议要求相关部门继续制定塔吉克斯坦数字经济发展规划，使数字技术深度融入到国民经济各部门中。2021年10月，塔吉克斯坦经贸部牵头制定了《塔吉克斯坦2021—2025年数字经济发展规划》。2022年12月29日，塔吉克斯坦《电子商务法》正式颁布实施；同年，总统要求政府加快制定实施《塔吉克斯坦共和国人工智能战略》，推动落实《塔吉克斯坦2021—2025年数字经济发展规划》，采取一切必要措施促进数字经济发展。在国际上，塔吉克斯坦积极参与"一带一路"倡议，建立现代化交通网络，更好地融入区域经济发展和国际贸易市场。

（5）土库曼斯坦政府于2018年2月签发了《土库曼斯坦2019—2025数字经济发展构想》的法令，该法令的目的是在土库曼斯坦打造与世界经济发展潮流相适应的营商环境，全面铺开数字基础设施建设，完善全国各地网络设施，力图与国际数字贸易规则接轨。2022年12月，土库曼斯坦颁布实施《电子商务法》，重在规范和促进电子商务发展。2024年3月，土库曼斯坦与德国国际合作机构（GIZ）哈乌土地区签署《2024—2026年"中亚贸易便利化"（TFCA）项目谅解备忘录》，共同推动数字化等领域的知识和方法的发展，便利地区跨境贸易。

六、中国

中国持续完善数字贸易政策和规则体系，促进数字贸易开放发展、创新发展。

1. 国内数字政策

发展方面：支持数字贸易创新，扩大数字领域高水平对外开放。

（1）鼓励自贸试验区对接国际高标准经贸规则。2023年11月，国务院印发《全面对接国际高标准经贸规则推进中国（上海）自由贸易试验区高水平制度型开放总体方案》，提出多项促进数据跨境流动便利性的手段，如指导数据处理者开展数据出境风险自评估、引导企业通过认证提升数据安全管理能力和水平、开展数字身份互认试点等。

（2）加快数字贸易标准体系建设。 2023年12月，商务部成立数字贸易行业标准化技术委员会，为相关行业标准化工作搭建协同平台，加快促进数字贸易业态的创新发展。此外，商务部等部门还针对海外仓建设国际合作等方面发布指导意见。

（3）加快增值电信业务对外开放。 2024年4月，工信部发布《关于开展增值电信业务扩大对外开放试点工作的通告》，对放宽电信服务市场准入做出系列部署，在北京、上海、海南、深圳四地○率先开展试点，取消互联网数据中心、内容分发网络、互联网接入服务、在线数据处理与交易处理、信息服务中信息发布平台和递送服务、信息保护和处理服务业务的外资股比限制，鼓励外商投资信息通信业务。

（4）打造跨境电商便利化环境。 2024年6月，商务部等9部门发布《关于拓展跨境电商出口推进海外仓建设的意见》，提出积极培育跨境电商经营主体、加大金融支持力度、加强相关基础设施和物流体系建设、优化监管与服务、积极开展标准规则建设与国际合作，以促进跨境电商发展与互利共赢。

监管方面：进一步完善监管规则和治理环境。

（1）进一步完善数据、互联网、人工智能等领域管理规则，促进和规范数据跨境流动。 2024年3月，国家网信办公布《促进和规范数据跨境流动规定》，进一步明确数据出境安全评估、个人信息出境标准合同、个人信息保护认证等具体规定，适当放宽数据跨境流动条件、适度收窄安全评估范围，在数据安全前提下更好地便利企业运营和合规。

○ 具体为：北京市服务业扩大开放综合示范区、上海自由贸易试验区临港新片区及社会主义现代化建设引领区、海南自由贸易港、深圳中国特色社会主义先行示范区。

（2）加快健全人工智能监管规则。 2023 年 7 月，国家网信办等 7 部门联合发布《生成式人工智能服务管理暂行办法》，对生成式人工智能服务的主体责任、服务质量、风险防范等做出系统规定，以促进生成式人工智能健康规范发展、维护国家安全和各方合法权益。

（3）加强网络安全监管，完善网络平台治理环境。 2023 年 9 月以来，国家网信办、财政部等陆续公布指导意见或暂行办法等规定，加强网络侵权信息、网络暴力信息等的处理，维护网络安全和数据安全，保护公民合法权益，营造良好网络生态。

2. 国际数字治理

国际合作方面，积极参与数字贸易规则谈判与多双边国际合作。

（1）积极参加多边电子商务谈判。 中国是 WTO 电子商务谈判㊀的重要参加方和主要提案方，以积极建设性立场参与所有议题磋商，先后提出 9 份提案，涉及 20 余个具体议题，且多数被纳入共识。

（2）推动加入 DEPA 谈判取得新进展。 2022 年 8 月，中国加入 DEPA 工作组正式成立后，中方已与成员方举行 10 余轮各层级磋商；2024 年 5 月，中国加入 DEPA 工作组举行第五次首席谈判代表会议，已完成所有条款的初步探讨。共同推动数字丝绸之路建设，2023 年 10 月第三届"一带一路"国际合作高峰论坛期间，中国与 10 余个国家共同发起《"一带一路"数字经济国际合作北京倡议》，达成加强数字互联互通、推动工业数字化转型等 20 项共识。

（3）与主要经济体推进合作。 2024 年 5 月，中国与法国发表《中法关于人工智能和全球治理的联合声明》，强调在促进人工智能创新、确保安全可靠可信、为公共利益服务等方面的共同立场和合作愿景。2024 年 6 月，中国与德国签署《关于中德数据跨境流动合作的谅解备忘录》，推动建立"中德数据

㊀ 2024 年 7 月，WTO 已发布《电子商务协定》稳定文案。

政策法规交流"对话机制，加强数据跨境流动议题上的交流，以营造公平的营商环境。

（4）倡议并推进人工智能全球治理合作。2023年10月，中国在第三届"一带一路"国际合作高峰论坛上提出《全球人工智能治理倡议》，倡导坚持"以人为本"理念、协力共同促进人工智能治理。2024年7月，第78届联合国大会协商一致通过中国主提的加强人工智能能力建设国际合作决议，140多国参加决议联署，强调人工智能发展应坚持以人为本、智能向善、造福人类的原则，鼓励发挥联合国的中心作用，通过国际合作帮助各国特别是发展中国家加强能力建设，倡导开放、公平、非歧视的商业环境。2024世界人工智能大会暨人工智能全球治理高级别会议发表《人工智能全球治理上海宣言》，强调共同促进人工智能发展、维护人工智能安全、构建人工智能治理体系、加强社会参与、提升社会福祉等。

第四章

中国数字贸易发展情况

中国高度重视数字贸易发展，顺应经济数字化转型大势，多措并举加快推动数字技术与贸易发展深度融合，不断壮大外贸发展新引擎。近十年，中国数字服务贸易规模实现了翻番，从 2014 年的约 1685.2 亿美元增长至 2023 年的 3666.1 亿美元，年均同比增速达到了 9.6%，在全球排名中稳居前列。2023 年，我国数字贸易稳步增长，规模再创新高，国际竞争力持续增强，贸易顺差不断扩大。其中，ICT 服务贸易发展尤为显著，在中国数字服务贸易规模中占比领先且增长强势；云服务、网络游戏等典型业态持续壮大；跨境电商发展迅猛，数字海外仓等创新模式不断涌现；互联网企业深化全球布局，高质量赋能当地发展，"以点带面"打造数字生态，成为新增长点。

第一节　数字服务贸易保持稳步增长，规模位居世界前列

一、数字服务贸易规模持续扩大

2023 年中国数字服务进出口总额达 3666.1 亿美元，同比增长 3.5%，较 2022 年上升了 0.3 个百分点（见图 4-1）。其中，出口同比增长 4.3%；进口

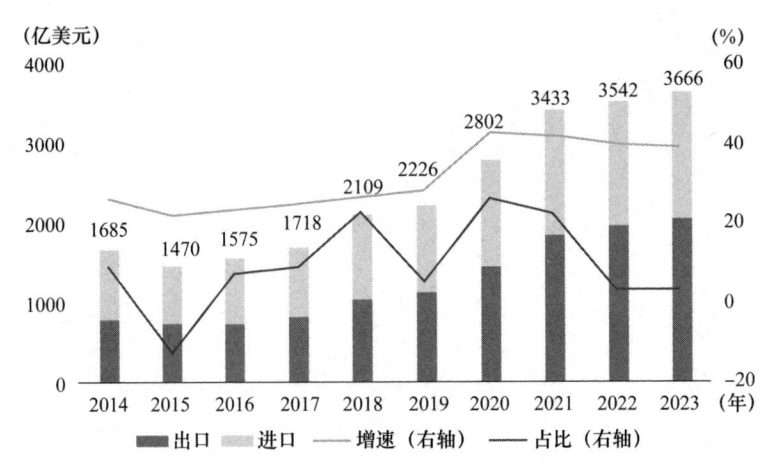

图 4-1　2014—2023 年中国数字服务贸易规模、增速及占比

资料来源：基于 WTO 数据计算。

同比增长 2.5%，相较 2022 年上升 4.1 个百分点。数字服务贸易占我国服务贸易比重为 39.5%。总体来看，我国数字服务贸易规模呈现持续扩大趋势，个人文娱的进口加强及保险服务和 ICT 服务的出口加速，拉动我国数字服务进出口的稳步增长。

二、数字服务贸易全球排名保持领先，顺差不断扩大

从国际排名看，2023 年我国数字服务贸易规模全球排名第七，其中，出口规模居全球第六，进口规模居全球第七。从国际市场占有率看，2023 年我国数字服务出口占全球的 4.9%，相比 2022 年的 5.1% 下降 0.2 个百分点，但相比 2019 年的 3.3%，上升 1.6 个百分点。从贸易平衡看，自 2019 年已连续 5 年实现顺差（见图 4-2），数字服务贸易净出口额在 2023 年达 474.1 亿美元，同比增长 11.1%；净出口规模占进出口总规模的比重接近 13%，略高于 2022 年（12.1%）。得益于我国数字服务出口的竞争力增强与海外需求强劲，我国的数字服务贸易继续保持顺差并且规模有所扩大。

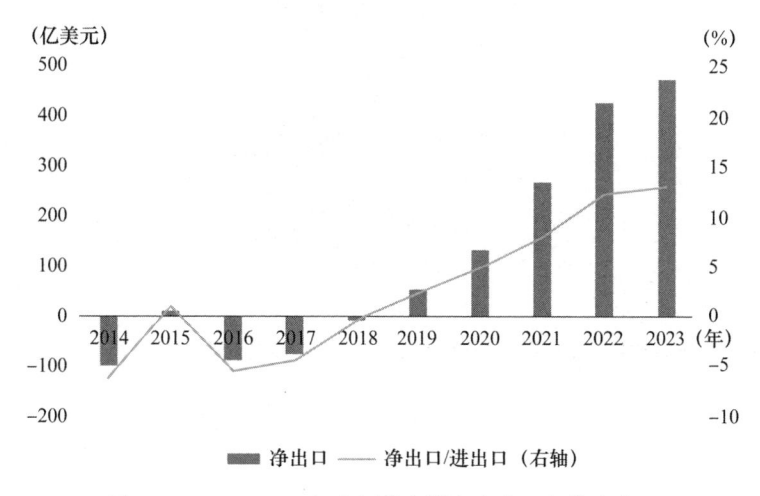

图 4-2 2014—2023 年中国数字服务净出口规模和占比

资料来源：基于 WTO 数据计算。

第二节　ICT 服务贸易展现活力，典型业态蓬勃发展

一、ICT 服务贸易占比领先，进出口均保持平稳增长

从数字服务贸易结构看，ICT 服务在中国数字服务贸易规模中占比最高，为 32.7%，高于全球平均水平 8.1 个百分点（见图 4-3）。从出口看，保险服务增速最高（59.3%），ICT 服务次之（5.2%）；金融服务和知识产权使用费出现较大幅度下降，同比分别下降 14.1% 和 17.2%。从进口看，个人文娱增速最高（54.3%），其他商业服务次之（15.6%）；ICT 服务和金融服务的进口小幅增长，分别同比增长 1.7% 和 0.7%，而保险服务和知识产权使用费则分别同比下降 17.3% 和 4.4%（见图 4-4）。

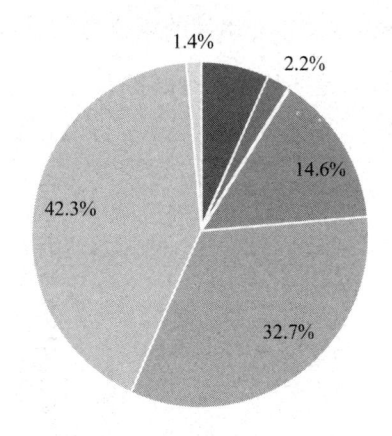

图 4-3　2023 年中国分行业数字服务贸易占比

资料来源：基于 WTO 数据计算。

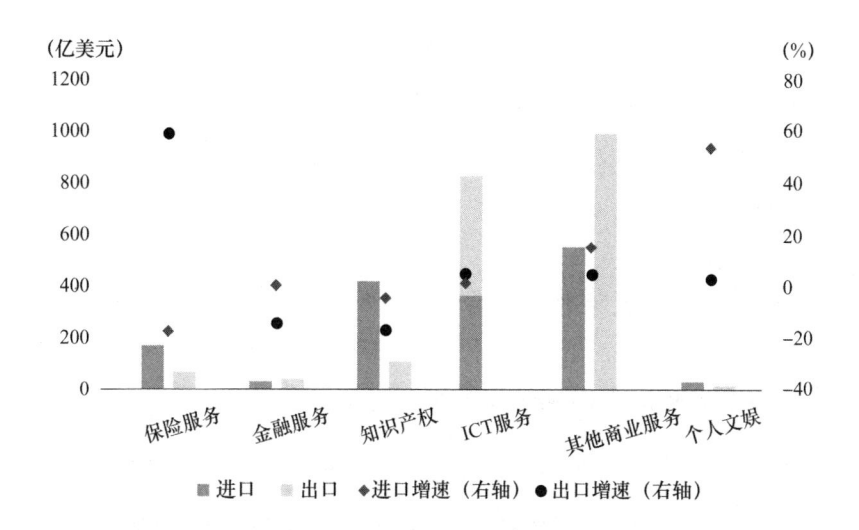

图 4-4 2023 年中国分行业数字服务贸易规模及增速

资料来源：基于 WTO 数据计算。

二、电信、计算机等细分领域呈现增长态势，云计算、游戏等典型业态发展迅速

ICT 服务包含电信服务、计算机服务和信息服务三类，其中，2023 年中国电信服务贸易规模达 38.9 亿美元，同比增长 5.2%。计算机服务贸易规模达 791.5 亿美元，同比增长 5.2%。中国数字产业化持续发展壮大，各项服务协同融合发展，产业竞争力持续提升。云服务方面，2023 年中国云计算市场规模同比增速（35.5%）远高于全球平均增速（19.4%）。我国在用数据中心标准机架超过 810 万架，算力总规模居全球第二位。

中国云厂商、基础运营商在全球 29 个区域内运营近 90 个可用区，覆盖全球 170 多个国家/地区，阿里云基础设施服务长期居于亚太市场份额第一，华为云基础设施在拉丁美洲增长迅速。游戏出海方面，2023 年全球海外移动游戏市场收入[①]同比下降1.7%，但中国移动游戏出海收入逆势增长7.3%，达到1177.5亿元[②]。2023年中国游戏出海企业中，共有27家手游发行商的海外营收成功突破1亿美元。其中米哈游、腾讯两家海外营收超10亿美元大关，三七互娱则以近9亿美元的海外营收紧随其后。

第三节　跨境电商发展迅猛，成为外贸增长新亮点

一、跨境电商进出口回归两位数正增长

据中国海关总署数据显示，2023年中国跨境电商进出口规模达到了2.38万亿元，位居世界首位，同比增长15.6%，占全国货物贸易进出口总值的5.7%，相比于2022年的4.9%增加了0.8个百分点。其中，出口1.83万亿元，同比增长19.6%；进口5483亿元，同比增长3.9%（见表4-1）。参与跨境电商进口的消费者人数逐年增加，2023年达到1.63亿人。

表4-1　2019—2023年中国跨境电子商务进出口情况

年份	金额（亿元）			同比（%）			出口/进口比例
	进出口	出口	进口	进出口	出口	进口	
2019年	12903	7981	4922	22.2	30.5	10.8	1.6
2020年	16220	10850	5370	25.7	39.2	9.1	2.0
2021年	19237	13918	5319	18.6	28.3	-0.9	2.6
2022年	20603	15324	5278	7.1	10.1	-0.8	2.9
2023年	23800	18300	5483	15.6	19.6	3.9	3.3

资料来源：海关总署。

[①] 海外移动游戏市场统计包括所有在App Store和Google Play上架的移动游戏产品（除中国大陆地区以外），不包含其他渠道或平台上的移动游戏产品。
[②] 点点数据《2023年海外移动游戏市场研究报告》。

二、跨境电商贸易伙伴以发达国家为主，新兴市场正在崛起

从出口目的地看，2023年上半年，美国市场占中国跨境电商出口总额的35.1%，英国、德国、法国分别占9.2%、6.1%、4.5%。此外，越南、马来西亚、巴西等新兴市场也逐渐成为重要市场。从进口来源地看，2023年上半年，日本占中国跨境电商进口总额的21.9%，美国、澳大利亚、法国分别占17.4%、9.4%、8.2%，德国、韩国、意大利等国的货物，也通过跨境电商进入中国市场。

三、中国跨境电商贸易稳步推进

我国跨境电商综合试验区扎实推进，海外仓建设助推跨境电商快速发展（见表4-2）。

（1）我国在165个跨境电子商务综合试验区设立基础上，鼓励各试点在监管、规则、标准、信息化、品牌培育、海外仓高质量发展等方面积极探索创新，积极利用跨境电商赋能本地产业发展。跨境电商综合试验区内企业的跨境电商贸易规模占全国比重超过95%，试点卓有成效。

（2）基于数字化管理的海外仓作为服务跨境电商的重要新型基础设施，通过整合物流、仓储、金融、分销等资源于一体，助力跨境电商在技术、模式、供应链等方面形成全新业态，可以有效提升中国跨境电商的全球竞争力。根据各地初步统计，全国跨境电商主体已超12万家，跨境电商产业园区超1000个，建设海外仓超2500个、面积超3000万平方米，其中专注于服务跨境电商的海外仓超1800个，面积超2200万平方米。

（3）海外仓的建设能够减少中间环节、直达消费者，有利于促进贸易便利化，同时海外仓通过数字化管理系统、智能仓储、物联网技术、大数据分析等数字化革新，进一步降低成本、提升运营效率，增强跨境电商的国际竞

争力。根据商务部印发的实践案例显示，海外仓可对上百万件商品进行智能管控，数据准确率达99%。

表4-2 我国促进跨境电商发展政策一览

文 件 名	发 文 机 关	发 布 时 间
《关于扩大跨境电商零售进口试点的通知》	商务部、国家发展改革委、财政部、海关总署、税务总局、市场监管总局	2020年1月
《关于开展跨境电子商务企业对企业出口监管试点的公告》	海关总署	2020年6月
《关于扩大跨境电子商务企业对企业出口监管试点范围的公告》	海关总署	2020年8月
《关于进一步做好稳外贸稳外资工作的意见》	国务院办公厅	2020年8月
《关于扩大跨境电商零售进口试点、严格落实监管要求的通知》	商务部、国家发展改革委、财政部、海关总署、税务总局、市场监管总局	2021年3月
《关于在全国海关复制推广跨境电子商务企业对企业出口监管试点的公告》	海关总署	2021年6月
《关于加快发展外贸新业态新模式的意见》	国务院办公厅	2021年7月
《"十四五"对外贸易高质量发展规划》	商务部	2021年11月
《数字化助力消费品工业"三品"行动方案（2022—2025年）》	工业和信息化部、商务部、市场监管总局、药监局、知识产权局	2022年7月
《支持外贸稳定发展若干政策措施》	商务部	2022年9月
《关于跨境电子商务出口退运商品税收政策的公告》	财政部、海关总署、税务总局	2023年1月
《关于拓展跨境电商出口推进海外仓建设的意见》	商务部、国家发展改革委、财政部、交通运输部、中国人民银行、海关总署、税务总局、金融监管总局、中央网信办	2024年6月
《关于进一步促进跨境电商出口发展的公告》	海关总署	2024年11月

实践案例 4-1：我国跨境电商企业海外仓建设情况

1. 京东

京东物流以海外仓为核心对全球智能供应链基础网络进行建设，已相继在美国、德国、荷兰、法国、英国、越南、阿联酋、澳大利亚、马来西亚等地落地自营海外仓。截至2024年上半年，京东物流在全球拥有近100个保税仓库、直邮仓库和海外仓库，总管理面积近100万平方米。

亮点：在欧洲，京东物流通过部署"地狼"机器人，实现"货到人"的自动化拣选，助力部分商家将订单生产时效提升了三倍多。在北美洲，京东自营海外仓连接美国东部、中部和西部地区，并辐射至加拿大和墨西哥。本地商家出库订单次日即可送达美国主要一线城市，"2~3日达"服务覆盖全美90%的地区。

2. 菜鸟

菜鸟网络是阿里巴巴旗下的物流平台，致力于提供全球化的物流服务。目前，其海外仓覆盖美国、欧洲、东南亚等地。这些海外仓配备了先进的物流设备和技术，如AGV机器人、自动化分拣系统等，大幅提升了物流效率。

亮点：菜鸟网络的海外仓不仅提供仓储服务，还通过其自研的GIWS全球数智仓储系统实现仓内全链路数据可视化，从入库到出库，所有数据都能实时回传给国内商家，为商家提供了高效的物流解决方案。

3. 希音

希音（SHEIN）与多家物流商合作，整合海外仓储资源合计面积超过120万平方米。希音的海外仓不仅提供仓储服务，还涵盖了订单处理、包装、配送以及售后服务等多个环节。特别是其半托管模式，为中国卖家提供了强大的本地备货及履约能力支持，加速了全球化发展步伐。

亮点：希音半托管模式在美国成功落地后，迅速展现了强劲的增长潜力，并批量性开放欧洲站点。在欧洲市场，希音通过半托管模式为中国卖家提供了全方位的支持，包括0入驻费、0月租、0佣金的优惠政策，以及产品开发、生产提效、店铺运营、物流仓储、合规经营等一站式服务。

第四节 互联网企业出海进程加快，协同效应持续增强

一、中国互联网企业出海步伐加快，海外收入实现较快增长

近年来，越来越多的中国企业正加速开启全球化进程，中国企业出海正从成本驱动转向技术驱动，高质量出海成为发展趋势。相较于部分全球头部数字企业，中国互联网企业海外收入占比较小，但得益于中国互联网企业本身具有数字技术、供应链、营销策略等多方面的坚实基础，在过去一年中国头部企业国际收入增速提升，显示出较强的发展潜力。统计数据显示（见表4-3），我国十强互联网及软件企业⊖的海外业务总占比虽仅为7.03%，但同比增长较快，如阿里巴巴海外营收占比8%，同比增长13.3%；快手2023年海外收入占比为2.01%，增速达到265.4%；拼多多海外版的交易服务收入达到941亿元，同比增长241%。

⊖ 主要包括字节跳动、腾讯、阿里巴巴、拼多多、京东、百度、快手、美团、滴滴和网易。

表4-3 中国代表性互联网企业国际化发展动向

企 业	国际化发展动向
阿里巴巴	2023财年，阿里国际数字商业集团通过丰富的本地和全球商品以及完善的消费体验，服务数亿海外消费者，触达来自全球超过4700万名活跃中小企业买家，包括速卖通、Lazada、Trendyol在内的国际业务收入为692.04亿元，同比增长13%。阿里的国际商业业务分为两部分，国际零售商业和国际批发商业。2023财年，国际批发商业收入为人民币193.31亿元，同比增长5%，主要来自于跨境业务相关的增值服务收入的增长。相比之下，国际零售商业部分的增长更加明显。从收入端来看，2023财年第四季度，国际零售商业的收入增长了41%，连续三个季度实现超预期增长，带动全年这部分收入实现了17%的同比增长。①此外，Statista数据显示，2023年阿里巴巴电子商务零售额全球排名第一，共占据23%的全球市场份额
腾讯	2023年，腾讯游戏国际市场收入占游戏总收入的30%，达到532亿元，连续多年逆势保持增长。游戏出海已经成为腾讯游戏业务新的增长点。腾讯在2023年国际游戏市场的收入相比2022年增长14%。排除汇率波动的影响后，增长8%。即使排除汇率因素影响，其国际市场游戏收入的增速超过公司整体收入增速以及本土市场的收入增速
小米	Counterpoint公布的拉丁美洲2023年全年以及第四季度手机销售数据显示，小米在拉丁美洲销量虽排名第三，但销量增长率最高。②IDC数据显示，2023年小米手机销量蝉联全球第三名，约为1.46亿台，仅次于苹果和三星③
拼多多	自2022年9月上线以来，拼多多旗下跨境电商平台TEMU变"人找货"为"货找人"，如今已在50余个国家上线，累计吸引海外上亿名消费者下载，每天出口包裹量超过40万个，Temu在全球共开通70个国家站点。网站分析工具SimilarWeb数据显示，截至2023年12月，Temu独立访客数量排名全球第二，仅次于亚马逊④

① https://view.inews.qq.com/k/20230522A094FT00? no-redirect=1&web_channel=wap&openApp=false。
② https://baijiahao.baidu.com/s? id=1791112750224409327&wfr=spider&for=pc。
③ https://baijiahao.baidu.com/s? id=1789993404585384069&wfr=spider&for=pc。
④ https://www.163.com/dy/article/IU52OJOU0552NZ1P.html。

二、新兴市场成为中国互联网企业出海的目标区域

伴随着共建"一带一路"倡议的推进，东南亚、中东、拉美、非洲等新兴市场吸引着出海企业的进一步探索。在头部高市值企业中，超过70%已在海外或计划进行业务布局。根据市场报告，希音在全球购物类APP下载量中蝉联冠军，拉美市场是其重要的增长动力之一。同时，非洲、印度等地区的电商市场正逐渐苏醒，成为亟待开发的电商新蓝海。根据eMarketer数据，非

洲电子商务总收入从 2017 年起逐年递增，预计到 2025 年可达到 39.4 亿美元，市场规模不容小觑。

实践案例 4-2：我国数字贸易便利化创新实践

1. 电子提单

中远海运推出的 IQAX 电子提单以及 TradeGo 公司推出的电子提单均采用区块链技术，实现安全高效的全程电子化流转，并均通过了国际船东保赔协会集团（IGP&I）审核，成为该集团认可的电子提单系统供应商。此外，浙江、深圳、苏州等地方政府均与新加坡资讯通信媒体发展管理局（IMDA）开展对接，探索利用 TradeTrust 框架推进电子提单应用的试点项目。

2. 单一窗口

中国"单一窗口"已成为企业面向相关管理部门的主要接入服务平台，货物申报、舱单和运输工具等一些主要功能应用率达 100%，其他功能应用率在稳步提升。"单一窗口"供企业自主选择使用，主要推广方式包括线上和线下培训、现场操作辅导、媒体宣传等。企业提供营业执照、法人身份证件等基本信息并进行备案即可注册成为"单一窗口"有卡用户，具体办理业务时需要持卡认证以获得相关业务操作权限。

中国国际贸易"单一窗口"持续推进与境外"单一窗口"互联互通和电子文件交换，已与新加坡、巴基斯坦、韩国、智利、新西兰、澳大利亚、蒙古、东盟和欧盟等 10 多个国家、国际组织以及地区的贸易系统安全互联，实施交换的贸易单证数据有原产地数据、AEO 数据、各类检验检疫电子证书数据等。

中国海关与新加坡海关开展了"单一窗口"互联互通联盟链示范项目合作，该联盟链充分发挥区块链技术去中心优点，为两国贸易企业提供安全畅通的传输通道，已上线的"通关物流状态信息共享"项目作为典型应用场景，整合通关物流状态信息并将数据写入区块链，率先在新加坡港和中国广西钦州港、上海洋山港试点。通过合作，两国海关可以为本国贸易商提供集装箱申报通关全程近实时状态信息，提升了集装箱运输的可视性和透明度。

3. 数字税收

"乐企"是互联网接口技术（Application Programming Interface，API）在税务领域的深度应用，主要面向业务数字化程度较高的纳税人，如提供互联网电子商务服务的企业。税务部门通过"乐企"平台，应用互联网接口技术建立征纳双方信息系统之间直连查询、上传和下载数据的接口，同时将"税收业务规则"转化为"乐企平台的数据直连接口调用规则"，并以"接口说明在线文档"的形式提供给纳税人，纳税人据此改造自有业务系统完成税收规则的嵌入，最终，纳税人在自身业务交易过程中，自有业务系统自动运行已嵌入的税收规则，并调用"乐企"平台提供的数据直连接口向税务局报送开票、申报等涉税数据，自然完成税收遵从过程，实现纳税人业务、财务、税务一体化。"乐企"的优势在于，纳税人开具发票、使用发票、申报缴税等遵从过程可最大程度减少人工操作，实现纯数字化自动运行，极大提升税收规则的确定性和透明度，最大限度满足业务高度数字化的纳税人需要。

三、互联网企业出海呈现三大特征

（1）加快本地化助力当地发展。当前，互联网企业出海越来越注重本地化,为当地数字化、产业转型、就业等带来新的机遇。2022 年 4 月,滴滴出行通过旗下在巴西运营的出行平台"99",联合汽车行业相关公司成立"巴西可持续交通联盟",目前成员数量达 12 家。2023 年 10 月,滴滴出行与比亚迪巴西子公司和巴西相关企业共同签署了国产电动汽车国际化落地项目,在巴西部署 300 辆比亚迪电动汽车。

(2) 协同带动效应日渐增强。头部企业与其他领域的出海企业形成协同效应,帮助上下游、中小企业抱团出海。2022 年 12 月,腾讯云建立出海生态联盟,帮助中小企业更好适应海外市场差异化政策文化环境,完成跨地域的团队管理,吸引有米科技、店匠科技、钱海等 30 余家企业加盟,覆盖数字营销、出海服务、跨境电商、支付工具、社交娱乐等多个领域。Temu 在全球首创全托管模式,通过一站式服务,解决了中小商家传统出海模式耗时长、资金压力大、尾货处理成本高等问题,已先后推动服装、数码、家电、箱包、户外、配饰、玩具、文具等领域上万家制造企业成功出海。

(3) "点状"优势逐步凸显,"以点带面"打造生态。目前,我国互联网企业出海形成游戏、音视频以及跨境电商三大主要出海赛道,并逐步覆盖了实物、内容、技术以及模式输出等多个方面。如游戏领域,中国的市场主体从小工作室到大企业如腾讯、网易等规模化出海,带动了大量原创精品游戏在海外取得成功,跻身世界前列。音视频领域,字节跳动的 TikTok、快手的 Kwai 和 SnackVideo 等 APP 快速开拓海外市场。跨境电商领域,拼多多在北美上线的跨境电商平台 Temu,上线一个月后,日均商品交易总额(GMV)突破 150 万美元,入驻商家数量达到近 3 万个。

第五章

数字贸易的关键数字服务和典型应用场景

第一节 数字贸易的关键数字服务

数字贸易发展中存在一些关键基础性数字服务，它们在数字贸易开展中扮演重要角色，可以为几乎所有的数字服务、数字服务贸易的开展提供支持，同时也可以是数字贸易的一部分。

一、云存储计算服务构筑数字贸易基础

(1) 云端存储、计算改变服务创造模式。 云计算是分布式计算的一种，使用户可以通过网络灵活调用各种 IT 资源，按使用量付费和进行大规模计算。云计算由三类数字服务构成，分别是基础设施即服务（IaaS）、平台即服务（PaaS）和软件即服务（SaaS）。其中，基础层 IaaS 提供了云端的存储和计算服务，通过网络对外提供 IT 基础设施服务；中间层 PaaS 进一步提供软件开放平台服务，是把服务器平台作为一种服务提供的商业模式；最高层 SaaS 则将软件部署在服务器上，并通过网络提供软件服务。IaaS 在云计算中起到基础性作用，为其他数字服务的研发、设计和生产创造了有利条件。随着服务的可编程化和软件的云端化，"云端经济"生态逐步形成，催生出众包、云外包、平台分包等新模式，带动数字服务贸易的发展。

(2) 全球云计算市场保持较快增长态势。 据 Gartner 预测，2023 年，全球最终用户在公共云服务上的支出达到 5611 亿美元，同比增长 17.3%。其中，IaaS、PaaS 和 SaaS 三类细分市场的规模分别达到 1433 亿美元和 1429.3 亿美元和 2060 亿美元，分别同比增长 19.1%、19.5% 和 18.1%。中国云计算市场发展速度大幅高于全球水平，中国信息通信研究院《云计算白皮书（2024）》显示，2023 年我国云计算市场规模达 6165 亿元，较 2022 年增长 35.5%。其中，公有云市场规模为 4562 亿元，同比增长 40.1%；私有云市场

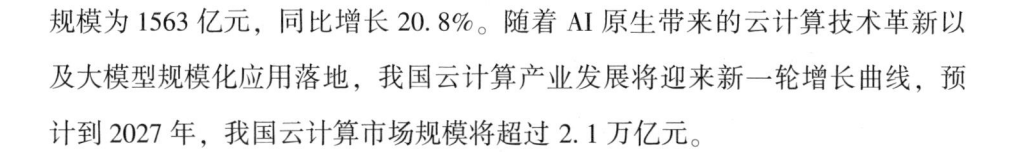

规模为 1563 亿元，同比增长 20.8%。随着 AI 原生带来的云计算技术革新以及大模型规模化应用落地，我国云计算产业发展将迎来新一轮增长曲线，预计到 2027 年，我国云计算市场规模将超过 2.1 万亿元。

二、数字平台服务串联各方要素与服务

数字平台服务串联数字世界。数字中介平台及其服务是数字经济和数字贸易高效有序运转的重要保障，其提供一种将有关当事人聚集在一起进行在线互动的机制，为数据、商品和服务的供需对接，以及研发、创新、生产等的分工协同提供支持。UNCTAD 报告中，将数字平台分为交易平台和创新平台，其中交易平台是具有在线基础设施的双边/多边市场，支持多个不同交易方之间的交易，现已成为主要数字企业（如亚马逊、阿里巴巴、脸书和 eBay）以及提供数字赋能支持的企业（如 Uber、滴滴和 Airbnb）的核心商业模式；创新平台是为代码和内容生产商创造的开发应用程序和软件的环境，如操作系统（如 Android 或 Linux）或技术标准（如 MPEG 视频）。

目前，美国企业主导了大部分全球性的数字平台服务市场，在为其他国家提供数字服务的同时也获取了巨额的经济收益。例如，苹果的 App Store 是世界上最活跃的应用市场之一，拥有超 200 万个应用，每周有来自 175 个国家的 5 亿人访问。苹果的 App Store 生态系统帮助应用程序开发人员触及全球近 10 亿 Apple 设备所有者。苹果公布一项研究数据显示，App Store 生态系统在中国促成的开发者营业额和销售额从 2019 年的 1.65 万亿元增长到了 2023 年的 3.76 万亿元，实现翻番。研究还显示，在上述营业额和销售额中，超过 95%完全归各种规模的开发者和企业所有，无需支付给苹果任何佣金，苹果只对数字商品和服务收取佣金，且佣金率全球统一。此外，中国 App Store 近 90%的下载量和 95%以上的开发者营业额均来自中国开发者创作的 APP，中国开发者的收入自 2018 年以来翻了近一番。

三、人工智能服务推动数字服务智能化

（1）人工智能服务推动数字服务自动化、智能化。 随着各行各业应用人工智能进行转型需求的爆发式增长，国内外多家人工智能企业开始对外提供人工智能解决方案服务。中国百度推出 EasyDL，内置百度自研的 AutoDL 技术，向企业用户提供零门槛 AI 开发平台，一站式支持智能数据服务、模型训练、服务部署等全流程功能，包含丰富的预训练模型，支持图像分类、物体检测、图像分割、文本分类、情感倾向分析、音视频分类、表格数据预测等多类模型，最快 10 分钟完成模型训练，只需少量数据就能训练出高精度模型，为 AI 应用开发者定制 AI 服务。EasyDL 已与超过数万家企业结合，在工业、零售、制造、互联网、交通等 20 多个行业或领域广泛落地 AI 应用。

（2）全球人工智能产业进入加速发展阶段。 主要国家纷纷从战略上布局人工智能，加强顶层设计，成立专门机构统筹推进人工智能战略部署，实施重大科技研发项目，鼓励成立相关基金，引导私营企业资金资源投入人工智能领域。从区域分布看，北美、东亚、西欧地区成为人工智能最为活跃的地区。美国、欧盟、英国、日本等经济体很早就开始加大在机器人、脑科学等前沿领域的投入，相继发布国家机器人计划、人脑计划、自动驾驶等自主系统研发计划等。

为进一步确保领先地位，2023—2024 年期间，发达经济体又发布了多项人工智能战略。2023 年 5 月美国白宫围绕人工智能应用和发展的新举措发布了《国家人工智能研发战略计划》（2023 年更新版），对 2016 年、2019 年版本的八项战略目标和具体优先事项进行了调整和完善，同时增加了新的第九项战略，以强调国际合作。2024 年 3 月，欧盟《人工智能法案》（Artificial Intelligence Act）正式通过，成为全球首部全面监管人工智能的法规，将人工

智能系统的风险划分为不可接受的风险、高风险、有限风险和轻微风险四种类型，并针对不同类型施加了不同的监管措施。

实践案例 5-1：生成式人工智能

> 生成式人工智能（Generative Artificial Intelligence）是利用复杂的算法、模型和规则，从大规模数据集中学习，以创造新的原创内容的人工智能技术。这项技术能根据给定的主题或关键词，生成具有逻辑清晰、表达准确、语言流畅的文本，甚至是代码、图片、声音、视频等多种类型的内容，并可能催生出相关的数字贸易。
>
> 2023 年被视为生成式人工智能元年，OpenAI 推出的 ChatGPT 在文本生成领域取得显著进展，正式融入我们的日常生活，并可能创造数万亿美元的经济价值。麦肯锡研究显示，在 63 个应用场景中，生成式人工智能每年可以增加相当于 2.6 万亿美元到 4.4 万亿美元的收入。如果进一步将生成式人工智能嵌入到其他应用场景的软件中，这一估值大约还会增长一倍。
>
> 生成式人工智能在医疗保健、制造、软件开发、金融服务、媒体和娱乐以及广告和营销等不同行业都有应用。在医疗领域，生成式人工智能可以应用于医疗保健和制药行业，从药物研发到患者个性化诊疗计划，再到为病程绘制预测性图表。在广告营销领域，生成式人工智能为从事广告和营销的专业人士提供了解决方案，如生成营销所需的文本和图像，或找到与客户互动的新方式。在制造业领域，生成式人工智能可以帮助工程师提高工作效率，更快更好地进行设计，及创建更具弹性的供应链。在软件开发领域，生成式人工智能可以提供工具来更快地创建和优化代码，并减少对使用编程语言的经验的需求。在文化娱乐领域，生成式人工

智能可以帮助创建和编辑视觉内容，创建体育赛事集锦，优化内容管理系统。

我国高度重视人工智能产业发展，政府工作报告首次提出"人工智能+"行动，要求"深化大数据、人工智能等研发应用，开展'人工智能+'行动，打造具有国际竞争力的数字产业集群"。据统计，2023年我国人工智能核心产业规模达到5784亿元。截至2024年3月，我国人工智能企业数量超过4500家，已有714个大模型完成生成式人工智能服务备案。在技术创新方面，2023年中国人工智能领域的热门产出数量位列全球第二。

四、5G网络服务拓展数字贸易全新场景

1. 5G应用新场景带来新的数字服务贸易机会

5G网络服务具有高速率、低时延、高可靠、广覆盖等优势，不仅能满足人们在居住、工作、休闲和交通等各领域的多样化业务需求，为用户提供超高清视频、虚拟现实、增强现实、云桌面、在线游戏等极致业务体验，而且还将渗透到物联网及各种行业领域，与工业、设施、医疗仪器、交通工具等深度融合，有效满足工业、医疗、交通等垂直行业的多样化业务需求，实现真正的"万物互联"。5G应用新场景将催生出海量数字服务需求，推动新的数字服务产业出现、发展和形成全球产业链，带来新的国际分工机会，激发数字服务贸易潜能。

2. 全球5G产业正经历稳健的增长阶段，其对经济的推动作用日益凸显

根据中国信息通信研究院《全球5G标准必要专利及标准提案研究报告（2024年）》显示，截至2024年6月，全球已有119个国家和地区的320个运营商推出了商用5G网络，5G基站部署总量达到594万个，5G用户规模超

过了 18.7 亿。中国在 5G 基站建设规模、5G 连接规模和用户规模上均居世界首位，5G 基站数量已达 391.7 万个，占全球总量的 66%，到 2024 年底，中国 5G 连接数突破 10 亿，成为全球最大移动通信市场。随着 5G-Advanced 技术的推进，全球电信运营商已开始 5G-Advanced 的商用冲刺，预计超过 50% 的运营商将在首个 5G-Advanced 标准发布后的一年内部署相关网络。未来，5G-Advanced 技术将与人工智能、增强现实/虚拟现实、计算网络、卫星通信等技术相结合，为各行各业提供更广泛的赋能。

五、区块链服务搭建可信数字贸易环境

1. 区块链服务重塑数字资产交易生态

区块链具有去中心化、信息不可篡改、公开透明、信息可追溯等技术特点，其在"缺乏信任"的国际贸易中的价值逐步显现。世界贸易组织和全球贸易融资组织发布的国际贸易区块链项目分类报告指出，区块链贸易创新项目在全球范围内正日益成熟，区块链可以给国际贸易带来两大好处：一是提高贸易流程的透明度和贸易标的可追溯性，确保产品和服务质量，增强信任；二是简化贸易文件、流程，确保数据的安全交换和监控。相比传统货物贸易，在数据、数字产品和数字服务的贸易中，区块链的作用可能更为基础和关键。

例如，数据在国内交易和国际贸易中普遍面临数据确权、数据安全、隐私保护、信任机制等问题。区块链与数据交易系统相结合，利用共识算法对数据进行确权和对交易进行记录，可以加强数据产权保护和提升交易合规性，构建可信任的交易环境，突破数据流动孤岛。

2. 区块链技术与服务正从加密数字货币向更多领域延伸

由全球各国政府推动的区块链项目数量和产业累计投融资规模持续快速增长，主要涉及金融业、政府档案、数字资产管理、投票、政府采购、土地认证/不动产登记、医疗健康等领域。在大宗商品交易领域，英国石油、壳牌

和 Equinox 等大型石油公司与大型银行和贸易公司联合推出一个基于区块链的能源大宗商品交易平台 Vakt，预计将使主要行业参与者的工作从"烦琐"的文书工作转变为智能合约，从而有助于减少运营时间、提高交易效率。在贸易金融服务领域，中国银行业协会联合五大行共建"中国贸易金融跨行交易区块链平台"，将主要发挥四方面作用：一是实现跨行贸易金融产品交易信息的标准化、电子化和智能化；二是提高贸易融资效率，降低融资成本；三是利用区块链防控贸易金融业务风险；四是强化资源共享和利用。

实践案例 5-2："星火·链网"赋能国际贸易

面对数据流通与利用中普遍存在的"供给不足、流通不畅、应用低效"等挑战，尤其是数据可信性与隐私安全这两大核心难题，国家数据局发布一系列政策规划，加速构建安全可信的数据流通生态。在此背景下，"星火·链网"作为国家级数据基础设施，成为打通数据流通堵点、破解利用难点的关键力量。

"星火·链网"深度融合区块链、可验证凭证、隐私计算等前沿技术，形成一张覆盖全球、促进大规模协作的信任网络，不仅重塑了数据交互的底层逻辑，还构建了一个多方参与、广泛共治的数据信任体系，从根本上解决了数据流通中的信任缺失问题。在数据可信方面表现为以下三点。

（1）构筑流通主体可信标识。"星火·链网"通过分布式标识技术赋予每个数据主体独一无二的数字身份，确保身份信息的真实性与可验证性。

（2）确保流通数据资源完整不可篡改。利用区块链的不可篡改特性，将数据资源及其描述信息上链存证，实现数据确权与权益保护，让数据交易、授权、共享等过程有据可依、有证可查。

(3) 实现流通过程的安全可靠。智能合约技术的应用进一步自动化了流通过程，确保所有行为数据均被记录在链，实现全程可追溯与可审计，增强了数据流通的透明度和可信度。

在数据隐私安全方面，"星火·链网"提供的隐私计算服务成为重要保障。该服务允许数据在保持加密状态下进行交换与处理，实现"数据可用不可见"，有效降低了数据泄露风险，保护了数据主体的合法权益。

目前，"星火·链网"国际（ASTRON）建设已在境内外多个国家和地区取得显著成效。马来西亚和中国澳门、厦门、柳州等超级节点已建设上线，中国香港节点已启动建设。2024年4月，中国信通院与联通国际、香港数码港、蒙古电信公司 Mobicom 等签署战略合作协议，携手推动中国香港、蒙古等地超级节点建设。此外，中国信通院与西门子（Siemens）、思爱普（SAP）、松下（Panasonic）等多家大型跨国企业开展深度合作，并持续推动与 TradeTrust 等国际基础设施与服务体系的互联互通建设，携手进一步推动面向全球的可信数据服务。

在 DEPA 和"中国与新加坡数字政策对话机制"的指导下，"星火·链网"国际与新加坡资讯通信媒体发展管理局开展合作，推动"星火·链网"国际成为 TradeTrust 框架实施底层基础设施，构建跨境电子提单核验平台，并引入国际头部海运提单平台 TradeGo、AEOTrade 等，构建贸易单据核验服务。此外，"星火·链网"国际联合提单平台、船公司等贸易方，推动在重庆、苏州等城市开展基于 TradeTrust 和"星火·链网"国际的电子海运提单试点。

资料来源：中国信息通信研究院。

第二节　数字贸易的典型应用场景

目前，部分领域与场景中的数字贸易日益频繁，为对外贸易带来新发展机遇与监管挑战。

一、制造领域应用：服务型制造

服务型制造是制造与服务融合发展的新型制造模式和产业形态，是先进制造业和现代服务业深度融合的重要方向。工业化进程中产业分工协作不断深化，催生制造业的服务化转型；新一代信息通信技术的深度应用，进一步加速服务型制造的创新发展。制造业企业通过创新优化生产组织形式、运营管理方式和商业发展模式，不断增加服务要素在投入和产出中的比重，进而导致数字服务贸易的需求。例如，我国制造业广泛使用的许多工业软件来自美欧等发达经济体，包括 CAE（计算机辅助工程）领域的 Ansys、Altair 和 MSC 等，EDA（电子设计自动化）领域的 Cadence、Synopsys 和 Mentor 等，产生了数字服务进口。

1. 从投入角度看

以 ICT 服务为代表的生产性数字服务被广泛应用于制造企业的研发设计、生产制造、经营管理等环节，提高制造企业全要素生产率、产品附加值和市场占有率。例如，在工业设计方面，形成了面向制造业设计需求的网络化的设计协同平台，为众创、众包、众设等模式提供支持，提升工业设计服务水平；在生产制造方面，企业加快利用 5G 等新型网络技术开展工业互联网内网改造，利用工业互联网安全监测与态势感知平台提升工业互联网安全监测预警能力；在定制服务方面，基于 5G、物联网、大数据等新一代信息技术建立的数字化设计与虚拟仿真系统，为个性化设计、用户参与设计、交互设计提供支持。

2. 从产出角度看

制造企业将生产过程中积累的专业工业知识转化为各类型数字服务,由提供产品向提供全生命周期管理转变,由提供设备向提供系统解决方案转变。例如,美的成立美云智数,将企业业务实践和管理经验软件产品化,为企业数字化转型提供支持,如IT咨询规划、智能制造、大数据、数字营销、财务与HR、移动化、身份管理等产品和解决方案。目前,美云智数的数字化赋能已覆盖超过5000家供应链企业,以及汽车制造、电子、食品、水泥、能源等50多个细分行业的1000多家大中型企业。再如,德国西门子公司凭借其在电子电气工程领域的优势,推出基于云的开放式物联网操作系统(MindSphere),可帮助客户将产品、工厂、系统和机器设备连接在一起,完成物联网海量数据的采集、传输、存储、分析、应用,及提供面向特定行业、特定场景的数字化解决方案。

二、商务领域应用:跨境电商

跨境电商不只是货物贸易,还有围绕货物贸易开展而形成的一系列数字服务和数字服务贸易,其中最主要的是跨境电商平台企业提供的跨境贸易数字平台服务,此外还包括跨境电商生态中的市场信息服务、支付结算服务、物流信息服务等。平台中介服务方面,阿里巴巴、亚马逊等超大型跨境电商企业纷纷开拓国际市场,将服务对象从国内企业延伸至国际企业。

1. 市场信息服务方面

在跨境电商的发展中,由于受到市场的国别差异和空间距离等因素影响,数据的作用显得尤为重要,专门提供数据对接、数据分析等大数据服务的企业或平台应运而生。跨境电商大数据既可以帮助企业及时掌握市场信息、提高生产经营效率,又能够帮助企业通过大数据进行高效选品和提升销量,抢占全球市场。例如，环球慧思是一家提供海关数据和全球贸易情报的平台，它为客户提供全球范围的进出口数据和贸易情报，包括海关数据查询、贸易风险评估和供应链可视化等。

2. 跨境支付服务方面

跨境电商支付服务商可为企业提供收款、换汇、支付、融资等一站式金融服务。中国人民银行发布的数据显示，2023年人民币跨境支付系统处理业务为661.33万笔，金额达123.06万亿元，分别同比增长50.29%和27.27%。按255个交易日计算，日均处理业务数量为2.59万笔，日处理金额约为4826亿元。跨境消费持续成为电子支付行业最重要增长点，例如，连连国际综合了卖家平台、服务商平台、开发者平台和供应商平台，通过聚合开店、选品、营销、物流、金融等全品类服务商，为跨境电商卖家提供一站式全链路服务，支持天猫、亚马逊、eBay、PayPal等全球数十家平台、十多种币种的自由结算，覆盖美国、英国、中国香港等全球100多个国家和地区。亚马逊在中国上线全球收款服务，帮助卖家使用国内本地银行账户以人民币接收全球付款，卖家直接在亚马逊平台上就能轻松管理全球收付款。亚马逊自有收款服务保障了资金的安全性，并将该项服务与卖家平台进行整合，更加方便快捷。

实践案例5-3：电子电商与外贸企业经营活动

1. 电子商务平台与企业生产经营活动

（1）电子商务平台与企业生产经营成本。从正向角度看，在其他条件不变的前提下，使用电子商务平台将降低企业的生产可变成本和市场进入固定成本。生产可变成本的降低源于两个方面：一是电子商务平台为企业采购提供了便利，企业能以相对低廉的价格购入生产所需要素；二是营造了数字化的销售管理平台，推动企业生产经营效率的提升。Venables（2001）指出，互联网有助于降低企业生产、管理、物流成本。

Malone 和 Crowston（1994）认为，企业信息化降低了企业内部协调成本，提升了企业一体化水平和企业生产效率。为了刻画电子商务平台对可变成本的影响，在生产可变成本函数中增加了一个参数 $v(v>1)$，如下式所示。从数学形式上看，参数的引入可以视为对企业生产率的一次正向冲击，使企业生产率由 φ 上升至 $v\varphi$，记为 φ'。

$$\frac{q_{ijk}(\varphi,\lambda_{jk})}{\varphi} \rightarrow \frac{q_{ijk}(\varphi,\lambda_{jk})}{v\varphi} = \frac{q_{ijk}(\varphi,\lambda_{jk})}{\varphi'}$$

市场进入固定成本的降低源于四个方面。一是企业信息获取成本的降低。搜寻成本是贸易成本的重要组成部分，互联网可以降低贸易中的搜寻成本，从而促进贸易的发展（Rauch，1996，1999；Bakos，1997；Anderson 和 Wincoop，2004）。Freund 和 Weinhold（2004）、Yadav（2014）认为，企业进入国际市场需要支付一定的固定成本，用以考察了解国际市场，互联网可以降低这部分成本投入，从而降低企业出口门槛。现实中，通过电子商务平台和搜索引擎，企业可以非常容易地获取到海外市场信息，并与客户保持联系。二是海外宣传费用的降低。通过电子商务平台进行企业宣传和产品推广的做法往往更加便捷、高效和价格低廉。此外，对于中小企业，在电子商务平台上开设店铺本身就是一种宣传行为，买家通过平台分类目录或搜索引擎很容易就能找到平台上的相关企业。三是相比在海外设立分销渠道，网店的开设成本更低。四是为贸易双方提供方便、快捷、高效的沟通交流渠道，提高供需匹配效率，使得订单达成成本降低。Clemons 和 Row（1993）、Malone（1987）等学者认为，企业信息技术使用可以降低企业和市场的协调成本。模型中固定成本的降低，同时反映在初始市场进入成本 f_{ei}、海外市场进入成本 F_{ij}、产品进入成本 f_{ij}，分别乘以一个参数 $\eta \in (0,1)$，即使用电子商务平台后,企业的市场进入行为只需要支付原先一定比例的费用。

$$f_{ej} \to \eta f_{ej} = f'_{ej}; \; F_{ij} \to \eta F_{ij} = F'; \; f_{ij} \to \eta f_{ij} = f'_{ij}$$

从负向角度,企业使用电子商务平台同样有可能导致成本的增加:一是电子商务平台相关费用,如平台使用技能培训费、平台会员费、网站设计费等,模型中以固定成本的形式出现,设为 F_{es}。考虑到现实中企业初始市场进入的固定成本较高和模型简化的目的,假定使用电子商务平台成本 F_{es} 小于因电子商务平台使用而导致的企业初始市场进入固定成本下降的数值 $(1-\eta)f_{ei}$。二是因为业务扩张所导致的各类成本的增长,如由于出口国家和产品的增加所导致的新增市场与产品进入固定成本,以及由于销量增长所导致的总可变成本的增加。

(2) 电子商务平台与企业生产产品品质。电子商务平台是技术外溢的重要渠道,有助于企业提升产品品质。从产品研发设计环节来看,电子商务平台有助于企业了解国际市场需求变化及同行业竞争对手产品研发设计状况,推动企业生产效率和产品工艺的进步,产生"互联网学习效应"。从销售环节来看,电子商务平台将制造业与市场紧密相连,一方面推动了企业生产商品的柔性定制化和个性化,加快了产品的更新换代速度;另一方面,高度透明的市场信息加剧了企业间竞争,迫使企业不断优化产品品质和技术水平。模型中,假定电子商务平台的使用将会对企业生产产品的品质产生一个正向的冲击。

$$[\lambda_l, \lambda_l + d] \to [\lambda_L, \lambda_L + d], \lambda_L > \lambda_l$$

2. 电子商务平台与企业出口决策

在这一部分,本文将重点分析电子商务平台对企业出口决策的影响,并提出假设。固定成本、可变成本的降低对企业出口市场进入和出口规模的影响方式较为接近，大体可以归结为：收益增长（仅可变成本）—门槛下降—出口目的国数量、出口产品种类增多，为避免赘述，本文仅从可变成本这条路径分析电子商务平台对模型原有均衡的影响。

（1）出口规模。我们通过加总企业在单一市场的出口收益，可以得出国家 i 生产率为 φ 的企业总的出口规模，$r_i(\varphi, \lambda_l) = \sum_{j=1}^{J} \int_{\lambda_{\min}}^{\lambda_h} r_{ij}(\varphi, \lambda) z(\lambda) d\lambda$。根据模型推导，可以得出 $\frac{\partial \lambda_{\min}}{\partial \varphi} \leq 0$、$\frac{\partial r_{ij}(\varphi, \lambda)}{\partial \varphi} > 0$，由此企业生产率 φ 对出口规模的边际影响：

$$\frac{\partial r_i(\varphi)}{\partial \varphi} > 0$$

由上式可以得命题1：电子商务平台的使用推动了企业生产效率的提升，降低了生产的可变成本，使得企业出口产品的收益增加，出口种类增多，总的出口规模扩大。

（2）出口市场选择。国家 i 的生产率为 φ 的企业是否向另外一个国家 j 出口，取决于该企业出口收益 $\pi_{ij}(\varphi, \lambda_l) = \int_{\lambda_{\min}}^{\lambda_h} \left(\frac{r_{ij}(\varphi, \lambda)}{\sigma} - \omega_i f_{ij} \right) z(\lambda) d\lambda - \omega_i F_{ij}$ 与0的大小关系，只有当其大于0时企业才会出口。

1）从产品进入成本角度看。某一产品出口的临界条件为产品进入的预期收益等于产品进入成本，$\frac{r_{ij}(\varphi, \lambda)}{\sigma} = \omega_i f_{ij}$，可以推出 $f_{ij} = \left(\frac{\rho P_j \varphi \lambda}{\omega_i \tau_{ij}} \right)^{\sigma-1} \frac{\omega_j L_j}{\sigma \omega_i}$。假定产品品质给定，企业生产率 φ 对该产品出口所能承受的临界特定市场产品进入固定成本 f_{ij}^* 的影响为：

$$\frac{\partial f_{ij}^*}{\partial \varphi} = (\sigma-1)\left(\frac{\rho P_j \lambda}{\omega_i \tau_{ij}}\right)^{\sigma-1}\left(\frac{\omega_j L_j}{\sigma \omega_i}\right)\varphi^{\sigma-2} > 0$$

2) 从市场进入成本角度看。企业向某个市场出口的临界条件为市场进入的预期收益等于市场进入成本，$\int_{\lambda_{\min}}^{\lambda_h}\left(\frac{r_{ij}(\varphi,\lambda)}{\sigma} - \omega_i f_{ij}\right)z(\lambda)\mathrm{d}\lambda = \omega_i F_{ij}$。假定产品的进入成本 f_{ij} 给定，则可以推出企业生产率 φ 对企业出口所能承受的临界市场进入固定成本 F_{ij}^* 的影响为：

$$\frac{\partial F_{ij}^*}{\partial \varphi} = \frac{1}{\omega_i}\frac{\partial\left[\int_{\lambda_{\min}}^{\lambda_h}\left(\frac{r_{ij}(\varphi,\lambda)}{\sigma} - \omega_i f_{ij}\right)z(\lambda)\mathrm{d}\lambda\right]}{\partial \varphi} > 0$$

由上式可以得命题 2：电子商务平台的使用，降低了企业所能接受的临界特定市场产品进入固定成本 f_{ij}^*、临界市场进入固定成本 F_{ij}^* 下降，企业可以选择向更多的国家出口，出口概率提升。

(3) 出口产品选择。当 $\int_{\lambda_{\min}}^{\lambda_h}\left(\frac{r_{ij}(\varphi,\lambda)}{\sigma} - \omega_i f_{ij}\right)z(\lambda)\mathrm{d}\lambda - \omega_i F_{ij} > 0$，即国家 i 生产率为 φ 生产产品品质下限为 λ_l 的企业向国家 j 出口利润大于 0 时，企业选择出口。在此基础上，当产品满足 $\frac{r_{ij}(\varphi,\lambda)}{\sigma} - \omega_i f_{ij} > 0$ 时，企业出口这一产品。可以推出企业生产率 φ 对临界出口产品品质的边际影响：

$$\frac{\partial \lambda^*}{\partial \varphi} = -\frac{\omega_i \tau_{ij}}{\rho P_j \varphi^2}\left(\frac{\omega_i f_{ij}\sigma}{\omega_j L_j}\right)^{\frac{1}{1-\sigma}} < 0$$

由上式可以得命题 3：电子商务平台降低了企业的出口产品品质门槛下降，企业出口的产品种类将增加。

由上式可以得命题4：电子商务平台降低了企业是市场进入门槛和产品品质进入门槛，因此非出口企业进入国际市场的概率将得到提升。

(4) 出口产品品质。电子商务平台可能通过两个渠道对出口企业出口产品品质产生影响：一是电子商务平台的使用导致企业生产产品品质提升，产品的品质区间右移，导致企业平均出口产品品质上升。二是进入固定成本的下降，降低了企业与产品的市场进入门槛，出口产品临界品质下降，临界点左移，有可能导致企业平均出口产品品质下降。接下来，我们将采用比较静态的方法对两个影响渠道展开分析。

电子商务平台使生产产品品质区间右移的影响，由 $[\lambda_l, \lambda_l+d]$ 上升至 $[\lambda_L, \lambda_L+d]$。在市场进入临界产品品质保持不变的前提下，α_1 当生产产品品质区间仅在 λ_{ij}^* 左侧移动，企业不出口，出口产品品质保持不变；α_2、α_3 当生产产品品质区间上限在移动后出现在 λ_{ij}^* 右侧，则企业平均出口产品品质上升。

出口市场进入临界产品品质左移动的影响，λ_{ij}^* 从 λ_{ij1}^* 下降至 λ_{ij2}^*。在生产产品品质区间保持不变的前提下，β_1 当临界点仅在区间的右侧移动，企业平均出口产品品质保持不变，因为企业始终不出口；β_2 当临界点仅在区间的左侧移动，企业平均出口产品品质保持不变；β_3 当临界点向左移动过程中经过企业生产产品品质区间，企业可以出口的产品种类增加，新增出口产品品质低于原出口产品，企业平均出口产品品质下降。

从以上分析中可以看出，电子商务平台对企业出口产品品质的影响是两个渠道共同作用的结果。对于不同类型的企业，两个渠道的影响效果不一，电子商务平台最终对企业出口产品质量的影响也不尽相同。例如，大型的高生产率企业，往往拥有独立的研发设计部门、信息获取部门，

> 由于边际效应递减，电子商务平台品质提升效应非常有限；同时，也有因为生产的产品质量较高，其产品几乎不会受到门槛下降效应的影响。因此，我们对电子商务平台质量效应的考察不能只停留在总体上，还应该更进一步地分不同企业去讨论，充分考虑企业异质性带来的影响。
>
> 资料来源：岳云嵩，李兵．电子商务平台应用与中国制造企业出口绩效——基于"阿里巴巴"大数据的经验研究［J］．中国工业经济，2018.0(8)：97-115.

三、金融领域应用：金融科技

金融行业天生具备较强的数字化发展潜力，与互联网、大数据、区块链、云计算等数字技术和服务的融合渗透程度超过大多数传统服务行业。

1. 在国际结算方面

环球银行金融电信协会（SWIFT）是出现最早、影响最大的数字金融服务提供者之一。SWIFT 是一个国际银行间非营利的国际合作组织，总部设在比利时的布鲁塞尔，同时在荷兰阿姆斯特丹和美国纽约分别设立交换中心，运营着世界级的金融电文网络，银行和其他金融机构通过它与同业交换电文来完成金融交易。2023 年，SWIFT 服务已经覆盖全球 200 多个国家和地区，报文传送平台、产品和服务对接了全球超过 1.15 万家机构，日处理金融电讯达 4760 万条，高峰期达 5500 万条。SWIFT 收益来源与许多互联网平台类企业相似，主要包括会员机构的入会费、年费、信息传输服务费和其他服务费（如软件、商业智能、法律合规等服务）。

2. 在国际支付方面

许多国家尝试发行主权数字货币，可能对国际支付体系带来一定影响。2022 年 3 月，美国总统拜登签署《关于确保负责任地发展数字资产的行政命令》，将美国央行数字货币的潜在设计和部署方案列为"当务之急"。2023 年 6 月，欧盟委员会公布了数字欧元立法提案，为欧洲央行未来可能发行的新的数字形式的欧元制定框架，作为对现金的一种补充。此外，巴哈马、牙买加和尼日利亚已经正式启用央行数字货币。

3. 在机构金融业务开展方面

跨国金融机构纷纷加大 ICT 投入，拓展金融科技市场。高盛开启了科技赋能打造现代全能银行战略，扩大科技、数理相关专业人才在招聘中的占比，持续性对人工智能和区块链等前沿科学进行研究，自营打造互联网直销银行 GS Bank、网贷平台 Marcus 等自营互联网金融机构，以及加大对金融科技初创企业的战略投资。

摩根士丹利高度重视现代信息技术对金融业务的变革、引领和融合，在云计算、大数据、人工智能、生物特征等现代科技领域全面铺开，围绕财富管理打造了三大服务系统：一是 Next Best Action 即财富管理业务核心系统，集投资建议、操作预警、客户日常事务处理三大功能于一身；二是 Goals Planning System 即目标计划系统，为客户提供从上学、就业、旅行、家庭、购房、退休、遗产继承等方方面面的管理；三是电子化抵押贷款系统，实现抵押贷款全流程线上化操作。

四、生活娱乐领域应用：在线视频、游戏

视频、影音和游戏等数字内容是数字服务贸易的重要组成部分。

1. 在视频服务方面

奈飞（Netflix）等美国在线视频企业的国际化发展走在前列。Netflix 是一家会员订阅制的流媒体播放平台，总部位于美国加利福尼亚州洛斯盖图，早期仅在美国、加拿大等地区提供定制 DVD、蓝光光碟在线出租服务。Netflix 发布的 2023 年报显示，全球付费订阅会员人数在年末达到 2.6 亿人次，同比增加 13%；订阅收入为 337 亿美元，同比增长 6.66%；净利润为 54 亿美元，同比增加 20.39%。订阅人数、收入和净利润共同增长的背后，是 Netflix 通过实施内容本土化嫁接、本土化内容创作、本土化资本引入的"本土化战略"，实现全球市场的持续扩张。

在此过程中，Netflix 采取了多种措施提升用户体验，一是通过大数据演算完成了对用户数据的实验，能够有效精准地预测用户的偏好和需求，从而制作出当地用户喜爱的题材和内容；二是积极改善用户的移动体验，不断与设备制造商、移动和电视运营商以及互联网服务提供商等建立合作关系。在有些地区，甚至加入了手机及有线电视运营商的行列，允许观众通过现有的视频点播服务访问其内容。

2. 在游戏服务方面

游戏类 APP 的跨国交易已经非常常见。腾讯游戏是全球知名的游戏开发与服务运营商，目前已在网络游戏的众多细分市场形成专业布局，打造了涵盖所有品类的产品阵营，为全球玩家提供休闲游戏平台、大型网游、中型休闲游戏、桌游和对战平台。从收购 Riot Games、Supercell，再到近些年来对海外各大游戏公司的股份收购，腾讯不断引入海外 IP，形成多样化的游戏组合，稳固其国内市场地位。与此同时，腾讯也将自主开发的国产游戏出口至美国及其他海外市场。例如，《全民突击》在韩国和欧美市场的引入和推广。腾讯发布的 2023 年第四季度及全年财报显示，2023 年腾讯游戏收入为 1799 亿元，

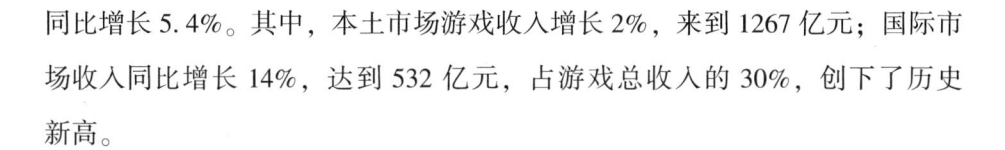

同比增长 5.4%。其中，本土市场游戏收入增长 2%，来到 1267 亿元；国际市场收入同比增长 14%，达到 532 亿元，占游戏总收入的 30%，创下了历史新高。

五、传统服务领域应用：在线教育、医疗

教育、医疗等传统服务因数字化转型变得可数字交付，跨境贸易可能性大大提升。

1. 在在线教育方面

运用互联网等技术，改变传统教育以教师为主导的课堂模式，打破时间、空间、主体等限制，促进教育资源的全球流动与有效分配。例如，我国网龙网络公司在数字教育领域的国际化服务已覆盖 190 多个国家和地区，与俄罗斯、埃及等 20 多个"一带一路"沿线国家建立了深度合作。目前，俄罗斯首都所有中小学的教室都配备了网龙的互动大屏产品，埃及三年内将快速运输、便捷部署 26.5 万间"智慧集装箱教室"。再如，在线教育服务平台优达学城（Udacity）课程涵盖计算机科学、数学、物理学、统计学、心理学等。Udacity 平台有超过 75.3 万学生注册，并开始与业内其他公司合作帮助学生就业。2017 年 8 月，Udacity 与腾讯联手，用来自硅谷的在线课程和创新人才培养模式升级人才布局，帮助腾讯企业工程师"升级"。2018 年 3 月 28 日，Udacity 在硅谷举办的"国际科技行业大会 Intersect 2018"上正式推出与微信合作的"微信小程序开发纳米学位项目"，帮助开发者以更低的学习门槛，掌握小程序的基本开发技能。

2. 在智慧医疗方面

在全球医疗行业面临医疗成本居高不下、医疗资源分配不均等问题的背景下，互联网、人工智能等技术打通医疗体系各环节、各链条，推动医疗资源的跨国界共享。例如，爱医传递（MORE Health）致力于推动医疗行业互联网全球化发展，其云端国际联合会诊平台可供多名、多国医疗专家流畅地沟通、共同为患者用户进行联合会诊。医生可通过平台安全地互发信息、通过内嵌的视频会议软件与用户面对面交流、合理利用间歇时间为用户诊断疾病、制定治疗方案并开具处方。用户可以通过平台体验多种医疗相关服务，包括：上传并随时查阅个人电子病历、实时追踪医生诊断进程、在翻译协助下与国际专家进行视频问诊等。

第六章

数字贸易推动数字贸易规则进入新阶段

伴随数字贸易成为国际贸易增长的重要引擎,世界诸多经济体均加强了对数字贸易规则的重视,全球数字经贸规则博弈也日趋激烈,引发了一系列新挑战、新问题。与此同时,国际数字贸易规则不断发展演进,进入了新发展阶段。

第一节 数字贸易变革驱动数字经贸规则不断演进发展

伴随全球贸易模式不断演进,需要构建与发展阶段适配的国际贸易规则,以明确贸易活动中的互惠政策、监管制度等问题。

一、贸易方式和贸易对象数字化产生新的规则制定需求

1. 传统贸易时期,规则主要解决货物贸易壁垒和关税减让问题

为扩大商品的生产与流通,促进国际贸易自由化,经过多轮谈判,23个初始成员国于1947年在日内瓦签署《关税及贸易总协定》(GATT)。从内容来看,规定缔约方在关税及贸易方面提供无歧视的最惠国待遇和关税减让;对缔约方采取进出口数量限制、补贴等非关税措施进行约束。从机制来看,约定通过"回合制"谈判,进一步取消国际贸易中的歧视性待遇;提供磋商、第三方裁决等争端解决机制,加强规则约束力和执行力。此外,部分国家开始通过签署多双边《自由贸易协定》(FTA),以削减关税和其他贸易障碍。上述多双边协定进一步促进国际货物贸易增长,至1994年乌拉圭回合结束时,发达国家工业产品平均关税从40%下降到4.7%,发展中国家下降至13%,参与谈判的国家达125个。

2. 价值链贸易时期,针对服务业市场准入、投资便利化、知识产权保护的贸易规则逐步诞生

伴随中间品贸易、对外投资和服务外包兴起,除货物贸易外,技术、服

务、资本、劳动力的国际流通日益频繁，GATT乌拉圭回合谈判开始关注服务贸易规则、与贸易有关的投资和知识产权规则。20世纪90年代，《服务贸易总协定》（GATS）、《与贸易有关的知识产权协议》（TRIPs）、《与贸易有关的投资措施协议》（TRIMs）相继被签署。从内容来看，聚焦服务贸易市场准入、投资便利化、知识产权保护等非关税壁垒议题。其中，GATS包含《电信附件》及《基础电信协议》，纳入电信设施接入、普遍服务等规则，为全球贸易的信息化、数字化提供设施保障。货物贸易方面，《信息技术协议》（ITA）专门针对信息技术产品进行减税。中间品贸易带来技术标准协调问题，《技术性贸易壁垒协议》（TBT）约定各国技术性法规、标准和认证程序需与国际接轨。从机制来看，WTO的成立，提供了多样的争端解决和贸易政策审议机制。此外，多双边自由贸易协定数量大幅提升，伴随全球服务贸易增速逐步超过货物贸易，越来越多自由贸易协定包含服务贸易及投资规则。

3. 数字贸易时期，随着互联网和信息通信技术的应用和普及，数字治理赤字逐步凸显

从内容来看，贸易方式和对象的数字化导致新的规则诉求。一方面，部分货物、服务贸易模式面临"数字化转型"，传统规则随之演变为数字贸易规则。包括传统货物、服务的准入、待遇、税收、贸易便利化、技术标准互认和用户保护规则，衍生为数字产品和服务的准入、数字产品和服务待遇、数字税收、数字贸易便利化、数字技术互认以及在线消费者保护规则。另一方面，数字贸易以信息技术、数据流动、信息网络和数字平台为驱动和要素，催生出一系列内生性的新兴贸易规则。数字贸易依靠信息通信技术赋能，衍生出高新技术的互认、使用和创新规则；以数据流动为关键牵引，衍生出数据的跨境、共享和隐私保护规则；以信息网络为重要载体，衍生出通信设施的普遍服务和稳定接入、网络和信息安全规则；以数字平台为有力支撑，衍生出平台责任、竞争等规则。近年来,在全球经济波动的背景下,各国对数字贸易和数字经济协同发展的诉求更加凸显。因此,规则逐步延伸至数字贸易和数字经济相关的各个新兴领域。

二、数字贸易规则体系的内涵外延不断丰富

数字经贸规则指通过国际贸易协定、框架性协议等形式,调整国家等主体之间的数字经济和贸易相互关系的一系列规则,旨在为各国提供一套共同的行为准则,推动数字政策协调,确保数字贸易的公平性、安全性和效率,促进全球数字经济规模效应发挥及利益共享。为应对数字时代的问题和挑战,越来越多的国际协定中引入了数字贸易和数字经济相关规则。近年来,全球数字经济创新活跃,外贸新模式新业态不断涌现,推动数字经贸规则的边界范围、核心目标和协定形式演进变化。

1. 规则范围伴随技术产业发展而不断拓展

早期数字贸易中最为活跃的领域为电子商务,从 1998 年《全球电子商务宣言》发布至 2010 年前后,数字经贸规则的焦点为确保线上交易形态的合法性地位、去除绝对壁垒、建立市场和消费者信心,以保障产业平稳起步和发展。随着数字贸易的快速发展,全球经贸格局发生深刻变革,产业链、供应链相互融合渗透。2010 年以来,确保数字贸易开放发展的制度环境与监管协调、降低数字贸易合规成本,成为数字经贸规则解决的又一关键问题。近年来,在新冠疫情加速全球数字化转型背景下,数字经济作为世界经济新动能的重要地位逐步凸显,除降低数字经贸壁垒外,促进各方共同把握数字经济的发展合作机遇成为新的目标,相关协定中开始纳入涉及系统互通、信息互认、技术互信的数字经济协同发展议题,进一步强调利用数字技术改善业务模式、创造新产品和新市场,确保国家间数字经济在设施、标准、监管框架等各层面的包容、协调、安全、可持续发展(见表 6-1)。

表 6-1　数字经贸规则内涵外延不断丰富

背景	核心问题	典型协定	涉及主体	主要条款
跨境电商高速发展	确保跨境电子商务合法性地位、保护消费者权益	WTO 电子商务宣言、美-智 FTA、美-新 FTA	跨境电子商务及相关服务提供者	电子传输免征关税；无纸化贸易；数字产品非歧视待遇；电子签名；在线消费者保护；非应邀电子信息；电子交易框架
数字贸易全球化发展	去除数字贸易壁垒、促进"自由贸易"	美-韩 FTA、CPTPP、美-墨-加、美-日	数字内容、社交媒介、搜索引擎等数字产品服务提供者	跨境数据自由流动；计算设施位置；源代码、使用密码术的信息通信产品；互联网接入和使用；交互式计算机服务；个人信息保护；政府数据开放
数字经济协同发展	促进新兴产业发展、维护技术标准和系统兼容、释放数字经济潜能	DEPA、新-澳、英-新、韩-新数字经济协定	数字服务上下游产品、数字化转型企业、各类中小企业	数字身份；数据交换和系统兼容；电子发票；电子支付；金融科技；数据创新和监管沙盒；人工智能；数字包容性

2. 规则议题从消除贸易壁垒向促进数字经贸协同发展延伸，服务于跨境电商发展的规则主要聚焦于贸易便利化议题

包括确保电子传输、数字产品受到"非歧视"待遇，确保电子签名、无纸贸易获得"同等性"认证，确保用户在线上交易中受到"合法性"保护。服务于数字贸易全球化发展的规则，更加强调数据要素的自由流动和相关主体权益的保障，进一步排除数据、设施等流动限制，降低服务准入壁垒，加强技术、隐私和网络安全保护。服务于数字经济协同发展的规则，更注重国内监管治理政策的协调，一方面创设人工智能、金融科技等新兴发展议题；另一方面通过数据共享、创新监管、政府数据开放等规则，激发数据要素应用价值。此外，升级电子身份、电子发票、电子支付等贸易便利化措施，促进数字治理和数字经济产业全方位发展的新兴议题逐步丰富。

规则模版在性质和特点上呈现出两阶段演变特征（见表6-2）。

表6-2 国际数字经贸规则两阶段模板演进情况

第一代协定模板		第二代协定模板	
典型协定	条款内容	典型协定	条款内容
美国-约旦FTA（2000）	首次纳入电子商务条款；强调电子商务有助促进经济增长，避免设置不必要的壁垒	美-日数字贸易协定（2019）	首个数字贸易专门协定，源于电子商务章节；含金融服务计算设施的位置、交互式计算机服务、网络安全、开放政府数据、使用密码的ICT产品等22条
美国-新加坡FTA（2003）	首个电子商务章节；含国内监管框架、电子认证和电子签名、在线消费者保护、无纸贸易等10条	DEPA（2020）	首个数字经济专门协定，新增纳入数字经济创新发展、包容合作和新兴技术议题；含人工智能、金融科技合作、数据创新、竞争政策合作、数字包容性等59条
CPTPP（2018）	高水平电子商务章节模板；含数字产品非歧视待遇、跨境数据流动、计算设施的位置、源代码等18条	欧盟-日本数字伙伴关系（2022）	首个数字伙伴关系框架协议，纯合作性非约束性；含5G/6G技术合作、量子技术和先进计算、人工智能、网络安全、跨境数据流动等数字领域全方位合作

第一阶段协定模板自2000年出现，数字经贸规则主要包含在传统贸易协定中，以条款或专门的电子商务/数字贸易章节出现，重在促进电子商务自由化便利化。

第二阶段协定模板自 2018 年以后出现,为"纯数字"协定,包含了数字贸易协定、数字经济协定、数字伙伴关系等形式,例如《美国-日本数字贸易协定》《数字经济伙伴关系协定》《欧盟-日本数字伙伴关系》以及最近完成谈判的 WTO 电子商务案文。

第二阶段模板开始引领经贸规则演进。第二阶段模板体现了数字贸易与货物贸易、服务贸易并列成为经济发展三大支柱的重要意义,正在从如下方向引领数字经贸规则发展。

(1) 体例形式更为灵活多样。既可以是国际法律文本,如 DEPA、《英国-乌克兰数字贸易协定》,又可以是不创设任何国际和国内法律义务的纯合作性协议,例如欧盟创设的数字伙伴关系协议。

(2) 数字议题覆盖更为广阔。既继承了第一代模板侧重促进数字贸易便利化、自由化的条款,同时更侧重促进数字经济创新包容安全发展,纳入数字创新、数字包容、新兴技术合作、中小企业数字转型、供应链韧性等新兴议题。

(3) 谈判更为高效。传统经贸协定覆盖所有部门,通常谈判耗时多年。而数字经济协定和数字伙伴关系集中就数字领域核心关切进行谈判,在议题设置、章节体例等方面更灵活,有助于各方较快达成国际共识。目前,采纳新模板的成员正在不断扩容,包括中国、新加坡、欧盟、英国、韩国、日本、非洲、东盟等经济体(见表6-3)。

表6-3 主要数字经济协定与数字框架性协议

数字经济协定/数字框架性协议	签署时间	数字经济协定/数字框架性协议	签署时间
美国-日本数字贸易协定	2019.10	欧盟-韩国数字伙伴关系	2022.11
数字经济伙伴关系协定	2020.6	欧盟-加拿大数字伙伴关系	2023.11
新加坡-澳大利亚数字经济协定	2020.8	欧盟-新加坡数字贸易协定	2025.5
新加坡-英国数字经济协定	2021.12	东盟电子商务协定	2018.11
新加坡-韩国数字伙伴协定	2021.12	非洲电子商务议定书	2023.8

（续）

数字经济协定/数字框架性协议	签署时间	数字经济协定/数字框架性协议	签署时间
英国-日本数字伙伴关系	2022.12	南方共同市场电子商务协定	2021.4
英国-乌克兰数字贸易协定	2023.5	《金砖国家数字经济伙伴关系框架》	2022.9
欧盟-日本数字伙伴关系	2022.5	《中国-东盟关于建立数字经济合作伙伴关系的倡议》	2020.11
欧盟-新加坡数字伙伴关系	2023.2	中国等35个国家《数字经济和绿色发展国际经贸合作框架倡议》	2023.10

第二节 数字贸易持续增长提升数字经贸规则合作的重要性

一、合作性规则的重要性显著提升

数字技术跃迁驱动了数字贸易变革和创新发展，同时也产生了对数字鸿沟、供应链韧性、网络安全等方面的担心。根据OECD服务贸易限制指数，2023年全球数字服务贸易限制指数比2022年上升1.2%，比2014年上升了8.0%。在各国数字监管环境日益趋严的情形下，合作性规则的制定和执行，对于降低企业跨境成本、确保数字市场的公平竞争、保护消费者权益、促进创新和技术发展具有至关重要的作用。随着数字经济规模扩张，这些规则的完善和更新将对全球经济的可持续发展产生深远影响。因此，各国需要共同努力，不断探索和完善合作性数字贸易规则，以适应不断变化的数字经济环境。

二、合作性规则的数量持续增多

截至目前，全球有近80个数字贸易协定中包含数字合作独立条款，缔约方包括美国、欧盟、加拿大、日本、新加坡等将近50个经济体。2020年新加坡、智利、新西兰签署的《数字经济伙伴关系协定》创建了数字经济协定的高水平模版，新增开放政府数据、数据创新、人工智能等数字经济创新发展

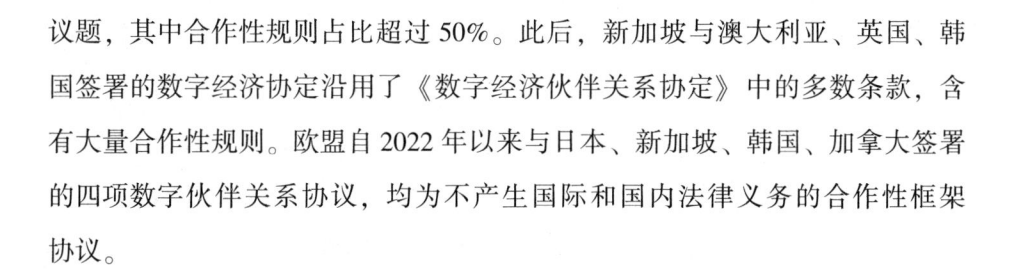

议题，其中合作性规则占比超过 50%。此后，新加坡与澳大利亚、英国、韩国签署的数字经济协定沿用了《数字经济伙伴关系协定》中的多数条款，含有大量合作性规则。欧盟自 2022 年以来与日本、新加坡、韩国、加拿大签署的四项数字伙伴关系协议，均为不产生国际和国内法律义务的合作性框架协议。

三、合作广度和灵活性不断增强

（1）领域持续拓展。伴随数字技术驱动电子商务向数字贸易演进，各国在数字领域的合作从电子商务、知识产权保护、数据跨境流动、隐私保护等领域，拓展到更多数字经济创新发展领域。例如，2023 年 2 月签署的《欧盟-新加坡数字伙伴关系协定》中，双方将在数字互联、6G 通信、可信数据跨境流动、网络安全、半导体供应链弹性、在线平台等 13 个议题领域开展合作交流。

（2）形式灵活多元。一方面，数字贸易规则旨在充分利用现有国际合作机制和平台，对成熟议题还可在未来纳入具有法律约束性的机制中，能够在节约国际谈判行政成本的同时提高规则制定效率。另一方面，欧-日、欧-韩、英-日等《数字伙伴关系》都建立了部级合作机制，同时推动政府、学术界、企业、行业协会、非营利组织等之间的跨境合作，确保各类主体共享数字贸易发展红利。

第三节　数字监管环境趋严引发数字经贸规则博弈复杂性上升

一、全球数字贸易监管环境日趋严格

根据经合组织数字服务贸易限制指数，2023 年全球数字服务贸易限制指数比 2022 年上升 1.2%，比 2014 年上升了 8.0%（见图 6-1）。分区域看，非

洲限制指数最高；限制指数第二高的为亚洲地区，除了韩国、泰国等少数国家，多数亚洲国家近年来的限制指数均有所上升；欧洲多数国家的国内监管政策也有所趋严。分政策领域看，数字监管政策壁垒主要来自通信基础设施与数据领域，主要原因是不合理地限制跨境数据流动，要求数据本地化存储，以及对通信基础设施领域互联互通缺乏有效管制（见图6-2）。

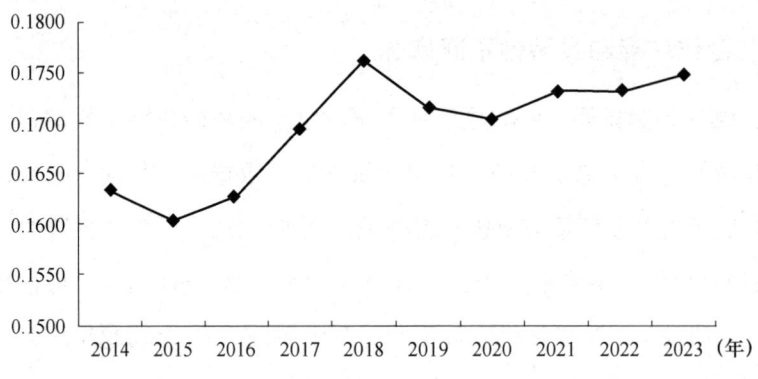

图6-1　2014—2023年全球经济体数字服务贸易限制指数走向

资料来源：OECD。

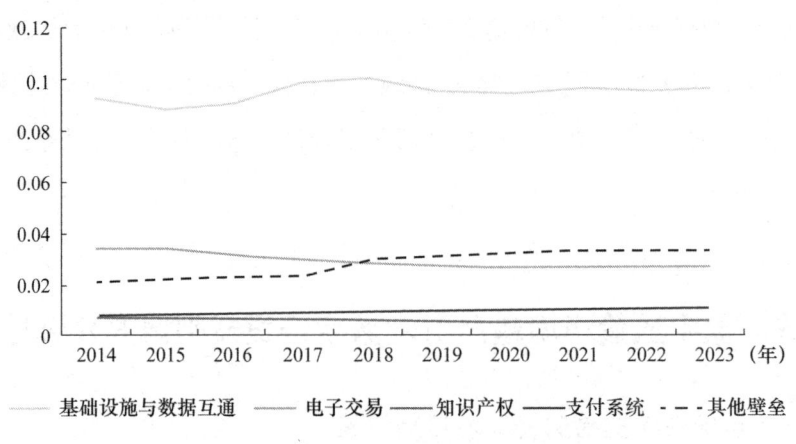

图6-2　2014—2023年各领域监管政策的限制指数变化

资料来源：OECD。

二、各国抢抓数字经济发展主导权

伴随近年来大国竞争博弈拓展到数字空间，网络效应与"赢者通吃"加剧了全球数字经济发展失衡。欧盟于 2023 年 6 月提出《欧洲经济安全战略》，于 2024 年 1 月发布"经济安全一揽子措施"，旨在最大限度地降低经济安全风险，保持经济开放和活力，提升欧盟全球竞争力。美国于 2024 年 5 月发布《美国国际网络空间和数字政策战略》，提出"数字团结"新理念，强调与盟友、合作伙伴和利益相关方合作，促进数字经济发展。新兴经济体关注掌握本国数字技术、数字经济发展的主导权，强调"主权人工智能"，创造国家经济竞争优势，重视数据安全和对本国市场的保护。

三、跨国数字平台与各国政府间的规则博弈日益凸显

美国科技巨头开始援用贸易规则挑战各国数字监管政策。目前的数字贸易规则多源于以《全面与进步跨太平洋伙伴关系协定》《美墨加协定》为代表的"美式模板"，其特点为打造高自由度、低壁垒、弱监管的数字贸易政策环境，以便跨国数字企业拓展全球业务。近年来，部分国家纷纷出台相关立法，针对头部数字企业强化内容审查、数字税收、反垄断等领域的监管力度，抬高企业经营成本。针对此趋势，美国科技巨头开始援用国际贸易协定中的相关规则，挑战他国相关立法和监管政策。

其中，援用主体主要为美国商会与美国计算机和通信行业协会，其会员包括亚马逊、谷歌、苹果、Meta 等科技企业。援用协定主要为 WTO《服务贸易总协定》、北美自由贸易协定、美澳自由贸易协定、美韩自由贸易协定。援用的主要条款包括数字产品非歧视待遇、国民待遇、最惠国待遇、开放互联网原则、跨境数据流动等。挑战对象主要为欧盟《数字市场法》《数字服务法》、加拿大《在线新闻法》《数字服务税法》、澳大利亚《新闻媒体和数字

平台强制性议价准则》、韩国《阻止奈飞搭便车法（草案）》等。主要措施包括将相关国家法律政策作为贸易壁垒通报给美国贸易代表处，或者致函美国国家安全顾问、美国国家经济顾问，敦促采取争端解决程序、301 调查等行动（见表 6-4）。

表 6-4　美国跨国科技企业援用贸易规则反对各国国内监管的部分案例

援用的贸易规则	所属贸易协定	反对各国国内监管政策的具体主张
跨境数据流动	《美墨加协定》（USMCA）	2021 年，美计算机和通信行业协会加拿大魁北克省一项隐私保护立法作为数字贸易壁垒通报给美国贸易代表处，美国贸易代表处后在外国贸易壁垒评估报告中表示致力监督该法律的实施情况，以防出现与 USMCA 的承诺不一致的情况
数字产品非歧视待遇、国民待遇、最惠国待遇、绩效要求、知识产权保护义务	《美墨加协定》（USMCA）《美澳自由贸易协定》（AUSFTA）《与贸易有关的知识产权协定》（TRIPs）	2023 年 10 月，美计算机和通信行业协会在给美贸易代表处关于外国贸易壁垒的意见征求回复中称，加拿大、澳大利亚立法强制美国平台企业谷歌和 Meta 将收入转移给本地新闻出版商，违反了 USMCA、AUSFTA 的数字产品非歧视待遇、国民待遇等条款，未尽 WTO 知识产权保护义务
国民待遇、最惠国待遇	《美墨加协定》（USMCA）WTO《服务贸易总协定》（GATS）	2024 年 2 月，美国商会发布评论，加拿大政府推进其单方面的追溯性和歧视性数字服务税（DST），违反了现行的国际税收原则。对美国公司提供歧视性待遇，违反加拿大根据 USMCA 和在 WTO 下承担的义务。6 月 10 日，美国商会再次致函美国贸易代表，敦促启动与加拿大的正式争端解决程序
国民待遇、最惠国待遇	WTO《服务贸易总协定》（GATS）	2024 年 3 月，美国商会认为欧盟《数字市场法》（DMA）将监管置于创新之上，纳入监管范畴的"守门人"被要求满足更严格的平台访问条件。目前欧盟界定的"守门人"主要适用于少数几家公司，而并非所有市场参与者，这引发欧盟违反非歧视义务的担忧。为此，美商会致函美国国家安全顾问和经济安全顾问，敦促美政府对欧盟采取行动

资料来源：中国信息通信研究院。

　　国际经贸协定开始纳入数字市场竞争相关条款，强调信息共享与执法合作。面对数字平台垄断及市场力量滥用，数字经贸协定开始纳入数字市场竞争相关条款。DEPA 中首次纳入涉及数字市场公平竞争条款，随后在新加坡与澳大利亚、英国、韩国等签署的数字经济协定中均包含了类似条款。欧盟为落实其针对大型数字平台的监管政策，在先后出台《数字服务法》《数字市场法》的基础上，也积极采取措施加强国际监管合作。

在欧盟与加拿大、日本、韩国等签署的数字伙伴关系协定中，包含了更广泛、具体的数字平台监管政策互通及合作条款，表达欧方对数字市场竞争的关切。数字平台竞争条款目前仍处于起步阶段，旨在促进数字竞争政策协调、交流与执法合作，建立开放、竞争、透明、公平的数字市场。

1. 聚焦数字竞争政策共享与执法合作

在新加坡签署的多个数字经济伙伴关系协定中，要求成员方就制定数字市场竞争政策交流信息和经验；分享执行竞争法和促进数字市场竞争的最佳做法；通过提供咨询或培训、加强官员交流，协助成员方建设制定和执行数字市场竞争政策所必需的能力；鼓励各自主管部门之间就数字市场竞争法执法问题开展协商、信息交流等合作。

2. 在平台监管相关重点领域开展广泛合作并打造新的协同治理工具

在欧盟签署的数字伙伴关系协约中，增加消费者保护、网络非法和有害内容治理、打击不当言论和虚假信息等平台治理合作规则；针对新出现的安全、可抗辩性和公平性问题，要求各方建立跟踪和识别机制，搭建信息交流和平台政策执行协调框架，以确保数字服务对公民的安全性和竞争的公平性（见表6-5）。

表 6-5 主要数字协定及框架协议中的竞争规则要点

数字经贸协定/框架协议	数字平台竞争规则要点
《数字经济伙伴关系协定》 《新加坡-澳大利亚数字经济协定》 《新加坡-英国数字经济协定》	通过技术合作促进数字市场竞争，包括信息分享、最佳实践交流、能力建设（如官员交流和培训） 数字市场竞争执法问题的合作，如相互通报、磋商和信息交换

(续)

数字经贸协定/框架协议	数字平台竞争规则要点
《英国-澳大利亚自由贸易协定》	• 侧重竞争和消费者保护机构之间的合作与协调，以促进有效执法 • 合作形式包括重要活动的通报、信息（含机密信息）交换、联合调查协调，以及技术合作如政策研究分享和官员交流
欧盟-加拿大数字伙伴关系	• 聚焦平台监管领域的合作和信息共享，特别关注非法和有害内容、算法治理等问题 • 组织联合专家研讨会，探讨透明度、问责制，以支持各自平台政策
欧盟-日本数字伙伴关系	• 强调在线平台监管的信息共享和协调，目标是保证数字服务安全性和企业竞争 • 探索新安全问题识别机制、透明度与问责制工具设计、在线广告市场监管等，就新问题进行联合专家研讨
欧盟-新加坡数字伙伴关系	• 加强平台治理和监管合作，减少非法和有害内容 • 分享在线环境演变的基本趋势信息

资料来源：中国信息通信研究院。

第四节　数字贸易区域格局调整激发新兴经济体规则引领潜力

一、亚欧区域签署数字经贸协定加快的同时北美有所放缓

自2005年以来，亚洲数字服务出口份额上升最快，成为全球数字贸易发展新引擎（见图6-3）。

1. 从数字贸易增速看

非洲、中南美洲和加勒比地区等欠发达地区数字服务出口的增长速度明显加快，2023年分别同比增长12.6%和10.6%，超过了全球平均水平（9%），尤其是非洲，其同比增速在各区域中排名第一。

2. 从数字经贸协定签署看

亚洲经济体签署70项协定，数量最多。亚洲在过去5年共签署了23项协定，占2000年以来签署总数量的33%，其次为欧洲（21项，占54%）和大

洋洲（9项，占41%），北美地区经济体仅签署了2项。其中，美国自2020年至今尚未签署新的自由贸易协定，其原因如美国贸易代表所称，传统贸易协定侧重于"激进的自由化和取消关税"，不再适应"21世纪激烈的全球经济竞争"（见图6-4）。

图6-3 2005—2023年各地区数字服务出口全球份额变化

资料来源：根据WTO统计数据绘制。

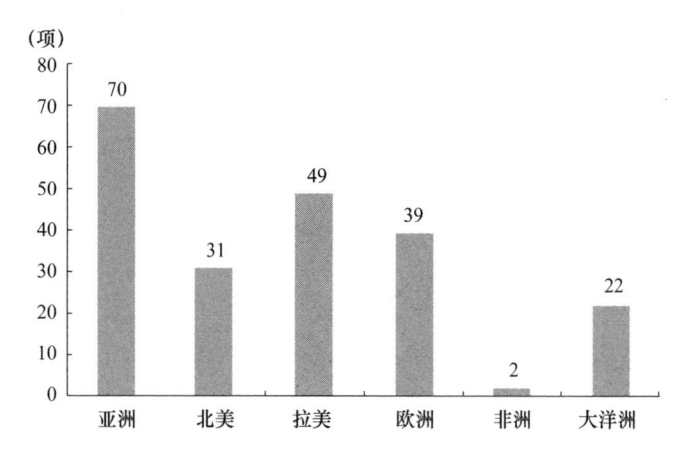

图6-4 2000—2023年各区域签署的包含数字经贸规则的贸易协定数量

资料来源：根据TAPED数据库统计。

二、新兴经济体参与规则制定的积极性提升

伴随发展中国家和新兴经济体数字经济规模增长和数字化转型加快推进，国际数字经贸规则构建及影响力持续提升。

1. 参与度增加

在 WTO 电子商务谈判 91 个参与成员中，包括 48 个发展中成员和 5 个最不发达成员，占比过半。发展中国家具有庞大的人口基数和广阔的数字市场潜力，对数字经济发展重视度也在不断提升。伴随数字能力建设的持续推进、数字产业快速发展，发展中成员参与构建国际数字贸易规则的积极性持续提升。

2. 发展议题受到更多关注

该类议题被认为会显著影响最终谈判的结果。与此同时，一些发展中国家成员开始在多边规则构建中积极发声，贡献代表发展中经济体的规则方案。例如，南非提出设立基金，为包括最不发达国家成员在内的发展中经济体提供有针对性的支持，以解决数字鸿沟问题。萨摩亚代表非洲、加勒比和太平洋集团提出各成员应继续关注发展问题。毛里求斯提出必须继续以发展问题为中心开展电子商务相关工作。

三、亚洲逐渐引领新型规则议题走向

2000—2019 年，主要是美国引领数字贸易自由化核心规则走向。美国致力于在典型自贸协定中树立高水平电子商务章节模板，纳入电子传输免征关税、消费者保护、数字产品非歧视待遇、跨境数据流动、计算设施本地化、交互式计算机服务、使用密码的 ICT 产品等规则，形成规则模板示范效应，从而影响国际数字经贸规则制定方向。

2020 年，新加坡、智利、新西兰签署的 DEPA 创设了人工智能、数据创

新等一系列新规则，由侧重数字环境开放转为数字经济协同包容发展，为数字经贸规则提供了新基准。2020 年，中国在与柬埔寨签署的自贸协定中创设网络设备规则，提出双方努力营造有利于基础或增值电信服务提供者独立选择网络设备、产品和技术服务的环境，为通信技术企业提供公平待遇。2022 年，印度基于自身在数字公共基础设施方面的成功经验，在与阿联酋签署的贸易协定中提出数字政府条款，促进数字公共产品、公共数字平台在数字政务中的使用。2024 年，非洲大陆自由贸易区（AfCFTA）《数字贸易议定书（草案）》提出了数字基础设施、数字技能发展等条款，解决数字鸿沟及基础设施匮乏问题。

第五节　数字时代应对挑战新需求推动谈判机制形成立体化格局

在全球供应链中断、人工智能技术跃迁、数字竞争博弈加剧三重因素影响下，国际数字经贸规则的谈判机制趋于灵活多元，各国越来越重视多边、双边及区域协定、数字框架协议等同时推进、多轨并进，推动构建丰富立体的国际数字经贸规则体系。

一、数字技术、数字应用对原有贸易规则框架体系和谈判机制提出挑战

数字贸易模式、形态伴随技术创新而演进，新业务、新主体不断涌现，而产业数字化使得不同业务相互交融，具体业务边界更加难以界定。因此，原有服务贸易规则体系整体采用的分行业的正面清单模式逐渐难以覆盖不断出现的新模式和新问题。

数字经贸规则的选择，不仅涉及一国经济利益，还需考虑诸多公共安全

和地缘政治因素。由于各国数字产业发展、制度完备水平以及政策价值取向存在较大差异，相关数字经贸规则在WTO等诸边框架下进展相对缓慢，呈现高度碎片化趋势。以负面清单为主的、更加独立灵活的数字经贸规则体系加速构建。

二、谈判机制更加灵活，从传统贸易协定为主转变为多种形式共同推进

2000年《美国-约旦自由贸易协定》纳入首个电子商务条款，2003年《新加坡-澳大利亚自由贸易协定》设置首个电子商务章节，到2018年签署的《智利-巴西自由贸易协定》，在此期间全球签署的共95个协定中，数字经贸规则均是以电子商务条款或章节的形式进行谈判的。2019年，《美国-日本数字贸易协定》将数字贸易问题从传统的自贸协定中分离出来，开创了数字贸易专门协定的谈判形式，但仍旧聚焦于数字技术对贸易方式和贸易对象产生影响而引发的规则议题。2020年新加坡、智利、新西兰签署的《数字经济伙伴关系协定》，立足于数字贸易便利化及市场准入等贸易问题之上，更加重视数字经济创新协同包容和创新发展，开创了数字经济专门协定的谈判机制。

伴随新冠疫情之后各国提升供应链韧性、加快发展新兴数字技术等新的需求，欧盟于2022年签署《欧盟-日本数字伙伴关系》，创设了不具法律约束义务、合作广度、深度更高的数字框架协议新型谈判机制。与此同时，自2019年WTO启动电子商务谈判开始，历经五年时间，谈判达成里程碑成果，在多边层面形成了全球首个稳定案文。国际数字经贸规则体系呈现出多边规则、双边及区域自贸协定、数字贸易或数字经济专门协定、数字框架协议共同推进的多层次立体化格局，迸发出规则制定的巨大活力。

三、多样性数字框架协议成为灵活谈判重要方式

1. 议题内容广泛，远超出传统数字贸易规则协定范畴

议题包含高水平的数字经贸规则、可信的供应链和数据流通圈、互通的技术标准制定以及可操作的数字合作机制等内容。

数字贸易自由化方面，2022年5月，欧盟与日本启动数字伙伴关系，双方于2023年6月达成《数字贸易原则》，涉及支持开放数字市场、消除跨境数据流动的不合理障碍等；同时已开始就跨境数据流动充分性认定做相关准备，以便欧盟个人数据可以自由流入日本。

提升供应链韧性方面，2022年5月，美国主导成立"印太繁荣经济框架"（IPEF），旨在围绕数字与传统贸易、供应链韧性等领域加强成员国合作，涵盖贸易、供应链、清洁经济和公平经济四大支柱。

增强数字连通性和互操作性方面，2023年2月，欧盟与新加坡在《欧盟-新加坡自由贸易协定》（FTA）的基础上建立数字伙伴关系，旨在通过加强数字市场和政策框架的连通性和互操作性，推动双方在数字领域的全方位合作，包括促进数字经济与贸易发展；加强人工智能测试合作，促进新加坡、东盟和欧盟之间人工智能技术解决方案的跨境获取；共同构建全球6G愿景，推动包括6G标准化在内的全球6G生态系统建设等内容。

电子商务合作方面，2023年9月，中国与东盟达成《中国-东盟关于加强电子商务合作的倡议》，致力于通过电子商务促进贸易畅通、经济复苏和民生改善，加强电子商务合作，弥合数字鸿沟，提升数字化水平，促进包容增长，缩小区域内发展差距。

2. 谈判形式灵活高效，有助于在短期内构建规则应对全球数字治理挑战

一方面，框架性协议通常不具有法律约束效力，多为鼓励性、指导性政策文件，无需履行国际条约缔结和国内法律审核程序，能够在短期内推动谈

判进程，以尽快回应各国在信息通信产业发展和数字治理领域面临的挑战。例如，IPEF 即无需履行美国贸易规则谈判的国会审批程序。另一方面，政府间框架协议模块化设置议题、分阶段达成谈判成果，规则内容与数字产业发展诉求紧密结合，多纳入推动数字企业、研究机构跨国合作等实质内容，有利于数字经贸规则转化为实际经济利益。

3. 数字框架协议与数字经贸协定谈判之间的相互促进、渗透作用日趋明显

一方面，数字框架性协议是扩展数字经贸规则的重要平台。在数字治理领域具有较强话语权的经济体可通过政府间数字对话轨道输出数字经贸规则模板，通过外溢效应扩大数字经贸规则的国际影响力。另一方面，政府间高层数字对话可囊括众多国家和地区，例如"印太繁荣经济框架"包括 14 个成员，日本通过"自由开放的印太构想"（FOIP）与欧盟、东盟、美国、中东、非洲、新西兰、澳大利亚、加拿大等国家加强合作并达成共识。通过数字伙伴关系拓围，各国可将形成的数字领域政策原则纳入更广泛的数字经贸规则谈判当中，织牢、织密高水平数字经贸规则网络。

第七章

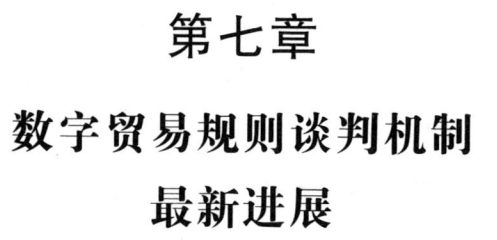

数字贸易规则谈判机制最新进展

当前全球数字化转型进程加速，新兴技术变革和地缘政治博弈等对数字领域的影响持续显现。发达经济体加快部署新兴技术领域规则，发展中经济体参与规则构建积极性显著提升，推动全球数字贸易规则不断扩展和深化，助力营造开放、包容、公平、公正、非歧视的数字经济发展环境。

第一节　多边机制数字贸易规则谈判进入新阶段

2017年底，WTO 71个成员方共同发表《电子商务联合声明》，强调电子商务发展的重要性，及其为包容性贸易和发展所创造的机会，同时启动电子商务联合声明倡议（JSI）谈判，为发达国家和发展中国家围绕数字议题开展讨论提供平台。截至2022年底，谈判参与方累计提交了57份提案，参与提案的成员有56个；截至2023年11月，参与谈判的世贸组织成员扩大至90个；截至2024年，参与WTO电子商务谈判的世贸组织成员增加至91个，占全球贸易额的90%以上。2023年10月以来，多边谈判进程明显加快，各成员已于2024年5月结束部分议题的技术性磋商，于7月26日发布规则案文。谈判达成里程碑成果，参加方将继续进行国内程序，以期将谈判结果纳入世贸组织的法律框架[一]。

一、WTO电子商务谈判达成重要协议文本

2024年7月，WTO电子商务谈判对外正式发布"稳定案文"，包含36个条款和1个电信服务附件（见表7-1），涵盖众多对促进数字贸易具有重要意义的议题，特别是在促进贸易便利化和提升企业和消费者信任方面。但是并未包含数据跨境流动、数字产品非歧视待遇等自由化议题，以及人工智能、

[一] 巴西、印度尼西亚、美国等九个参与谈判的成员，目前仍在进行内部磋商或国内程序，尚未签署"稳定案文"。

数据创新等新兴议题。后续参加方还需讨论如何将案文纳入 WTO 法律框架，纳入后将为全球提供多边层面的基础数字贸易规则，在监管日益分散的背景下，提升数字贸易规则的可预测性和确定性，助力各国数字贸易蓬勃发展。

表 7-1　WTO 电子商务谈判议题清单

领　　域	议　　题	条　　款
横向议题	范围和一般规定	序言、范围、定义、与其他协定的关系
促进电子商务	数字贸易便利化	电子交易框架
		电子认证和电子签名
		电子合同
		电子发票
		无纸贸易
		单一窗口数据交换和系统互操作性
		电子支付
开放与电子商务	数字营商环境	电子传输关税
		开放政府数据
		用于电子商务的互联网接入和使用
信任与电子商务	消费者保护	在线消费者保护
		非应邀商业电子信息
	隐私保护	个人数据保护
	建立企业信任	网络安全
透明度、合作与发展	透明度、合作与发展	透明度
		合作
		发展
电信	电信服务	电信
例外	协定规则适用的各项例外	一般例外
		安全例外
		审慎措施
		个人数据保护例外
		土著人民

（续）

领　域	议　题	条　款
机制安排和最后条款	争端解决与协定实施的机制性安排	争端解决
		与贸易有关的电子商务委员会
		接受和生效
		实施
		保留
		修正
		退出
		本协定在特定参加方间的不适用
		审议
		秘书处
		交存
		登记
附件：WTO电信参考文件	竞争性保障措施、互联、普遍服务、许可标准的公开可获得性、独立监管、稀缺资源的分配和使用	

资料来源：WTO。

WTO《电子商务协定》的内容具体为以下七条。第一，与赋能电子商务相关的各项议题，包括电子交易框架、数字贸易便利化和物流服务；第二，与电子商务开放度相关的各项议题，包括非歧视性待遇和互联网平台责任、信息流动、电子传输的海关关税、互联网和数据的访问；第三，与电子商务信任度相关的各项议题，包括消费者保护、隐私、商业信任等；第四，各类交叉性议题，包括透明度、本地规则、网络安全、能力建设、合作机制等；第五，与电信服务和电信产品相关的各项议题，包括升级《WTO电信服务参考文件》和网络设备及产品等；第六，与市场准入相关的各项议题，包括货物和服务的市场准入、自然人流动等；第七，机制设置条款，包括定义、原则、范围、和其他协定的关系、例外条款等。

1. 议题共识持续增加

前期各参加方已就7个领域16项议题中的无纸化交易、电子交易框架、

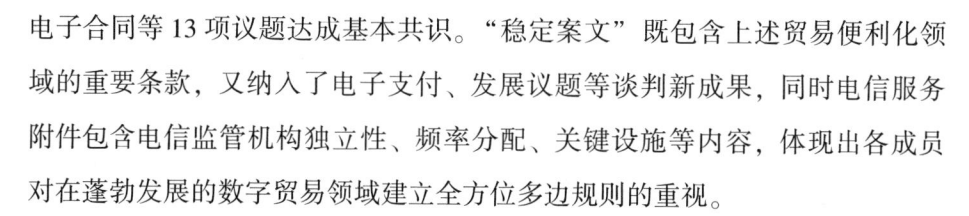

电子合同等 13 项议题达成基本共识。"稳定案文"既包含上述贸易便利化领域的重要条款，又纳入了电子支付、发展议题等谈判新成果，同时电信服务附件包含电信监管机构独立性、频率分配、关键设施等内容，体现出各成员对在蓬勃发展的数字贸易领域建立全方位多边规则的重视。

2. 横向议题讨论加强

在谈判收官阶段，各成员加强了对序言、定义、总体范围规定、与其他协定的关系、一般例外和安全例外、争端解决、最终和机制性条款等横向议题的讨论，以便在这些问题上求同存异，为达成最终成果奠定坚实基础。

二、其他数字贸易关键议题的走向有所分化

1. 跨境数据流动在多边层面建立统一规则的难度进一步增加

美国主张跨境数据自由流动、禁止计算设施本地化的立场有所回撤，于 2023 年 10 月在 WTO 电子商务谈判中撤回跨境数据流动、计算设施本地化、源代码、数字产品非歧视待遇四项议题相关提案。2024 年 4 月，拜登签署《关于防止受关注国家访问美国人的大量敏感个人数据和美国政府相关数据》的行政令，加强对美国个人敏感数据和政府数据的保护。

与此同时，欧盟在确保个人隐私得到有效保护的前提下，将跨境数据流动和计算设施本地化规则合并，形成了支持跨境数据流动、强调限制数据本地化举措的新模板。根据 2023 年 7 月签署的《欧盟-新西兰贸易协定》，欧盟将跨境数据流动和计算设施本地化规则相结合，提出成员承诺确保跨境数据流动，同时不得对跨境数据流动施加四种本地化限制[一]。

2. 发达经济体和发展中经济体对电子传输关税达成折中方案

各方在该议题上存在较大分歧，美国、欧盟、日本、澳大利亚等发达经

[一] 四种本地化限制为：要求使用成员领土内的计算设施或网络要素处理数据，要求数据本地化存储或处理，禁止在其他成员领土内储存或加工数据，以及使数据的跨境传输取决于该成员领土内计算设施或网络要素的使用等。

济体作为数字产品和服务出口方，主张永久免征关税以确保商业利益，而巴西、印度等发展中经济体主要作为数字产品和服务进口方，主张保留征收关税的权利，以期增加政府财政收入。2024年世界贸易组织第13届部长级会议宣布，在下届部长级会议之前保持不对电子传输征收关税的现行做法。在2024年7月发布的WTO电子商务谈判"稳定案文"中，规定任何缔约方均不得对一方人员与另一方人员之间的电子传输征收关税，并且应在本协定生效之日起的第五年及此后定期审查该条款，以评估其影响以及任何修订是否适当。

第二节　双边及区域数字贸易协定谈判维持活跃

根据TAPED数据库统计，截至2023年底，涵盖数字经贸规则的自贸协定和数字经贸专门协定的总量为126个。2023年以来，新一代人工智能技术跃迁、数字领域博弈竞争加剧，各国更加重视对数字贸易规则构建的高效性、灵活性和实效性，通过政府间高层协调机制，推动多元化框架协议或倡议，积极构建全球数字伙伴关系网络，抢抓数字时代红利。

一、区域及双边协定聚焦规则完善与升级

1. 新设数字贸易章节

2023年12月，欧盟与智利完成联合协定升级，将2002年签署的联合协议升级为《先进框架协定》（AFA）和《临时贸易协定》（ITA）两个平行的协定框架。其中，AFA包括政治与合作支柱、贸易与投资支柱（包括投资保护条款）两部分内容，ITA涵盖贸易及投资自由化。该协定中的电子商务条款全面升级为ITA中的数字贸易章节，涵盖数据跨境流动、电子传输免征关税、禁止强制转让或访问源代码等14个条款。

2. 促进中小微企业数字化发展

2023年8月，中国与尼加拉瓜签署自贸协定，数字经济章节中设有中小微企业条款，支持中小微企业更多参与数字经济，鼓励双方就数字平台、资本和信贷技术等方面的支持措施展开交流。数字经济合作条款进一步规定，双方共同帮助中小企业克服参与数字经济的障碍。欧盟于2024年3月恢复与菲律宾的自贸协定谈判，谈判目标中亦包括消除制度壁垒、支持中小企业数字化转型等内容。

3. 强调数字监管跨境协调

欧盟与新西兰签署的自由贸易协定于2024年5月生效，其中数字贸易监管事项条款规定，双方应就认可和促进可互操作的电子信任和认证服务、处理垃圾短信、保护在线消费者、电子政务等数字贸易监管事项交换信息。

二、数字框架性协议推动数字贸易政策协调与试点合作

1. 数字框架性协议持续增多

2023年以来，数字框架性协议持续增多，为传统区域及双边协定提供重要补充。如欧盟于2023年10月与韩国启动数字贸易协定谈判，于2023年7月与新加坡结束数字贸易协定谈判。

（1）推动数字贸易规则试点合作。2023年1月，马来西亚和新加坡签署《关于数字经济和绿色经济合作框架》，包括支持贸易便利化、促进跨境数据流动和开展企业数字身份双边试点项目等，并计划在个人数据保护和网络安全等问题上开展合作。

（2）加大电子商务领域政策协调。2023年9月，东盟开启《东盟数字经济框架协议》（DEFA）谈判，计划实现东盟区域数字经济一体化。同时，中国与东盟发起《关于加强电子商务合作的倡议》，提出鼓励企业间合作、加强各方数字经济能力建设、促进数字贸易法律法规及政策协调等方向。

(3)深化隐私执法领域国际合作。 2024 年，美国、加拿大、英国等国相继加入全球隐私执法合作安排（Global CAPE）。该机制旨在促进参与者之间的信息共享，促进参与者在数据保护和隐私执法等方面的有效跨境合作，并鼓励与非参与机构在数据保护和隐私调查执法方面的信息共享和合作，以确保该机制能够与类似安排和框架无缝协作。

《数字经济伙伴关系协定》

《数字经济伙伴关系协定》（DEPA）是新加坡、新西兰、智利三国于 2020 年 6 月 12 日以在线虚拟签字的方式签署达成的全球首个专项数字经济区域协定。该协定于 2021 年 1 月 7 日正式生效。

DEPA 具有包容性，作为一个专门的数字经济协定，它涵盖了支持数字经济发展的几乎所有方面，从商业和贸易便利化到更广泛的信任环境以及数字包容性，比传统自贸协定的电子商务章节更具雄心。DEPA 具有前瞻性，涵盖了数字身份、人工智能、数据创新等数字经济新业态新模式发展，且作为一个与时俱进的协定，其内容将随全球数字经济发展持续充实，确保响应不断变化的数字环境。DEPA 还具有"探路者"性质，其成员国共同创建一个示范数字经济协定，为其他国家解决数字经济问题树立信心，也为规则标准未来在更广范围应用提供支撑。

2021 年 10 月，中国国家主席习近平提出，要积极参与数字经济国际合作，主动参与国际组织数字经济议题谈判，开展双多边数字治理合作，维护和完善多边数字经济治理机制。2021 年 10 月 30 日，习近平主席在出席二十国集团罗马峰会时，宣布中方决定申请加入 DEPA。2022 年 8 月 18 日，根据 DEPA 联合委员会的决定，中国加入 DEPA 工作组正式成立，全面推进中国加入 DEPA 的谈判。2024 年 10 月 28 日至 30 日，中国加入 DEPA 工作组第七次首席谈判代表会议在上海举行，中方同 DEPA

成员共同梳理了谈判进展情况，并就相关议题和推进数字经济领域合作深入交换意见。

2024年5月3日，韩国正式加入DEPA，成为DEPA除创始成员外的第一个新成员。此外，加拿大、秘鲁等均已表达加入DEPA的浓厚兴趣和积极意愿。

《全面与进步跨太平洋伙伴关系协定》

《全面与进步跨太平洋伙伴关系协定》（CPTPP）是由亚太地区多个国家于2018年12月30日正式生效的多边自由贸易协定，旨在通过减少贸易壁垒和加强经济一体化，促进区域内的经济增长和可持续发展。CPTPP的前身为《跨太平洋伙伴关系协定》（TPP），该协定原包含12个成员国，后因美国退出，剩余11国决定保留并进一步推进协定，最终形成了如今的CPTPP。

CPTPP在涵盖传统贸易自由化内容的同时，着眼于21世纪贸易规则的建立，提出了多项新的标准和条款，涵盖了知识产权保护、电子商务、环境保护、劳工标准等领域。在数字贸易上，CPTPP设置了高标准规则，包括保障数据自由流动、避免计算设施本地化、禁止源代码强制披露等内容，为数字经济的发展创造了较为完善的规则框架，同时兼顾了数据安全、个人隐私与商业秘密的保护。相关规则为成员国提供了高效、安全的数字贸易环境，推动了亚太地区的数字经济一体化发展。

CPTPP以开放的态度欢迎新成员的加入，包括英国、韩国、印度尼西亚、菲律宾等在内的多个国家先后表达了加入的意愿。2021年9月16日，中国商务部部长王文涛向（CPTPP）保存方新西兰贸易与出口增长部长奥康纳提交了中国正式申请加入CPTPP的书面信函。

2. 跨境数据流动规则合作不断细化深化

（1）持续提升数据跨境传输实操性。 2024年2月，东盟和欧盟更新《东盟示范合同条款和欧盟标准合同条款的联合指南》，通过收集执行和使用东盟示范合同和欧盟示范合同有关数据治理的国际最佳做法，在两套条款之间搭建有效运作的桥梁，帮助在双方之间传输数据的企业简化数据传输流程，提高业务效率。

（2）积极构建跨境数据流动与个人信息保护、计算设施本地化、人工智能等议题结合的综合性规则方案。 2024年上半年，欧盟与日本完成《经济伙伴关系协定》修正案谈判，已于7月1日正式生效。该修正案在原协定中新增个人信息保护及双边数据自由流动条款，承诺在各自领域内维持个人信息保护制度的有效实施，并承诺在因双边贸易产生数据跨境流动时，不得任意或不合理地要求实施数据本地化或施加其他跨境限制。美国与肯尼亚于2024年4月发布《关于利用人工智能、促进数据流动和增强数字技能的联合声明》，提出双方将在建立可互操作的隐私制度和促进可信赖的跨境数据流动方面进行合作。

（3）不断强化数据共享对话交流。 2024年6月，中国和新加坡举行数字政策对话机制首次会议，双方同意在跨境数据流动领域制定共同标准，并就数据的共享机制交换意见。2024年6月，中国和德国签署《关于中德数据跨境流动合作的谅解备忘录》，将建立"中德数据政策法规交流"对话机制，加强在数据跨境流动议题上的交流，为两国企业营造公平、公正、非歧视的营商环境。2024年8月，中欧数据跨境流动交流机制举行第一次会议，正式宣布建立中欧数据跨境流动交流机制，就双方数据跨境流动监管框架等进行交流。

3. 聚焦人工智能发展与监管的国际规则制定进展加快

目前，人工智能相关的国际规则主要是在国际数字治理框架下进行探讨的，数字经贸规则的构建还处于起步阶段，但进展较快。

（1）多边治理机制持续深化人工智能规则建设。OECD 于 2019 年发布首个政府间人工智能政策指南《关于人工智能的建议》，并于 2024 年 5 月进行修订，在前期提出值得信赖的人工智能的负责任管理原则、国家政策和国际合作的基础上，更新了"人工智能系统"的定义，并反映了处理错误和虚假信息、预期用途以外的滥用、安全问题等新情况。2023 年 10 月，七国集团发布《开发先进人工智能系统组织的国际行为准则》，并发布"广岛人工智能进程"声明，宣称以符合 G7 成员国价值观的方式推进全球人工智能治理。2024 年 7 月 1 日，第 78 届联合国大会经协商一致通过中国主提的加强人工智能能力建设国际合作决议。该决议聚焦人工智能能力建设，围绕加强相关国际合作提出系列举措，旨在帮助各国特别是发展中国家从人工智能发展中平等受益，弥合数字鸿沟，完善全球人工智能治理。

（2）更多双边及区域协议纳入人工智能规则内容。新加坡已分别与智利和新西兰、澳大利亚、英国、韩国达成四项包含人工智能条款的数字经济协定。其中，DEPA 中明确"推动采用符合道德规范的 AI 治理框架，支持可信、安全和负责任地使用人工智能技术"；《新加坡-澳大利亚数字经济协定》规定促进人工智能治理、道德使用、算法透明度、技术标准等方面的合作。欧盟与日本、韩国、新加坡和加拿大分别达成"数字伙伴关系"，均涉及人工智能相关规则。

（3）人工智能国际合作共识加强。2024 年 4 月，中非互联网发展与合作论坛发布《2024 年中非互联网发展与合作论坛关于中非人工智能合作的主席声明》，计划进一步深化中非人工智能领域友好合作；5 月，中国与法国发布《关于人工智能和全球治理的联合声明》，就促进安全、可靠和可信的人工智能系统等内容达成共识。

4. 从全环节促进数字基础设施互联互通与新兴技术规则

受新冠疫情期间半导体等领域全球供应链中断影响，发达经济体高度重视数字基础设施开发、安装、连接、运营、维护等全环节规则布局，着力提升供应链韧性和安全性。

（1）确保海底电缆安全稳定连接。《欧盟-日本数字伙伴关系》规定，双方将确保海底电缆登陆站和数据中心安全、可信、绿色的有利环境，评估海底电缆中断报告系统的需求和设计。《英国-新加坡数字经济协定》还规定，缔约方应确保两国公共电信服务的授权供应商以合理、非歧视和透明的条款和条件接入海底电缆登录站和电缆系统。

（2）以多元化电信供应商提升电信和半导体供应链韧性。《英国-日本数字伙伴关系》通过国际合作和政策协调来刺激更具竞争力和多样化的电信供应市场，吸引新供应商并支持全球电信供应商生态系统扩大规模，提高双方网络的韧性、创新和效率。

（3）强化新兴领域技术规则。《欧盟-日本数字合作伙伴关系》包括在5G/6G通信、量子技术与高性能计算等领域探索规则合作；《欧盟-新加坡数字伙伴关系协议》提出双方将共同构建全球6G愿景，推动包括6G标准化在内的全球6G生态系统建设。2023年美国和印度启动的"关键和新兴技术倡议"包括量子计算、5G/6G技术合作研发及推广部署等合作。

5. 注重建立政府间高层数字对话、工作组等政策沟通协调机制

美欧贸易和技术理事会于2024年上半年先后举办第五次、第六次会议，成果包括建立量子技术工作组、启动半导体供应链预警机制等。2024年2月，美日数字经济对话提出促进开放、可互操作和安全的第五代（5G）无线技术、网络和服务。2024年3月，美国与印度、韩国在原有双边关键和新兴技术倡议的基础上开展三方对话，致力于在云基础设施建设、技术标准对接和半导体供应链等方面深化合作。

第八章

数字贸易规则重点议题发展态势

第一节　贸易便利化相关议题

贸易便利化相关议题在数字经贸规则中发展较早，以数字化手段实现传统货物贸易的便捷高效运行，利用数字技术缩减贸易成本为数字贸易中贸易便利化规则的重点关注。从具体议题来看，鼓励贸易单证提交与税费支付的电子化，实现贸易无纸化并建设单一窗口，推广电子发票与电子支付等正在成为数字贸易便利化的优先领域。

一、无纸贸易

1. 贸易无纸化规则概述

贸易无纸化作为实现数字贸易便利化的重要抓手，于20世纪60年代被首次提出，此后20年间逐渐扩展到国际贸易领域。随着现代信息技术的进步，尤其是电子商务和电子政务的发展，国际贸易进入了信息化时代，运作方式因此发生了显著变化，逐步从传统的国际贸易形式转向无纸化贸易。

2003年2月《澳大利亚-新加坡自由贸易协定》首次将国际无纸化贸易实践通过国际协定条款予以固定，设置了三重义务：一是缔约方应于2005年之前，提供现有公开可获取的贸易管理文件的电子版本；二是保障电子版本的贸易管理文件与纸质版本具有同等法律效力；三是在相关国际机制下开展合作，增强全球对于电子贸易管理文件的接受程度。

此后，中国、澳大利亚、泰国、越南、新加坡、日本、美国等国在签署的双边自贸协定、《全面与进步跨太平洋伙伴关系协定》《数字经济伙伴关系协定》等区域经贸协定中也引入了相关条款，根据TAPED数据库统计，截至2023年底，包含贸易无纸化规则的经贸协定已达107个。无纸贸易的基本义务涵盖要求缔约方提供电子版本的贸易管理文件并定期对相关电子版本文件进行更新和维护、接受电子版本文件与纸质版具有同等法律效力、保障电子文件的安全性、就提高电子版贸易管理文件的互操作性开展合作等。

此外，以CPTPP、DEPA、USMCA等为代表的经贸协定中在无纸贸易条款还出现了关于实施"单一窗口"（Single Window）的要求。单一窗口系统是一种贸易便利化工具，允许贸易相关信息和文件通过一个入口提交，以满足所有进口、出口和过境的监管要求。这种系统能够提高效率、减少成本和加快通关时间。相关协定通过提倡单一窗口的实施，旨在简化国际贸易手续，提高效率，降低成本，并改善各国间贸易的透明度和便利性。

2. 贸易无纸化国际政策及实践

亚太经合组织（APEC）作为致力于促进亚太地区经济合作和自由贸易的多边组织，于2000年在文莱举行的APEC领导人会议中正式提出了无纸贸易倡议（Paperless Trade Initiative），成为APEC推动贸易便利化和效率提升的关键举措之一。2021年，APEC发布《贸易无纸化指南》提出六方面关键措施。

（1）实施WTO《贸易便利化协定》。各经济体应当积极落实该协议中适用于电子方式交易的条款。

（2）进行自动化系统开发。在确保单一窗口建设完善的基础上，各经济体可就各自单一窗口的运行开展协调合作，提高货物进出口效率。

（3）统一单一窗口的数据标准。各经济体应当根据世界海关组织数据模型，对进出口数据采取统一标准。

（4）确立无纸贸易法律框架。各经济体应保持其进出口法律框架的灵活性，以更好地应对贸易环境的变化，实施无纸贸易；同时，应通过立法保障单一窗口中相关数据的准确性、完整性、隐私性以及安全性。

（5）为无纸贸易提供程序性保障。在电子文件的交换、电子证书的认证、电子支付等方面，各经济体应当采取措施保障相关程序稳定运行。

（6）保障贸易文件的电子版本能够及时准确发布。

2021年2月21日,由联合国亚洲及太平洋经济社会委员会(简称"亚太经社会")倡导发起的《亚洲及太平洋跨境无纸贸易便利化框架协定》(简称《协定》)正式生效。该《协定》于2015年4月启动谈判,2016年5月完成谈判,随后向亚太经社会所有成员开放签署和加入。中国于2017年签署《协定》,并于2020年完成国内核准程序。随着中国完成核准程序,《协定》达到正式生效条件。本次《协定》对中国、阿塞拜疆、菲律宾、伊朗和孟加拉国五个已完成国内核准的创始缔约方开始生效,亚美尼亚和柬埔寨已签署《协定》并正在履行国内核准程序,同时还有多个国家正在积极寻求加入《协定》。

《协定》是联合国框架下跨境无纸贸易领域的第一个多边协定。《协定》涵盖国家贸易便利化政策框架和有利的国内法律环境、跨境无纸贸易便利化和发展单一窗口系统、电子形式贸易数据和文件的跨境互认、电子形式贸易数据和文件交换的国际标准,以及相关行动计划、能力建设、试点项目和经验交流等内容。《协定》将促进本地区电子形式的贸易数据和文件的交换和互认,推动国家和次区域单一窗口和其他无纸贸易系统之间的兼容,打造良好的跨境无纸贸易法律规制环境,从而提高国际贸易的效率和透明度。《协定》还将进一步丰富"一带一路"贸易便利化领域合作,增强亚太地区贸易领域互联互通,为在后疫情时代加快经济复苏和发展做出贡献。

联合国贸易便利化与电子业务中心(UN/CEFACT)于2017年在世界经济论坛中发布《无纸化贸易如何影响贸易体系》报告,其中收录多个经济体在实现贸易无纸化方面的典型案例。

实践案例8-1:牙买加空运货物贸易无纸化实践

牙买加在无纸化空运货物方面的实践通过采用国际航空运输协会(IATA)开发的Cargo-XML标准实现。Cargo-XML标准使用了UN/CEFACT核心组件库,旨在覆盖航空公司端到端的货运业务。

具体来说，牙买加采用了 IATA Cargo-XML 消息标准来满足海关对于提前货物信息和申报的要求，同时也确保符合监管机构的安全要求。这种标准化电子消息的使用不仅提高了数据交换的效率，还增强了系统间的互操作性，使不同系统和利益相关者之间的协作更加顺畅。通过实施 Cargo-XML 标准，牙买加能够在货运过程中减少纸质文件的使用，提高了数据处理的速度和准确性，降低了人为错误的风险，同时提升了国际贸易的整体效率和安全性。这一实践表明，标准化的电子消息在无纸化贸易中起到了关键作用，能够显著优化物流和清关流程。

实践案例 8-2：加拿大持续完善单一窗口建设

加拿大参考 UN/CEFACT 33 号建议书（2005 年）："建立国际贸易单一窗口"和 35 号建议书（2010 年）："建立国际贸易单一窗口的法律框架"，在加拿大边境服务局（CBSA）的领导下开展了单一窗口系统建设。

加拿大单一窗口系统采用了单一自动化系统，这是一个单一的、集中维护的提交系统，所有的政府部门和贸易商都需通过该系统进行交互。该系统开发了综合进口申报和文件影像功能，简化了政府和进口商之间商业进口数据的电子收集和分发流程。单一窗口系统的实施使得 CBSA 能够更及时、准确地做出放行决定。参与政府机构也能进行更有效的风险评估，并能实时参与 CBSA 的可入境性决定。此外，该系统促进了加拿大与美国海关的持续合作，确保了两国间系统的互操作性。

3. 我国贸易无纸化政策及实践

(1) 在文件披露及通关无纸化方面。我国不断提高法律法规的透明度，并将网站确定为文件披露的重要途径。在国家"放管服"及优化营商环境相关规划中，要求加大对我国贸易管理文件的披露和电子化流转。海关总署、发展改革委、财政部等发布《关于进一步深化跨境贸易便利化改革优化口岸营商环境的通知》明确，推进口岸物流单证全流程无纸化。在全国主要海运口岸继续推进集装箱设备交接单、装箱单、提货单等单证电子化。推进船公司统一海运电子提单标准，提升海运电子提单应用率，实现无纸化放单。在集装箱干线港推进基于区块链的集装箱电子放货平台应用，海关提供放行信息予以支持。全面推广使用空运电子运单，推进空运提货单无纸化。

（2）在单一窗口建设方面。我国各层级立法、规划及试点方案提出建设"单一窗口"要求。一是《中华人民共和国电子商务法》第71条明确规定："国家促进跨境电子商务发展，建立健全适应跨境电子商务特点的海关、税收、进出境检验检疫、支付结算等管理制度，提高跨境电子商务各环节便利化水平，支持跨境电子商务平台经营者等为跨境电子商务提供仓储物流、报关、报检等服务"。二是《国务院办公厅关于印发全国深化"放管服"改革着力培育和激发市场主体活力电视电话会议重点任务分工方案的通知》要求，深化国际贸易"单一窗口"建设。三是自贸区法规，如《河北雄安新区条例》第44条明确规定：探索建立海关特殊监管区域，建立国际贸易"单一窗口"，提高监管效率和水平；《中国（陕西）自由贸易试验区条例》第十八条规定：自贸试验区实行国际贸易"单一窗口"服务模式，建设电子口岸，实现海关、边检、税务和外汇管理等监管部门之间的信息互换、监管互认、执法互助。四是《CEPA货物贸易协议》第35条首次在文本中明确了"单一窗口"。

（3）在设施互通和数据交换方面。相关文件提出对相关设施的互联互通，探索双边试点，加强信息共享。《关于进一步深化跨境贸易便利化改革优化口岸营商环境的通知》提出，研究探索国际铁路联运运单电子化，适时与具备条件的国家启动双边试点工作；国务院发布《国务院办公厅关于进一步优化营商环境更好服务市场主体的实施意见》提出，开展与境外"单一窗口"设施互联互通；《国务院关于印发6个新设自由贸易试验区总体方案的通知》提出，加快建设国际贸易"单一窗口"，依托"单一窗口"标准版，探索与东盟国家"单一窗口"互联互通；《国务院关于支持自由贸易试验区深化改革创新若干措施的通知》提出，积极探索通过国际贸易"单一窗口"与"一带一路"重点国家和地区开展互联互通和信息共享，推动国际贸易"单一窗口"标准版新项目率先在自贸试验区开展试点，促进贸易便利化。此外，广西、三亚以及深圳等地区先后提出推动与符合法律规定条件的其他国家、地区的申报接口的对接，推进与相关国家国际贸易"单一窗口"通关物流信息互联互通。

在推行海关通关无纸化方面，2018年11月，《海关专用缴款书》在全国全面推广。至此，海关通关无纸化改革的"最后一公里"被打通。进出口企业、单位通过电子支付方式缴纳税款后，就可以通过"互联网+海关"一体化网上办事平台或国际贸易"单一窗口"标准版，下载、打印税单，不必再到海关取税单。

同时，我国还设立了中国电子口岸[①]及中国国际贸易单一窗口[②]。中国电子口岸是利用现代信息技术，借助国家电信公网，将工商、税务、海关、外贸、外汇、银行、公安、交通、铁路、民航、国检、信息产业12个部门分别掌握的信息流、资金流、货物流存放到一个公共数据中心，实现部门间数据信息共享，从而加强政府行政管理机关的综合管理能力，同时方便企业办理进出口手续。作为一项发端于自贸试验区、颇具代表性的制度创新，国际贸易单一窗口有力助推了我国国际贸易监管体系与国际接轨，成为打造国际一流营商环境的突破口和重要抓手。

（4）在促进海关数据交换方面。 2021年7月27日，海关总署印发《"十

[①] https://www.chinaport.gov.cn/index.html。

[②] https://www.singlewindow.cn/。

四五"海关发展规划》，主要包括三大板块、10个部分，并设置了20个专栏，包括"十四五"时期海关发展主要指标专栏和19个具有支撑性、引领性以及补短板、强弱项的重点工程项目专栏，是对规划重点工作的细化，也是推进规划落实的重要抓手。首个专栏聚焦"十四五"海关发展主要指标，其中一项是：到2025年，预期与境外"单一窗口"互联互通国家（地区）数量达15个。

当前，我国海关已经与印度尼西亚、新加坡、巴基斯坦、欧亚经济联盟（其成员国包括俄罗斯、哈萨克斯坦、白俄罗斯、吉尔吉斯斯坦和亚美尼亚）实现数据互换。在我国已实施的优惠贸易安排中，已建成并上线运行的原产地电子联网系统（见表8-1）。

表8-1　现已建设完成的原产地电子联网系统

序号	内容
1	香港-澳门CEPA原产地证书联网核查系统
2	《海峡两岸经济合作框架协议》（ECFA）原产地电子信息交换系统
3	中国-瑞士原产地声明数据交换系统
4	中国-韩国原产地电子数据交换系统及亚太贸易协定项下中韩原产地电子数据交换系统
5	中国-新西兰原产地电子信息交换系统
6	中国-巴基斯坦原产地电子信息交换系统
7	经香港/澳门中转货物原产地管理系统中转确认书签发子系统
8	中国-智利原产地电子信息交换系统
9	中国-新加坡原产地电子信息交换系统
10	中国-格鲁吉亚原产地电子信息交换系统
11	中国-印度尼西亚原产地电子信息交换系统

实践案例8-3：重庆市国际贸易"单一窗口"建设

在国家统一"单一窗口"框架基础上，重庆市国际贸易"单一窗口"于2017年正式上线，已成为重庆市国际贸易主要业务申报的主渠道。据测算，企业通过使用重庆"单一窗口"，通关效率提升30%以上，企业综合成本下降20%以上。2019年，重庆市与新加坡启动开展依托单一窗口的物流信息便利化合作。目前，重庆市已与新加坡港务集团（PSA）实现集装箱和船舶物流动态数据实时传输，并初步在单一窗口系统中开通了中新合作数据查询、展示功能，为企业通关、合理安排运输和生产提供便利。重庆市海关与新加坡关税局按照年度合作计划开展信息共享，推动重庆-新加坡物流数据互联互通。重庆市还正在与新加坡积极开展"数字提单互联互认"合作。

二、电子发票

1. 电子发票规则发展概述

电子发票的诞生与互联网技术的普及和全球化趋势下电子商务的蓬勃发展紧密相连。在国家税务监控体系中，电子发票扮演着至关重要的角色，它不仅是税务申报的基础性文件，也是预防税收逃避和漏报的关键工具。此外，从提升交易效率的角度来看，电子发票为买卖双方提供了迅速获取和验证交易信息的途径。税务部门借此能够实施对企业经营活动的即时在线监管，这不仅优化了传统的税收管理流程，也增强了税务工作的前瞻性和主动性。

鉴于电子发票产生时间较晚，目前国际社会尚未对电子发票的定义形成普遍共识。根据欧盟对于电子发票的认识，电子发票是通过电子数据交换（EDI）系统由销售方的系统自动发送至购买方的系统。在EDI框架下，传统的纸质文件被电子文件所取代，并通过电信网络进行数据传输。在这种框架下，销售方会根据消费者的订单信息自动生成发票，并通过EDI系统即时发送给购买方，后者的系统在接收到电子发票后，能够自动将其记录在相应的账户中，无需人工操作。

欧盟在其《关于跨境电子发票监管的法律要求和法律环境变化的建议》中进一步阐释了电子发票的定义："它是由服务提供者编制的包含所有销售项目的数据集合，并提供给购买者，同时涵盖了交易双方约定的所有细节。"2022年，OECD发布《税务管理3.0与电子发票》研究报告，认为电子发票是记录供应商和客户之间交易的电子文件，通常作为商业系统的一部分来进行交易记录和税务申报。

2020年，《新加坡-澳大利亚数字经济协定》首次以专门条款的形式将电子发票纳入规则范围。该条款首先强调了缔约方认可电子发票对提高贸易效率、准确性以及可靠性具有重要作用，接着从合作的角度出发，提出将提高电子发票系统的互操作性，并支持使用电子发票相关国际框架，同时将为相关私营部门使用电子发票提供便利。此后，DEPA以及新加坡签署的相关数字经济专门协定均沿用了该条款模式，一方面避免设置义务性规则，在各方对电子发票尚未形成统一认识的情况下凝聚最大共识；另一方面，在各国尚处于电子发票建设初期的节点，通过国际规则促使电子发票系统建设实现互操作性，考虑相关国际标准。

2. 电子发票系统建设的国际解决方案

（1）各国持续推动电子发票领域国际标准制定与推广。 关于电子发票的国际标准主要以欧盟和美国制定的一系列标准为主。欧洲议会和委员会于2014年4月16日投票通过了关于公共采购中电子发票的第2014/55/EU号指令。该指令要求在语义层面（semantic）①定义欧洲电子发票的共同标准（EN 16931），以及在句法层面（syntax）②加强互操作性的额外标准化成果。第2014/55/EU号指令规定，成员国应采用该指令，从而使所有公共采购机构和采购实体必须接收和处理符合欧洲标准的电子发票。

---

① 发票的内容。
② 发票的格式和用语。

第 2014/55/EU 号指令授权在每个欧盟成员国和其他欧洲经济区国家的公共采购中实施基于欧洲标准的电子发票解决方案。所有公共采购机构必须能够接收和处理来自国内和国外发送者的电子发票。然而，该指令并没有规定任何具体的传输系统或运输基础设施。因此，有许多形式的传输服务或网络由私人和公共部门组织提供。

此外，欧洲标准化委员会应欧盟委员会要求，制定并发布了欧洲电子发票标准（EN 16931），2018 年 12 月，欧盟委员会与该委员会签署许可协议，允许公众免费访问电子发票标准的第 1 部分：语义和数据模型；第 2 部分：两种符合标准的强制语法。

同时，欧盟委员会一直在通过连接欧洲设施（CEF）计划推广 eDelivery Building Block 作为传输标准和 AS4（作为交换规定），而不强制使用单一的电子发票系统本身（在公共采购电子发票指令中没有说明）。Peppol 使用 CEF eDelivery AS4 标准，该标准也正在被其他社区积极实施/调查，如 EESPA 和 Business Payment Coalition（美国）。CEF eDelivery Building Block 使用相同的交付标准的接入点进行互连，促进了互操作性。这种对欧洲电子发票标准的重复使用创造了规模经济，并提高了不同的网络用户之间互操作能力。

各种欧洲电子发票协会和两个美国组织已经参与了全球互操作性框架（Global Interoperability Framework，GIF）的创建。传统的电子发票传输是通过"三角模式"（Three-corner model）完成的，将买方和供应者连接到同一个网络。这种模式曾经是电子发票最为常用的模式。当需要连接处在不同网络的参与者时，则需要引入"四角模式"（Four-corner model）。这种模式使贸易伙伴能够使用最适合其活动的平台和工具，同时能够实现相互连接。

欧盟委员会通过 CEF eInvoicing Building Block 和 CEF eDelivery Building Block 促进电子发票标准的实施。CEF eDelivery Building Block 帮助解决电子发票的互操作性问题并为服务提供者建立了技术基础。CEF eDelivery 提供了一

系列的标准来解决欧盟市场内部技术标准不统一的问题。现在，这个标准不但被欧盟国家采用，还被认定为国际标准而普遍使用。

（2）OpenPeppol体系已构建形成。 2020年6月，全球互操作性框架（GIF）由欧洲和北美洲的一系列国际协会和机构提出，这些协会和机构的共同目标在于克服供应链数字交易交互操作性的障碍。该框架下主要由四个协会开发：美国的Open Network for Commerce Exchange和Business Payments Coalition，以及欧盟的European E-invoicing Service Providers Association和OpenPeppol。GIF框架不只提供一个单一的网络，而是基于常用的标准和实践，提供一个解决互操作性问题的蓝图。其中，DEPA成员均为Peppol成员，同时新西兰和新加坡正在诸边框架下推广该机制。

Peppol作为CEF Building Blocks的实施成果，提供了上述所需的互操性并且成功地应用于公共采购领域。Peppol最初是为了给整个欧洲的公共部门组织提供一种交换电子商业文件的标准化方式，但后来它已被大约300个组织采用，这些组织作为网络的"接入点"在欧洲、亚洲和北美的若干国家运作。目前，加入OpenPeppol网络的国家有38个，31个欧洲国家、新加坡、新西兰、澳大利亚、加拿大、美国、日本、墨西哥。

Peppol有三大支柱：网络（Peppol eDelivery network）、文件规格（Peppol business interoperability specifications）以及用于规制网络的法律框架（Peppol transport infrastructure agreements），其提供了一套可在现有电子采购解决方案和电子商务交换服务中实施的技术规范，使交易双方能够在不同的系统之间进行互操作。

Peppol使贸易伙伴能够通过Peppol网络（基于四角模型）交换标准的电子文档。这些文档包括电子订单、电子预付款装运通知单、电子发票、电子公告等。Peppol接入点将用户连接到Peppol网络，并根据Peppol规范交换电子文档。买方和供应商可自由选择其首选的单一接入点提供商，以连接到网络上的所有 Peppol 参与者，这有利于实现"一次连接，连接所有"（Connect Once, Connect to all）的互操作性概念。

3. 我国接入电子发票国际框架实践

我国国内电子发票的立法主要以《中华人民共和国发票管理办法》《中华人民共和国发票管理办法实施细则》为基础展开，对发票的印制、领购、开具保管以及检查作出规定。

（1）随着电子商务的逐步兴起，在相关管理规定及规划中，提出提升数字贸易便利化，推进电子合同、签名以及发票的应用和推广。 2013 年《网络发票管理办法》提出要试行电子发票；2014 年 7 月，国务院发布《国务院关于加快发展生产性服务业促进产业结构调整升级的指导意见》提出："加快推进适应电子合同、电子发票和电子签名发展的制度建设"；2015 年 9 月，国务院发布《国务院关于加快构建大众创业万众创新支撑平台的指导意见》提出："实行适用税收政策。加快推广使用电子发票，支持四众平台企业和采用众包模式的中小微企业及个体经营者按规定开具电子发票，并允许将电子发票作为报销凭证"；2016 年 3 月通过的《中华人民共和国国民经济和社会发展第十三个五年规划纲要》中明确提出："推行电子发票"。

（2）随着数字经济的迅猛发展，相关立法及规划对电子发票进行了进一步明确，细化管理要求，初步提出建立公共服务平台。 2018 年通过的《中华人民共和国电子商务法》第十四条规定：电子商务经营者销售商品或者提供服务应当依法出具纸质发票或者电子发票等购货凭证或者服务单据。电子发票与纸质发票具有同等法律效力；2019 年 8 月，国务院办公厅印发《全国深化"放管服"改革优化营商环境电视电话会议重点、任务分工方案》。方案提出，2019 年底建成全国统一的电子发票公众服务平台，为纳税人提供免费的电子发票开具服务，加快电子发票的推广应用，尽快研究推进增值税专用发票电子化。

随着数字贸易全球化发展，我国以改善营商环境为目标，于 2020 年底实现增值税专用发票电子化，推动建成全国统一的电子发票服务平台，并着力提升电子发票标准化、便利化与国际化。

一方面，在国内系统建设方面积极对接国际标准。ISO 20022《金融服务 金融业通用报文方案》标准是国际标准化组织自 2004 年陆续制定并发布的序列国际标准，旨在实现金融报文的直通式处理（STP），提高市场效率，降低交易成本。该标准使金融业报文在互通性、开放性及扩展性方面得到了很大的提升，是利用网络及可扩展标记语言（XML）技术制定的一项先进的通用报文方案。在我国，ISO 20022 标准化开发方法也逐步应用到部分重要金融业信息系统的开发过程中，包括中央银行会计核算数据集中系统（ACS）、中国人民银行第二代支付系统、中国人民银行网上支付跨行清算系统（EBPS）、中国人民银行电子商业汇票系统（ECDS）和人民币跨境收付信息管理系统（RCPMIS）等。

另一方面，推进我国电子发票相关标准国际化。2019 年 10 月，腾讯和中国信通院、深圳税务局联合代表中国在 ITU-T SG16 Q22 会议上首次提出 General Framework of DLT based invoices（《基于区块链分布式账本的电子发票通用框架》）标准立项，获得了英国、瑞士、瑞典、西班牙和巴西等国家的支持，顺利通过新标准立项。2018 年 8 月，国家税务总局深圳市税务局与腾讯联合开出全国首张区块链发票，截至 2019 年 8 月，区块链发票已覆盖 100 多个行业，接入企业超过 5300 家，被广泛应用于金融保险、零售商超、酒店餐饮、停车服务等行业，开具区块链发票累计超过 800 万张，该应用随后在云南落地。具有全流程完整追溯、信息不可篡改、低成本、简化流程、保障数据安全和隐私等优势。

目前，已有部分企业申请并加入新加坡政府推出的 Peppol 项目，如知行软件、百望云、金蝶软件等（见表 8-2）。

表 8-2 部分企业参与 Peppol 项目情况

典型企业	主营业务	国际合作项目	参与功能
知行软件	电子数据交换 EDI 解决方案及产品提供商	通过 Peppol AS2 及 AS4 测试，被 Open Peppol AISBL 认证为中国首家 Peppol 接入点供应商	Peppol 接入点具备发送和接收数据的功能，支持订单、发货、发票等文件的电子数据交换
百望云	电子发票服务平台	参与 Peppol 电子发票推广计划	为迪卡侬、德迅、Storaenso 等企业提供支持，与欧美主要服务商 Tradeshift 尝试标准互认合作
金蝶软件	企业财务软件服务平台企业	与新加坡代表企业 DataPost Pte. Ltd. 签署电子发票合作备忘录	共同建设以 Peppol 协议为基础的国际电子发票交换项目，建设深圳——新加坡数字化贸易渠道

三、电子支付

1. 电子支付规则发展概览

在电子支付专门条款出现之前，各国在国际贸易规则体系中围绕电子支付议题的讨论主要依托 WTO《服务贸易总协定》（GATS）中对于服务贸易的系列承诺。"中美影响电子支付服务措施案"专家组确认了关于电子支付的基本概念，即"电子支付服务是指涵盖处理涉及支付卡的交易及处理并促进交易参与机构之间的资金转让的服务。电子支付服务提供者直接或间接提供通常包括下列内容的系统：处理设备、网络以及促进、处理和实现交易信息和支付款项流动并提供系统完整、稳定和金融风险降低的规则和程序；批准或拒绝某项交易的流程和协调，核准后通常都会允许完成某项购买或现金的支付或兑换；在参与机构间传递交易信息；计算、测定并报告相关机构所有被授权交易的净资金头寸；以及促进、处理和/或其他参与交易机构间的净支付款项转让"。

该案的争议焦点之一为对电子支付服务的归类问题，即在电子支付服务无法被归于 GATS 某一明确部门的情况下，如何解决相关服务市场开放等问题。在本案中，WTO 专家组运用条约解释的方法，拆解了"银行服务"的含义，并通过参考相关词汇定义与行业惯例，探究条款宗旨与目的的方式，认定电子支付服务应当属于"减让表"中"银行服务"所指的所有支付和汇划服务，包括信用卡、赊账卡和贷记卡、旅行支票和银行汇票（包括进出口结算）。由此可见，WTO 专家组在对电子支付服务的分析思路为：先确定电子支付的内涵与外延，后着眼于具体承诺表，分析具体承诺表是否囊括了电子支付，并未对相关数字技术作用于支付服务投以足够关注。

随着近年来，在大数据、人工智能、机器学习等新兴技术的发展及推动下，商业银行、支付机构及银行卡清算组织等各类支付业务主体正快速向移动支付、数字支付转型，数字技术的关键角色被予以更多关注。2019 年《东盟电子商务协定》为电子支付设置专门条款，指出各成员国应根据自身的法律和现有条件，积极推动安全、高效且具有互操作性的电子支付系统的建设与使用。此后，电子支付条款不断发展演进，包括 DEPA 等协定进一步关注应用程序编程接口（API）的使用，提出利用 API 进一步提高电子支付生态系统的互操作性。

2. 电子支付领域国际开放与合作概况

鉴于目前围绕电子支付议题的国际规则多为倡议性、合作性，相关国际合作探索主要通过统一技术标准，提高互操作性，以促进跨境电子支付。随着电子支付业务的快速发展，各类数字支付标识（支付二维码）迅速替代现金成为常见支付手段。由于各国二维码支付交易大多基于本国银行系统，不同国家间支付系统往往相互独立、无法互通。随着区域间人员、商贸往来日益频繁及民众支付习惯的改变，东盟国家积极扩大跨境二维码支付合作。2023 年，新加坡先后与马来西亚、印度尼西亚开通跨境二维码支付业务。

2024年，柬埔寨与马来西亚两国央行签署金融创新和支付系统合作谅解备忘录，推动连接两国支付系统，实现跨境二维码支付交易；泰国央行与老挝央行也宣布两国将实现跨境二维码支付业务。我国则更早启动国际合作布局，银联境外受理网络目前已延伸至182个国家和地区，其中98个国家和地区支持银联移动支付服务，36个国家和地区落地约200个银联合作钱包。同时，我国已与越南、柬埔寨、马来西亚、老挝等国家通过"网络互连互通"的创新模式开展合作，实现银联与境外二维码网络一点对接，即可快速、大规模相互开放二维码受理网络，大幅提升商户拓展速度。

随着经济全球化的发展和人民币跨境使用的扩大，我国也正在不断推进支付与市场基础设施对外开放，提高支付产业的活力与效率。2015年10月，中国人民银行组织投产运行人民币跨境支付系统（CIPS），服务跨境贸易、跨境投融资和其他跨境人民币业务，便利人民币跨境支付活动，更好地支持实体经济发展和"走出去"战略实施。截至2024年6月末，CIPS系统共有参与者1544家，其中直接参与者148家，间接参与者1396家。在间接参与者中，亚洲1044家（我国境内565家），欧洲238家，非洲52家，北美洲24家，大洋洲21家，南美洲17家。CIPS系统参与者分布在全球116个国家和地区，业务可通过4700多家法人银行机构覆盖全球184个国家和地区。

伴随我国支付产业的快速发展和国际影响力的不断提高，政府间跨境监管合作日益密切。多年来，我国参与的监管部门合作主要通过国际清算银行（BIS）、支付与市场基础设施委员会（CPMI）、东亚及太平洋地区中央银行行长会议组织（EMEAP）、东南亚中央银行组织（SEACEN）、"东盟+3"、G20等国际组织的交流平台，积极保持和巩固与各成员单位在支付清算结算领域的良好合作，分享成员单位在建设、运行、管理支付与市场基础设施方面的经验，及时了解和掌握国际行业动态，推动国内相关工作逐步与国际接轨。在快速零售支付、虚拟货币和跨境支付系统建设方面，积极与有关成员分享我国理念，推动我国金融基础设施相关服务走出国门，提高支付结算国际话语权，推动实施《金融市场基础设施原则》，并积极配合国际货币基金组织（IMF）和世界银行开展原则实施情况的评估工作。

3. 我国电子支付政策发展与实践

在法律法规制定上，我国始终坚持发展和规范并重的理念，一方面激发市场主体活力和科技创新能力，促进市场主体不断提升支付服务水平；另一方面，坚持依法监管和公平监管，保护数据产权和个人隐私，维护公平市场秩序。中国电子支付系统高度重视客户身份识别，《中华人民共和国反洗钱法》《金融机构反洗钱和反恐怖融资管理办法》规定了支付机构开展业务时应履行客户身份识别义务。

同时，随着我国第三方支付行业依托互联网蓬勃发展，为规范支付业务、防范支付风险，保护第三方支付中金融消费者的合法权益，2010年《非金融机构支付服务管理办法》及其配套的实施细则开始实施，首次明确将第三方支付机构纳入中国人民银行的监管范围。随后，2015年《非银行支付机构网络支付业务管理办法》出台，将《非金融机构支付服务管理办法》中的市场原则、现实情况和科学管理有机结合，在第三方支付中金融消费者权益保护方面制定了更为细化和具体可行的保障措施。2017年《中国人民银行办公厅关于实施支付机构客户备付金集中存管有关事项的通知》出台，对于客户备付金的使用、划转以及监督管理等提出规范化要求，以促进第三方支付行业健康有序发展。2020年《中国人民银行金融消费者权益保护实施办法》开始施行，从规范第三方支付机构的具体行为出发，明确要求保护消费者的金融信息，给予具体且明确的金融消费争议解决方式，明确监督管理责任主体与机制，更加注重保护金融消费者合法权益。

我国已经建成运行先进的支付清算系统，以第二代支付系统（包括大额支付系统、小额支付系统、网上支付跨行清算系统三个应用系统）为核心，银行业金融机构行内系统为基础，人民币跨境支付系统、境内外币支付系统、特许机构清算系统为补充的支付清算网络体系更加完善。就跨机构系统的运营来看，中国人民银行清算总中心运营大额支付系统、小额支付系统、网上支付跨行清算系统、境内外币支付系统，其中大额支付系统（HVPS）是我国的重要支付系统，覆盖全国范围的银行机构，连接金融市场和实体经济，成为我国社会资金运动的主动脉，无论是从处理笔数和处理金额看，大额支付系统稳居世界实时全额结算系统前列。

特许清算机构通过运营清算系统，分别为银行卡、中小机构银行汇票和电子汇兑、跨境支付、网络支付等特定业务提供清算结算服务，有利于促进清算服务差异化竞争和专业化提升。具体来说，中国银联股份有限公司运营银行卡跨行支付系统，城银清算服务有限责任公司运营城市商业银行汇票处理系统和支付清算系统，农信银资金清算中心运营农信银支付清算系统，跨境银行间支付清算（上海）有限责任公司运营人民币跨境支付系统，网联清算有限公司运营非银行支付机构网络支付清算平台（简称网联平台）。其中，网联平台是我国首次运用分布式架构开发建设的支付基础设施，2023 年该平台共处理业务 8950.55 亿笔，金额 497.90 万亿元，同比分别增长 16.04% 和 10.52%；日均处理业务 24.52 亿笔，金额 1.36 万亿元。

第二节　数字贸易规则核心议题

从全球贸易模式演进来看，数字技术催生了新产品和新服务，创造了新的贸易渠道，塑造了新的贸易生态系统，数据要素逐步成为新型生产要素，引导国际贸易从货物贸易、中间品贸易向数字贸易演进。数字贸易规则制定开始关注提高数字贸易自由度，降低数字贸易成本，并将传统的非歧视、贸易自由化等原则适用于数字产品和数据要素的流通，产生了电子传输免关税、数据跨境流动、数字产品非歧视待遇等议题。

一、电子传输免征关税

1. 电子传输免征关税多边规则发展概述

关税条款是国际贸易中的重要规则，随着电子商务的兴起，是否对跨境电子商务征收关税成为各方高度关注的议题。传输暂免关税的做法始于1997年美国发布的《全球电子商务框架》（A Framework For Global Electronic Commerce）。该报告认为，互联网缺乏传统物质商品交易所特有的明确且固定的地理运输线路。因此，虽然对通过互联网订购但通过陆运或空运最终交付的产品征收关税仍可行，但由于互联网的结构特点，当产品或服务通过电子方式交付时，征收关税将面临较大困难。同时，该报告表示将通过WTO谈判取消互联网传输的货物及服务的关税与非关税壁垒。

在美国推动下，WTO内包括欧盟等其他发达国家成员同意了该项做法，其他发展中国家成员则出于获取技术援助的考虑，同意了电子传输暂免关税的做法。1998年在日内瓦举行的WTO第二届部长会议通过了《全球电子商务宣言》（Declaration on Global Electronic Commerce）并宣布对电子传输暂时不予征收关税。该宣言并没有进一步明确电子传输的定义及范围，而是采用"继续保持目前不对电子传输征收关税的做法。此后，电子传输免征关税议题成了WTO推动电子商务工作的重要议题，WTO各成员基本每两年一次通过部长级会议更新这项暂免关税决定，延续不征收电子传输关税的做法。截至2024年7月，该暂免决定已通过第十三届部长级会议（MC13）《关于电子商务工作计划的决定》延期。

值得关注的是，在2022年的WTO第十二届部长级会议（MC12）上，以印度为首的部分国家主张应当针对电子传输征收关税，各国围绕该议题产生较大分歧。各成员方对于电子传输征收关税的分歧亦反映于MC12《关于电子商务工作计划的决定》的措辞变化中。

（1）明确各成员将加强对电子传输暂免关税的范围、定义和影响，暗示各成员方的主要分歧聚焦以上三大问题。

（2）增设关于免关税决定失效的条件。

在 MC13 推迟至 2024 年 3 月 31 日，且部长或总理事会未在该时间节点前做出延长决定的情况下，关于暂免关税的决定将不再适用。待到 2024 年举行的 MC13 中，各成员关于电子传输免关税议题的分歧更为凸显，《关于电子商务工作计划的决定》相较 MC12 更是直接表明，目前就该议题的讨论已经分为发达国家与发展中和最不发达国家两大阵营，发展中和最不发达国家成员担忧维持暂免征收关税的决定无法为其数字产业化创造公平竞争环境，加剧数字经济"马太效应"。同时，MC13 提出："同意在 MC14 或 2026 年 3 月 31 日前（以较早者为准）维持不能电子传输征收关税的现行做法。暂免关税和工作计划将在该日期失效。"这将更进一步为暂免关税的决定设置失效期限——MC14 举行日期或 2026 年 3 月 31 日。**相较于 MC12 的"附条件"失效，MC13 将失效模式变更为"附期限"失效，使暂免关税决定的失效具有更强的确定性。**

2024 年 7 月，WTO 电子商务谈判对外发布首个稳定案文，其中涵盖电子传输免征关税条款。该条款一方面要求所有缔约方实现对电子传输永久免征关税；另一方面，在电子传输免征关税条款中特别纳入"审议条款"，规定在协定生效 5 年后对免征关税的实践进行审议，并在此后定期进行审议。在 WTO 电子商务谈判过程中，各参与方围绕是否应"永久免关税"进行持续讨论：以美国和欧盟为代表的 16 个经济体⊖在提案中将电子传输定义为"任何可以通过电磁方式进行的传输"，同时主张对电子传输和被传输的内容实现永

⊖ 16 个经济体包括：美国、欧盟、澳大利亚、加拿大、瑞士、智利、乍得、危地马拉、中国香港、日本、韩国、挪威、新西兰、新加坡、乌克兰、英国。

久免征关税。欧盟于 INF/ECOM/22 号提案中，围绕该议题还进一步提出了对于保护本土文化多样性的担忧，认为虽然应当对电子传输及其内容免征关税，但免征关税的对象应当排除视听产品。在其他谈判参加方中，以印度尼西亚和阿根廷为代表的部分国家在提案中明确反对电子传输免征关税的永久化，并将免征关税的范围限定于电子传输本身且免征关税的范围不适用于电子传输内容。

2. 电子传输免征关税双边及区域规则发展概述

关于电子传输免征关税的双边安排首次出现于 2000 年签署的美国-约旦 FTA 中，此后，还有 112 份双边及区域规则对电子传输征收关税问题做出了相关安排。美国-约旦 FTA 第 7.1（a）条首次明确，为避免为电子商务发展设置贸易壁垒，双方将避免改变对电子传输免征关税的现行实践措施，但是并未提高缔约方义务水平，要求就永久免征关税做出承诺。2003 年 4 月，新加坡-澳大利亚签署的 FTA 中再次出现了电子传输免征关税条款，在条款形式上继续沿用了美国-约旦 FTA 的思路，仅要求缔约方维持对电子传输不征收关税的现行做法。7 个月后，美国与新加坡签署 FTA，在电子传输免征关税的规定上对前述两份 FTA 进行了升级，直接要求缔约方不得对双方间的电子传输活动征收关税，且未设置不征收关税的失效时间，使缔约方不征收关税的承诺成为一项永久性承诺。但是，美国-新加坡 FTA 对于电子传输免征关税所设置的高水平义务并未获得后续 FTA 的一致效仿。

在区域层面，以发达经济体为主的区域贸易协定，如《全面与进步跨太平洋伙伴关系协定》《美墨加协定》《数字经济伙伴关系协定》等，电子传输永久免关税规定已成为主流规则，而《区域全面经济伙伴关系协定》作为包含发展中国家和最不发达国家的区域贸易协定，规定维持 WTO 现有做法，未来可根据 WTO 决议进行调整，并未提高成员方现有义务水平，政策灵活度较高。

3. 电子传输免征关税影响分析

对于电子传输永久免征关税持反对意见的发展中国家经常引用联合国贸易发展会议《关税、税收和电子商务：对发展中国家收入的影响》报告，该报告指出，在多数发展中国家政府收入中，进口关税占较大比重。电子商务的发展和电子传输的免征关税将导致这些国家的关税收入大幅减少，可能无法通过其他税种来弥补这一缺口。同时，考虑到电子传输具有无形性与实时性的特征，可能对国内税收监管带来更大挑战，而发展中国家国内税收系统与相关基础设施建设通常不如发达国家健全，应对相关挑战能力相对较弱。联合国贸易与发展会议于2019年发表的一份研究报告估计，2017年暂停征收关税可能给发展中国家造成了100亿美元的关税收入损失。其中，最不发达国家的潜在关税收入损失估计为15亿美元，而撒哈拉以南非洲国家损失约为26亿美元。高收入国家的关税收入损失仅为2.89亿美元。因此，暂停对电子传输征收关税，发展中国家每年损失的关税收入是发达国家的40倍。虽然目前印度尼西亚已将此类数字产品的最惠国关税税率定为零，但是在电子传输免征关税的部长决定到期，且印度尼西亚不再就免关税签署任何承诺的情况下，印度尼西亚可提高数字产品关税税率。

支持电子传输永久免征关税的WTO成员关注对于贸易成本的降低。电子传输免征关税减少了企业从事国际贸易的成本，特别是对于微型、小型和中型企业（MSMEs）。这对发展中国家和最不发达国家的企业尤为重要。欧洲国际政治经济中心（ECIPE）2019年的一项研究同时指出，如果对数字产品和服务征收关税，发展中国家和最不发达国家将遭受价格上涨和消费减少等负面经济后果，这反过来会减缓GDP增长和税收收入，导致其在国内生产总值方面的损失将超过在关税收入方面的收益。据ECIPE估测，即使只有少数几个发展中国家，每年的国内生产总值损失也将达到106亿美元。印度的国内生产总值损失估计将达到19亿美元，是关税收入损失的49倍。印尼的GDP

损失是关税收入的 160 倍。同样，经合组织发表的一份报告也表明，对电子传输征收关税的负面经济影响超过了政府收入的潜在损失。放弃电子传输关税对于发展中国家而言，其潜在收入损失仅占政府收入损失的 0.08%~0.23%，占贸易收入的 1.2%左右。关税也伴随着低产出和低生产率，关税带来的负担主要落在国内消费者身上，而不是外国公司（见表 8-3）。

表 8-3 征收跨境数字产品交易国内税的部分经济体案例

经济体	开征时间	起征点	税率	适用范围
欧盟（27个成员国）	2015年1月1日	无	17%~27%的增值税；部分国家已开征专门的数字服务税（5%以内）	增值税适用范围：（1）网站提供、网站托管、远程程序和设备维护；（2）软件供应和更新；（3）图片、文本、信息和数据库供应；（4）音乐、电影和游戏供应；（5）远程教学
新加坡	2020年1月1日	全球营业数额超过100万新加坡元，新加坡境内超过10万新加坡元	7%	可下载的数字内容（例如下载移动应用程序、电子书和电影）；基于订阅的媒体（例如新闻、杂志、电视节目和音乐流媒体以及在线游戏）；软件程序（例如下载软件、驱动程序、网站过滤器和防火墙）；电子数据管理（例如网站托管、在线数据仓库、文件共享和云存储服务）；通过电子方式执行的支持服务，以安排或促进交易（例如佣金、上市费用和服务费）
新西兰	2016年10月1日	6万新西兰元（约为4万美元）	15%	数字内容，如电子书、电影、电视节目、音乐和在线报纸订阅；游戏、应用程序、软件和软件维护；在线赌博服务；网站设计或网络发布服务；法律、会计、保险或咨询服务

(续)

经济体	开征时间	起征点	税率	适用范围
智利	2020年6月	无	19%	在智利提供的中介服务，无论其性质如何，前提是在国外进行的销售触发了对智利的进口； 通过下载、流媒体或其他技术提供或交付数字娱乐内容，如视频、音乐、游戏或其他类似内容，包括用于这些目的的文本、杂志、报纸和书籍； 提供软件、存储、计算平台或基础设施； 广告，无论是通过何种机制传递或创建的
印度	2016年12月1日	无	18%的消费税；2%的均衡税	消费税：如基于云的服务、在线广告、电子书、流媒体内容（电影、音乐、软件等）、在线游戏、数字化数据存储等； 均衡税：电子商务
俄罗斯	2017年1月1日	无	18%	
澳大利亚	2017年7月1日	7.5万澳元（约为5.75万美元）	10%	电影、音乐、APP、游戏和电子书等数字产品； 建筑或法律等服务

二、跨境数据流动

目前，对数据跨境流动议题的讨论主要通过两个轨道展开，一是国际经贸规则谈判，包括世界贸易组织电子商务谈判、自由贸易协定中的电子商务或数字贸易章节、数字经济专门协定等。通过相关谈判，各方对于数据跨境流动议题的共识主要体现于具备国际法性质的条约、协定等"硬法"文件，目前也有部分国家采取更为灵活的倡议、框架等为数据跨境流动设置制度性安排。二是多边数字治理机制。主要指二十国集团、亚太经合组织、经济合作与发展组织等多边机制下开展的数据跨境流动国际合作，成果文件主要是倡议、宣言、声明等"软法"性质的文件。

1. 数据跨境流动国际规则发展

2004 年生效的美国–智利 FTA 中最早提到了跨境数据的内容，但其并非独立条款，其表述也并不具备约束力，仅要求缔约双方认识到维护跨境信息流动的重要性。2005 年欧盟与智利达成的联盟协定中，双方同意合作进行个人数据保护，提升个人数据保护水平，避免转移个人数据方面的贸易壁垒。2012 年生效的美国–韩国 FTA 是第一个包含了对跨境数据流动有约束力条款的国际条约，要求缔约双方应尽量避免对跨境电子信息流动施加或维持不必要的障碍。

美国、澳大利亚、新西兰、新加坡等 12 个国家在 2015 年达成的《跨太平洋伙伴关系协定》中，在电子商务章节中，就跨境数据流动做出了区域性有约束力的承诺，并在促进跨境数据流动和确保合理监管及保障安全之间进行了平衡。一方面，要求各缔约方允许出于开展业务而进行的电子信息跨境转移；另一方面，也允许各国有各自的监管要求，以及为达成合法公共政策目标所采取和维持的措施。此外，韩国–欧盟 FTA、欧盟–智利 FTA 以及日本–澳大利亚 FTA 均对金融财务信息的转移做出了专门的规定，对跨境转移金融信息过程中要保护个人权利也做出了规定。其中，欧盟–智利 FTA 还特别提出要按照数据输出国的个人数据保护要求来保护和处理数据。

目前，RCEP、CPTPP 以及 DEPA 等主流多边经贸协定或数字协定均涉及对数据跨境自由流动的要求。RCEP 规定各缔约方对于通过电子方式传输信息可设有各自的监管要求，一缔约方不得阻止涵盖的人为进行商业行为而通过电子方式跨境传输信息。该条款亦允许采用或维持对跨境传输信息的相关限制措施，以实现"合法公共政策目标"，但是相关措施不能构成任意或不合理的歧视，不能对贸易构成变相限制；同时，允许采用维护其基本安全利益所必需的任何措施。CPTPP 与 DEPA 要求每一缔约方应允许通过电子方式跨境传输信息，并明确对于跨境传输所实施的限制措施不能构成任意或不合理的歧视，不能对贸易构成变相限制且不能超过实现合法公共政策目标所必要的限度。

从 RCEP 和 CPTPP、DEPA 数据跨境流动规则的对比可见，RCEP 和 DEPA 都意识到数据跨境流动的重要意义，均承认针对信息跨境传输的监管权，并且关于核心义务和适用范围的规定也较为一致。但是 CPTPP 与 DEPA 明确规定了通过电子方式传输的信息包括个人信息，即一个可识别或已识别自然人的任何信息（包括数据）都是可跨境传输的，RCEP 则没有对电子传输信息是否包含个人信息做出明确界定。

除此以外，为了确保数据能够最大限度地跨境自由流动，CPTPP 与 DEPA 还强调基于合法公共政策目标所实施的措施应控制在目标所需限度之内，防止该条款被滥用或扩大使用；同时，就"合法公共政策目标"而言，DEPA 与 RCEP 不同，并未规定缔约方可以自行决定合法公共政策目标的内容。虽然 DEPA 并未对"合法公共政策目标"做出界定，但是参照 WTO 的一般例外条款来看，主要包括为维护公共道德或公共秩序所必需的措施，以及为保障人类和动植物的生命或健康所必需的措施等。这相较于 RCEP，对数据跨境流动限制的正当性与必要性证明要求更高。

WTO 电子商务谈判作为参与经济体数量最多的多边谈判，各成员在如何处理数据流动与隐私保护和网络安全等问题仍存在广泛分歧。2023 年 10 月，美国公开撤回在 WTO 电子商务谈判中长期坚持的跨境数据自由流动主张，其他成员虽然多数接受"允许数据跨境自由流动/禁止本地化+安全例外"的监管模式，但在"安全例外"的认定范围和使用限制上仍有不同主张。随后，由于各成员在该议题上的分歧难以弥合，敏感问题仍未得到妥善解决，日本代表 WTO 电子商务谈判联合召集人在同年 11 月举行的谈判中宣布决定进一步搁置该议题，并于下一阶段谈判中继续进行讨论。

2. 数据跨境流动治理全球合作

数字治理机制中涉及数据治理的内容主要包括跨境数据流动的原则和标准、数据跨境认证机制合作、政府调取私营部门数据原则等。在G20机制下，自2019年大阪轨道首提"可信数据自由流动"概念，成员国围绕该议题开展了持续探讨和研究，积极寻求数据治理模式与监管政策的共性和互操作性。2023年，印度作为主席国在其核心议题"数字公共基础设施"中纳入"可信数据自由流动和跨境数据流动"，以创新性的技术-法律架构促进数据流动中的"信任"问题。在OECD机制下，通过《关于政府访问私营部门实体持有的个人数据的声明宣言》（The OECD Declaration on Government Access to Personal Data Held by Private Sector Entities），为成员国政基于执法或国家安全目的获取私营实体所持个人数据设定了共同规范框架，确立了适用法律标准、监督和救济措施等七项原则。

在APEC机制下，建立了一套由政府背书的，自愿、可执行和基于责任制的隐私保护认证机制，即跨境隐私规范体系（APEC Cross-Border Privacy Rules System，CBPR）。APEC经济体中的数据控制者可以在满足认证要求后加入该认证体系，以向境外交易相对方证明自身的数据保护水平。已经加入CBPR的国家，将不能以国内法律政策为由，阻止本国数据流动到获得CBPR认证的企业。在跨境数据保护和隐私执法方面，全球CBPR论坛于2023年10月成立"全球隐私执法合作安排"（CAPE），已吸引全球超27个经济体参与，针对跨境数据传输活动获取证据、交换调查信息、协调执法活动以及将投诉案件引渡到其他司法辖区等方面提供相互协助。

3. 我国跨境数据流动规则框架不断完善

近年来，我国先后出台《中华人民共和国网络安全法》（简称《网络安全法》）、《中华人民共和国数据安全法》（简称《数据安全法》）、《中华人民共和国个人信息保护法》（简称《个人信息保护法》）等，保障网络信息依法有序流动，促进数据跨境流动。《数据安全法》规定"国家促进数据跨境安全、自由流动"，体现了中方数据跨境流动的基本理念。《个人信息保护法》规定了"个人信息跨境提供的规则"。我国近年来对外缔结的自贸协定，例如RCEP电子商务章节中纳入了跨境数据自由流动条款，在金融服务规则中，还明确承诺保障金融服务提供者为进行日常运营所需的信息转移，包括通过电子方式进行的数据转移。因此，我国的《网络安全法》《数据安全法》《个人信息保护法》和有关自贸协定承诺共同保障了数据跨境流动。

在保障正常商业活动开展所进行的数据自由流动的同时，我国也在《网络安全法》《数据安全法》《个人信息保护法》及其配套规定中对少数情形下的数据跨境流动采取管理措施。这包括三种情形：一是出于保护个人隐私的个人信息跨境的监管措施；二是重要数据的跨境管理；三是作为重要数据核心的，由关键信息基础设施运营者收集和产生的个人信息和重要数据。

具体而言，包括以下三个方面的内容。

（1）对于跨境数据中的个人信息。《个人信息保护法》对个人信息跨境流动提供了安全评估、标准合同、认证三种合规路径，也允许通过法律法规或网信部门规定的其他条件，或按我国缔结或参加的国际条约、协定相关规定进行提供。其中，涉及安全评估的《数据出境安全评估办法》于2022年9月1日起施行，明确了数据出境安全评估的适用范围、工作流程、评估要求等；《个人信息出境标准合同办法》于2023年2月22日公布，自2023年6月1日起施行，规定了个人信息出境标准合同的适用范围、订立条件和备案要求等，2022年11月4日发布了《关于实施个人信息保护认证的公告》及其配套认证实施规则，规定了对个人信息处理者开展数据跨境活动进行认证的基本原则和要求。

2024年3月22日，国家互联网信息办公室公布《促进和规范数据跨境流动规定》（以下简称"新规"），对数据跨境流动监管制度做出重要调整，包括丰富数据出境安全管理和合规的工具箱，以及增加地方政府在数据出境安全管理体系中的角色权重等，构成了我国数据出境安全管理的制度革新。

针对个人信息跨境传输，"新规"在相关法律法规设定的个人信息出境的三条合规路径（即安全评估路径、标准合同路径、认证路径）基础上，对其适用标准做出了宽松认定。"新规"不再将企业个人信息处理量作为触发合规路径的判断标准，同时对于企业普遍反映流程较长、程序较复杂的数据出境安全评估，将触发该合规路径的数量门槛提高至向境外提供100万人以上个人信息的情况；数量在1万人以上不足100万人的，可采用标准合同或认证路径；预计一年内出境个人信息数量少于1万人的，可以豁免数据出境前置程序。"新规"还进一步明确合规路径豁免情形，在"为订立、履行合同""为实施人力资源管理"以及"紧急情况下"不再需要完成数据出境前置程序。

（2）对于重要数据。《数据出境安全评估办法》第19条规定，重要数据是指一旦遭到篡改、破坏、泄露或者非法获取、非法利用等，可能危害国家安全、经济运行、社会稳定、公共健康和安全等的数据。于2021年11月面向社会公开的《网络数据安全管理条例（征求意见稿）》进一步规定重要数据可能包括七类：政府机密数据和情报数据、出口管制涉及的科技数据、明文要求保护的国家关键经济运行和行业数据、公共行业生产运行数据、人口基因健康和地理等国家安全数据、关键基础设施和国防设施数据、其他国家安全数据。对需要出境的重要数据，《数据出境安全评估办法》要求其出境前开展安全评估。

2024年3月21日，全国网络安全标准化技术委员会（以下简称"网安标委"）发布《数据安全技术 数据分类分级规则》（GB/T 43697—2024）（简称《数据分类分级规则》）。《数据分类分级规则》作为网安标委发布的首份数据安全技术标准，涵盖了数据分类分级、重要数据和国家核心数据识别等重要内容。但是，从具体"重要数据目录"制定工作来看，除作为"监管先行"的汽车行业在《汽车数据安全管理若干规定（试行）》（简称《若干规定》）第三条对汽车领域所涉及的重要数据类型进行了列举；电信、工信等行业已公开或内部形成本行业的重要数据识别规则/指南外，大部分行业尚未公开发布的本行业重要数据目录。

（3）对于由关键信息基础设施运营者收集和产生的个人信息和重要数据。 此类数据涉及重大国家安全和公共利益，《关键信息基础设施安全保护条例》中，明确了关键信息基础设施定义，指公共通信和信息服务、能源、交通、水利、金融、公共服务、电子政务、国防科技工业等重要行业和领域的，以及其他一旦遭到破坏、丧失功能或者数据泄露，可能严重危害国家安全、国计民生、公共利益的重要网络设施、信息系统等。《网络安全法》提出，关键信息基础设施运营者在境内运营中收集和产生的个人信息和重要数据应当在境内存储，因业务需要确需向境外提供的应当进行安全评估。

三、数字产品非歧视待遇

近年来，随着大数据、云计算、人工智能、区块链等新技术和新应用不断普及，全球数字市场竞争格局加速变革，各国有关数字产品的监管和关税政策不断演进，数字产品非歧视待遇成为数字贸易规则谈判中的重点议题之一。

1. 数字产品非歧视待遇规则溯源

"数字产品非歧视待遇"条款最早出现于《美国-新加坡自由贸易协定》（以下简称美新FTA），相关规则不仅包括数字产品非歧视待遇相关内容，还包含对于通过电子方式传输的数字产品免征关税承诺。

在美新FTA订立之时，WTO内部对数字产品的性质问题仍有较大争议，形成了以美欧为主的两大阵营，分别主张将数字产品贸易归类为货物贸易与服务贸易。美国于1999年向电子商务工作组提交的文件WT/GC/16中表示，适用GATT承诺（包括不依赖于特别承诺的市场准入与国民待遇义务）对于促进电子商务发展更加有利。欧盟主张将通过电子传输手段交付的电子产品归类为服务，适用各成员国于GATS框架下的相关承诺。新加坡则选取了较倾向于欧盟的立场，认为数字产品部分属于服务，另一部分应作为知识产权加以保护，但为保障电子商务领域具有公平、开放且透明的市场准入环境，应给予数字产品最惠国待遇与国民待遇。

美新FTA回避了对于数字产品的定性问题，采取了新加坡的策略路径，就数字产品的最惠国待遇与国民待遇进行约定。为进一步明确国民待遇与最惠国待遇的适用方式，该协定首次针对数字产品引入了一系列标准以判断一项数字产品是否享有非歧视待遇资格，即特定数字产品需要与缔约方通过特定标准产生特定联系才可成为规则适用对象。根据标准的不同属性，可分为"创建、生产、出版、存储、传输、签约、委托或首次以商业化条件提供"八项属地标准和"作者、表演者、制作人、开发商或分销商"五项属人标准。

在非歧视义务适用范围方面，虽然条款中并未对数字产品的贸易属性进行判断，但其第五款明确排除了非歧视待遇规则在美国和新加坡于跨境服务贸易章节、投资章节和金融服务章节通过负面清单做出的各类保留中的应用。该条款设置也符合新加坡在提交文件中提出的指导原则——确保不违反且不减损成员国现有服务承诺。另外，其还设置了"非交互视听内容例外"，根据该例外，缔约方在条约生效后对非交互视听内容采取的各类监管与审查措施不受非歧视义务的约束。

2. 多双边自贸协定"数字产品非歧视待遇"义务演进情况

截至2024年6月，在向WTO通报的包含电子商务或数字贸易条款的126份自由贸易协定（FTA）中，共有44份涉及数字产品非歧视待遇规则。此外，近年来，以新加坡为代表的数字贸易规则主导国关注专门性数字经贸协定，包括《数字经济伙伴关系协定》《新加坡-澳大利亚数字经济协定》《新加坡-韩国数字经济协定》《新加坡-欧盟数字经济协定》《美国-日本数字贸易协定》等协定中，除尚未披露文本内容的《新加坡-欧盟数字经济协定》外，其余四份均包含数字产品非歧视待遇规则设置。

上述 FTA/DTA 签署生效时间跨越 20 年之久，此间，由于数字技术的不断更新和各国（地区）数字产业的不断发展，数字产品贸易自由化要求不断提高，各国（地区）面对数字产品非歧视待遇规则时的利益权衡与博弈情况也不断变化。在国际层面，数字产品非歧视待遇规则适用范围呈逐步扩大趋势；适用对象由于技术发展和客观需求变化而不断切实调整，逐步合理化。

具体来看，上述 44 份 FTA 关于数字产品非歧视待遇相关规则演进呈现两方面特点。

（1）呈现较强的时间区隔性。 以 TPP 为时间节点，数字产品非歧视待遇规则于 2015 年 TPP 谈判结束后趋于稳定，基本沿用 TPP 所设置的"数字产品非歧视待遇"规则模板。对比 TPP 及后续包括 CPTPP、美墨加协定、新加坡-澳大利亚 FTA 及 DEA、DEPA、新加坡和韩国数字经济协定等 FTA 的数字产品非歧视待遇规则及最初由美新 FTA 设置的数字产品规则，主要变化包括三方面。

第一，分离电子传输免征关税条款与数字产品非歧视待遇条款。TPP 有意将电子传输免征关税安排从数字产品条款中剥离，其中免征关税的对象不再是"通过电子方式传输的数字产品"，而变更为"电子传输，包括通过电子方式传输的内容"。协定并未明确对通过电子方式传输的内容与数字产品本身概念进行明确区分，协定中对数字产品定义特征包括"能以电子方式进行传输"，由此可推断，TPP 中"数字产品"的范围应当宽于"电子传输内容物"。

第二，修改数字产品属地、属人判断标准。在属地标准中删除了"存储、传输"两个标准，在属人标准中删除了"分销商"标准。在非缔约方领土内生产、制作，仅在缔约方领土内的计算设施进行存储或通过相关设施进行传输的数字产品不再被给予非歧视待遇。TPP 为最早提出保障数据跨境流动、禁止计算设施本地化的 FTA，若对仅在缔约方境内"存储"的数字产品给予非歧视待遇，则变相鼓励在缔约方领土内设置存储设施以享受最惠国待遇与国民待遇，与 TPP 立法精神不符。同时，对于通过电子方式传输的数字产品，由于网络技术特性，支持其传输活动的服务器可能遍布全球且具有一定随机性，仅以传输作为确定数字产品"国籍"的方式不再具有可行性。相应的，由于分销商针对数字产品提供的服与数字产品的传输密切相关，数字产品仅通过分销商国籍而与缔约方产生的联系不再值得被保护。

第三，合并最惠国待遇与国民待遇相关表述。美新 FTA 通过 14.3.3 以及 14.3.4 两个条款，从国民待遇与最惠国待遇的角度对数字产品非歧视待遇进行了描述。对于国民待遇，美新 FTA 要求缔约方不得因某数字产品在其领土外创建、生产、出版、存储、传输、签约、委托或首次以商业化条件提供，或此类数字产品的作者、表演者、制作人、开发商或分销商是另一缔约方或非缔约方的人；同时要求不得通过其他方式对该缔约方境内的数字产品提供保护。对于最惠国待遇，美新 FTA 则分别从属地标准与属人标准两个维度要求缔约方数字产品待遇不得低于非缔约方。TPP 将两项义务合并，表述为不得低于给予其他同类数字产品的待遇。

（2）呈现特定国家主导性。在全部包含数字产品非歧视待遇相关规则的 FTA 中，缔约方包含美国和/或新加坡的 FTA 共计 26 份，占比过半。在剩余的 20 份 FTA 中，哥伦比亚-中美洲北三角 FTA、智利-哥伦比亚 FTA、墨西哥-中美洲 FTA 基本沿用了美新 FTA 数字产品条款设置思路，通过规定给予缔约方数字产品国民待遇与最惠国待遇保障非歧视义务的履行。

值得关注的是，在 TPP 尚未提出沿用至今的数字产品非歧视待遇条款模板前，日本与加拿大两国亦在 FTA 谈判中分别提出了与美新 FTA 不同的数字产品相关条款。2009 年生效的日本－瑞士 FTA 以及 2015 年生效的日本－蒙古 FTA 没有采用美新 FTA 中的"属地标准"和"属人标准"，而是提出"诚实信用"（in good faith）原则来判断数字产品是否为缔约方的数字产品，判断时应当保障程序透明、客观、合理且公正。同时，缔约方还有权要求另一缔约方说明其确定数字产品原产地的依据等内容。

此外，条款还要求缔约方与国际组织和论坛合作，尽快确定数字产品的原产地标准。在加拿大与韩国、巴拿马、哥伦比亚、秘鲁签订的四份 FTA 中，其电子商务章节并未对数字产品设置单独条款，而是于"范围与适用"条款中明确电子商务章节不针对通过电子方式传输的数字产品为缔约方设置额外义务，货物贸易章节、跨境服务贸易章节以及投资章节的承诺应在此适用，非歧视待遇适用于以电子方式进行的贸易。加拿大通过条款安排，首先确认了不增设义务的安排，同时通过确认"技术中立"原则在通过电子方式进行的贸易中的应用，间接承认了数字产品的非歧视待遇。

3. 数字产品范围剖析与我国监管情况

从数字贸易对应环节来看，数字产品主要由数字技术作用于生产与交付环节产生。数字技术作用于生产环节可满足数字产品"经过数字编码"特征。数字技术使产品数字化，货物和服务可经过数字编码，以遗传代码或数字序列的形式记录于物理载体上，也可以通过电子传输实现产品无形化转变。经贸协定中通常列举计算机程序、文本、视频、图像、录音等典型数字产品，数字技术作用于其生产过程的最终产出都可表示为一串代码或数字序列。

在生产后交付环节，数字技术的应用与产品性质直接相关。若生产环节最终产品为无形物，即经过编码的一串代码或数字序列，则使用数字技术为交付环节所必需，门户网站、应用程序（APP）可作为交付手段化工具，为无形数字产品交付提供必要环境。在该情况下，可满足"通过电子方式传输"特征。若生产环节最终产品为光盘、磁带等有形物，其交付并不完全依赖数字技术实现，是否完全属于数字产品范畴，需根据相关协定文本进行辨析。

以游戏光盘与游戏卡带为代表的有物理载体的数字产品，我国仍将其视为货物并参照货物贸易进行进出口管理。根据《进出口税则商品及品目注释》，游戏光盘与游戏卡带应归入税则号列 9504.5091，申报为税号为 8523212000，适用最惠国税率为 0，普通税率为 14%。根据国家新闻出版署进口音像制品和电子出版物成品审批程序，游戏光盘、游戏卡带进口经营单位需提交报国家新闻出版署的请示文件、有进口经营单位审读意见的申报单、申报表、进口协议草案或订单、进口音像制品（成品）、电子出版物内容审查评估意见（附专家意见表）等材料。

无物理载体的数字产品涵盖范围较广，在不考虑相关例外排除的情况下，可能包括网络游戏、电子书、网络视听作品等。以网络游戏产品为例，根据现行法律法规，国产与进口游戏产品均须取得国家新闻出版署核发的网络游戏出版物号后方可上线运营。进口游戏出版申报材料与审批流程同国产游戏并无实质差异，出版单位将有关申报材料提交至所在地省级出版管理部门，省级出版管理部门审核同意后报国家新闻出版署审批。

第三节　数字贸易规则新兴议题

随着新一轮科技革命和产业变革的到来，新兴数字技术开始渗透到全球贸易之中，对全球供应链管理和国际贸易方式产生变革，推动全球贸易转型。以 DEPA 为代表的数字经济专门协定率先创设由数字技术驱动的新兴领域规则，旨在增强数字技术和政策制度的互操作性，促进数字技术在相关领域中的创新、安全部署和使用。

一、人工智能

1. 国际多边机制开展人工智能治理规范布局

随着人工智能技术的飞跃式突破，各国际组织在人工智能国际治理议题上表现出了前所未有的积极兴趣。

（1）联合国关注人工智能安全风险，围绕人工智能在军事、信息内容传播等方面的影响积极开展讨论。2023年7月，联合国秘书长古特雷斯在联合国安全理事会召开的"人工智能与安全问题高级别公开会议"上呼吁成立类似于国际原子能机构的国际人工智能监管机构，3个月后，联合国人工智能高级别顾问委员会成立，旨在为人工智能全球治理提供建议，协调和推动各利益相关方的治理行动。在安全领域，联合国在2023年启动新的国际安全议程，关注前沿人工智能军民两用、危险能力难以预测、技术转移难以监测、私营部门主导等特性，呼吁加快全球合作，计划推动成员国在2026年完成具有法律约束力的国际公约谈判。在信息内容领域，秘书长发布政策简报，呼吁所有利益攸关方立即采取紧急措施，确保以安全、可靠、负责任、符合道德和人权的方式使用人工智能，并解决人工智能技术进步对错误信息、虚假信息和仇恨言论传播的影响，推动各方共同制定数字平台信息完整性行为守则。2024年，两项涉及人工智能的决议被联合国大会一致通过：一项是中国主导的关于为加强人工智能能力建设而开展国际合作的决议；另一项则是美国提出的关于促进安全、可信和包容的人工智能系统的决议。

（2）地区组织不断凝聚共识，发布人工智能产业标准、倡议协议等软性规则。2019年5月，OECD理事会通过了《人工智能建议书》，成为首个关于对可靠人工智能进行负责任管理的政府间标准。2019年6月，二十国集团部长级会议表决通过《G20部长会议关于贸易和数字经济的声明》，该声明在附件部分提出了"G20人工智能原则"，并明确该原则不具有约束力。2023年

10 月，七国集团发布了《广岛进程组织开发先进人工智能系统的国际指导原则》《广岛进程组织开发先进人工智能系统的国际行为准则》，提出了在系统发展全生命周期采取外部测试等防护措施、监测并缓解系统部署后滥用情况、发布透明度报告、开展信息共享、披露相关治理政策等建议。

（3）各国政府专门针对人工智能议题拓展对话渠道，开展国际合作。 2023 年 11 月，首届"人工智能安全峰会"在英国举行，中国、美国、英国、欧盟等 29 个经济体共同签署《布莱切利宣言》，决心深化人工智能安全风险共识、共同合作应对人工智能全球风险。该宣言提出将开展治理政策交流，建立前沿人工智能安全科学研究网络等，同时倡导帮助发展中国家加强人工智能能力建设、强化开发者安全责任。两周后，中美元首在旧金山举行会晤，双方就应对人工智能等全球性挑战进行沟通，提出将建立中美人工智能政府间对话机制，进一步明确中美共同肩负的大国责任。中美共识将有力推动全球人工智能治理进程。2023 年 1 月，美国国务院和欧盟委员会通信网络、内容和技术总局签署《人工智能促进公共利益行政协议》。根据该协议，美欧将联手开发人工智能的社会应用，将有前途的人工智能研究成果运用在气候变化、自然灾害、健康和医学、电网优化、农业等领域。

2. 国际经贸规则强调人工智能治理合作

目前，以国际经贸协定专门条款的形式对人工智能治理进行直接约定的实践较少，直至 2020 年，《澳大利亚-新加坡数字经济协定》（SADEA）才首次针对人工智能设置专门条款，此后 DEPA、《英国-新加坡数字经济协定》（UKSDEA）也设置了专门规则。

SADEA 鼓励缔约方在各自相关政策框架下，通过分享人工智能研究和行业实践，推动负责任的使用和采用人工智能技术以及促进产学研合作等方式进行合作；同时，关注人工智能伦理治理框架实施，提出双方将开发和推广可信、安全和负责任的 AI 技术治理框架，确保这些框架尽可能与国际标准对齐，并在国际上进行共同推广。

首先，DEPA人工智能条款设置与SADEA较为相似，都重申了人工智能在数字经济中日益广泛的作用；其次，都指出实现人工智能益处的伦理治理框架对于可信、安全和负责任地使用人工智能技术的重要性，并强调鉴于数字经济的跨境性质，双方进一步认可确保此类框架尽可能与国际接轨的好处；最后，都强调成员方的人工智能合作与对国际共识的考量。

然而DEPA较SADEA弱化了双方在人工智能研究领域合作导向，强调采用共同的人工智能伦理治理框架。签署于2022年的UKSDEA则对此前协定的文本进行"升级"，明确双方具体合作领域将包括共同应对人工智能带来的挑战、符合伦理地使用人工智能、保障人类社会多样性及无偏见性，以及提高算法透明度等。英新双方将采用基于风险的人工智能监管手段，根据相关行业标准与监管最佳实践共同对负责任地使用人工智能进行监管。

3. 我国治理框架不断完善，形成国际示范效应

随着我国对人工智能技术发展关注持续加强，人工智能治理作为支撑和保障科技创新的关键要素，被纳入顶层政策的设计。

（1）在立法层面。《生成式人工智能服务管理暂行办法》提出，坚持发展和安全并重、促进创新和依法治理相结合的原则，采取有效措施鼓励生成式人工智能创新发展，对生成式人工智能服务实行包容审慎和分类分级监管，旨在促进生成式人工智能健康发展和规范应用。《人工智能法示范法1.0》（专家建议稿）强调要坚持发展与安全并行的中国式治理思路，提出了负面清单管理等治理制度，并对人工智能产业链条各主体责任义务分配等核心问题进行了回应。同时，我国的《数据安全法》《个人信息保护法》《科学技术进步法》《互联网信息服务算法推荐管理规定》，以及《互联网信息服务深度合成管理规定》等法律法规均强调相关技术发展与应用应当符合社会公德与伦理。

同时，中国积极将国际治理理念融入国内法律法规和治理框架，充分参考《G20人工智能原则》《人工智能伦理问题建议书》等文件，将促进人类福祉、以人为本、公平公正等原则融入相关政策文件。2019年，《新一代人工智能治理原则——发展负责任的人工智能》提出了和谐友好、公平公正、包容共享、尊重隐私、安全可控、共担责任、开放协作、敏捷治理等八项治理原则。2021年发布的《新一代人工智能伦理规范》强调了增进人类福祉、促进公平公正、保护隐私安全、确保可信可控、强化责任担当、提升伦理素养6项基本伦理规范，提出人工智能管理、研发、供应、使用四项特定活动的18项具体伦理要求。

(2) 在国际合作方面。中国积极推动人工智能治理领域的国际交流，就各方普遍关切的人工智能发展与治理问题提出了建设性解决思路。2021年，中国在联合国《特定常规武器公约》第六次审议大会上提出《关于规范人工智能军事应用的立场文件》，呼吁各国本着慎重负责的态度在军事领域研发和使用人工智能技术，敦促各国研发、部署和使用相关武器系统应遵循人类共同价值观；2022年，在联合国《特定常规武器公约》缔约国大会上提出《中国关于加强人工智能伦理治理的立场文件》，就人工智能生命周期监管、研发及使用等一系列问题提出坚持伦理先行、加强自我约束、负责任使用人工智能、鼓励国际合作等主张。2023年10月，中国发布《全球人工智能治理倡议》，围绕人工智能发展、安全、治理三方面系统阐述了人工智能治理中国方案，提出坚持以人为本、智能向善，引导人工智能朝着有利于人类文明进步的方向发展等重要主张。2024年7月1日，第78届联合国大会协商一致通过中国主提的加强人工智能能力建设国际合作决议。一周后，世界人工智能大会暨人工智能全球治理高级别会议发表《人工智能全球治理上海宣言》，倡导开放与共享的精神，推动全球人工智能研究资源的交流与合作，倡导建立全球范围内的人工智能治理机制。

实践案例8-4：中国积极参与国际人工智能相关论坛

> 中国已与联合国教科文组织联合举办三届国际人工智能与教育会议，对促进全球人工智能与教育融合创新发展产生积极影响。参与国际电信联盟全权代表大会等重要会议的人工智能议题讨论，利用金砖国家通信部长会议、G20数字经济部长会议等机制不断拓展人工智能合作。举办中非数字能力建设合作论坛、中拉数字技术合作论坛，与巴西科技创新部、通信部签署合作谅解备忘录，将人工智能作为重要合作内容。支持北京、上海、天津等连续举办智源大会、世界人工智能大会、中国国际智能产业博览会等国际性大会，促进国内外人工智能深度交流合作。中国连续三年举办人工智能合作与治理国际论坛，与国际社会交流分享人工智能治理最新实践和研究成果。

二、数字身份

1. 数字身份国际规则演进

2018年全球移动通信系统协会发布《数字身份：推进亚太地区的数字社会发展》报告指出，数字身份是构建数字社会的基石，社会各主体具备通过电子形式证明自己身份的能力应成为社会与经济发展的重要环节。数字身份的概念随着互联网的普及和电子商务的发展逐渐成形并得到广泛应用。1990年代末期，互联网的快速发展推动了数字身份的需求，特别是在电子邮件和在线购物领域。许多初期的在线身份认证系统和数字证书（如SSL证书）在这一时期开始出现。2000年初期，随着社交媒体和Web 2.0的兴起，数字身份的概念进一步扩展。用户在多个平台上使用相同的数字身份进行登录和互动，单点登录（SSO）技术开始普及。微软的身份与访问管理（IAM）专家基姆·卡麦隆（Kim Cameron）在2005年针对数字身份管理和设计提出了"七大身份法则"，强调用户控制、隐私保护、多样性和一致性，动了更安全和用户友好的身份系统的发展。

在近年来已经签署和较为活跃的区域贸易协定中，《区域全面经济伙伴关系协定》《全面与进步太平洋伙伴关系协定》《美墨加协定》《欧盟-加拿大全面经济贸易协定》等几个重要协定备受国际重视。虽然上述协定鲜有约定数字身份合作机制的独立章节，但为顺应数字经济全球化发展趋势，协定在一定程度上纳入了数字贸易规则的相关内容，为后续可能进行的数字身份国际合作奠定了基础。

RCEP在协定第20章第6条谈及电子认证和电子签名中，对电子认证进行了约定，在协定中未明确说明该电子认证是否具有数字身份用途，但依据RCEP协定正文中对电子认证的说明，"电子认证指为建立对一电子声明或请求可靠性的信息而对该声明或请求进行核实或检测的过程"，电子认证或可用于电子商务领域的数字身份认证场景。CPTPP协定第14章电子商务中将电子认证定义为"验证电子通信的一方或交易的一方的身份并保证电子通信完整性的过程或行为"，包含了电子化身份验证的内容；同时，该条款将认证和个人信息保护纳入了电子商务事项的国际合作内容，可作为缔约方开展数字身份合作的基础。USMCA第19章数字贸易中对电子认证的定义与CPTPP相关条款一致。CETA将电子商务纳入协定涵盖了数字贸易相关内容，但并未对身份认证有关事项展开具体说明。

DEPA作为最先提出数字身份相关条款的国际经贸协定，首先强调了该条款的合作属性，不设置强制性义务。DEPA鼓励缔约方在个人或组织数字身份方面进行合作，认为这将增强区域和全球的互联互通。各缔约方虽然在数字身份方面可能有不同的措施和法律方式，但都应努力促进数字身份系统间的互操作性。DEPA第7.1条提出了以下四方面的措施。

（1）建立或维持适当的框架，促进技术互用性或共同标准的实施。

（2）各自法律框架提供的数字身份的同等保护，或对其法律和监管效果的认可。

（3）建立或维护广泛的国际框架。

（4）交流数字身份政策和法规、技术实施和保障标准及用户采纳的最佳做法。

在技术互用性与共同标准合作方面，缔约方需要建立或维持适当的框架，促进技术互用性或共同标准的实施。这意味着各国在制定数字身份技术标准时，需要考虑国际间的兼容性，从而实现不同国家数字身份系统的互认。在法律和监管框架的认可方面，各缔约方的法律框架应提供数字身份的同等保护，或者对其他缔约方的法律和监管效果予以认可。这要求各国在制定数字身份相关法律和监管措施时，需关注国际间的协调与合作，确保不同国家的数字身份制度能够相互认可。在国际框架的建立和维护方面，缔约方应建立或维护广泛的国际框架，以促进数字身份的互用性和合作。这一框架不仅包括技术标准的制定，还涉及法律、监管和政策的协调与合作。此外，DEPA还提出缔约方应在数字身份政策和法规、技术实施和保障标准及用户采纳的最佳做法方面交流知识和专业技术。这种交流有助于各国借鉴他国的经验，提升自身的数字身份管理能力。

在各经济体尝试通过国际经贸规则推动数字身份国际合作的同时，ISO、IEC、ITU等国际标准化组织已对数字身份管理和技术方案开展研究，并发布了相关研究报告和国际标准，为数字身份的国际合作提供了技术性指导。ISO（及IEC）暂未发布数字身份专项国际标准，但就身份认证规则和身份管理框架发布了相关国际标准可供参考，如《信息技术 安全技术 实体身份认证保障框架》（ISO/IEC 29115：2013）、《信息技术 安全技术 身份管理框架》（ISO/IEC 24760）等。ITU基于其研究成果发布了《数字身份的用户控制框架》

（ITU-T X. 1251）、《身份识别系统的安全指南》（ITU-T X. 1253）、《实体身份认证保障框架》（ITU-T X. 1254）、《数字身份基础设施政策框架》（ITU-T D. 1140/X. 1261）等国际标准文件，以及《数字身份路线图指南》、《ICT生态系统中的数字身份：概述》等研究报告，上述标准及报告有针对性地为数字身份基础设施规划了发展框架，为数字身份国际合作规范了指导原则，但并未对数字身份的技术细节进行规定和约束。

2. 我国数字身份发展监管框架已初步形成

近年来，中国积极构建数字身份管理工作，基本形成了由宏观政策和法律规范等共同组成的多层次、多方面的数字身份管理体系。

（1）法律层面。我国出台了一系列法律法规，对数字身份的技术研究、权益保护和有序应用进行规范。在支持数字身份认证技术推行方面，2017年6月起施行的《中华人民共和国网络安全法》规定："国家实施网络可信身份战略，支持研究开发安全、方便的电子身份认证技术，推动不同电子身份认证之间的互认"。2021年11月起施行的《中华人民共和国个人信息保护法》则在此基础上进一步明确由国家网信部门统筹协调有关部门："支持研究开发和推广应用安全、方便的电子身份认证技术，推进网络身份认证公共服务建设"。

（2）在完善数字身份权益保护方面。《个人信息保护法》和2021年起施行的《中华人民共和国民法典》，保障以电子或者其他方式记录的与已识别或者可识别的自然人有关的各种信息，对于保障数字身份具有重要意义。2021年9月起施行的《中华人民共和国数据安全法》对个人信息等数据的处理活动进行了规范。《中华人民共和国刑法》专门设置了侵犯公民个人信息罪。

（3）在规范数字身份有序应用方面。2019年修正的《中华人民共和国电子签名法》明确了数字身份管理中的责任主体及具体操作规范，确立了电子签名人身份认证的法律地位。工信部《电子认证服务管理办法》则对电子认证服务提供者进行了详细的管理规定。2020年开始施行的《中华人民共和国密码法》及2023年7月起施行的《商用密码管理条例》，明确了政务活动中电子认证服务的要求。2022年12月起施行的《中华人民共和国反电信网络诈骗法》规定，国家推进网络身份认证公共服务建设，对存在涉诈异常的账号，相关机构可以通过国家网络身份认证公共服务对用户身份重新进行核验。

（4）国家政策层面。 数字身份管理已被逐步纳入我国电子政务与数字法治政府体系之中，推动高质量数字中国建设。2021年3月11日，十三届全国人大四次会议表决通过的《中华人民共和国国民经济和社会发展第十四个五年规划和2035年远景目标纲要》明确指出，加快建设数字经济、数字社会、数字政府。2021年8月，中共中央、国务院印发《法治政府建设实施纲要（2021—2025年）》，指出要加快推进身份认证、电子印章、电子证照等统一认定使用，优化政务服务流程。2021年12月，国务院印发《"十四五"数字经济发展规划》，提出加快数字身份统一认证和电子证照、电子签章、电子公文等互信互认。2022年1月，国务院办公厅发布《国务院办公厅关于加快推进电子证照扩大应用领域和全国互通互认的意见》，提出到2025年，电子证照应用制度规则更加健全，应用领域更加广泛。2022年2月，国务院发布《国务院关于加快推进政务服务标准化规范化便利化的指导意见》，再次强调要推进电子证照在政务服务领域应用和全国互通互认。2022年6月，《国务院关于加强数字政府建设的指导意见》明确指出，要完善身份认证体系、健全电子印章服务体系、完善电子证照共享服务。

3. 数字身份应用实现落地

（1）在产业应用方面。 依托国家顶层设计规划，数字身份在我国电子政务领域应用较为成熟，目前已基本建成依托自然人身份信息、法人单位信息等国家认证资源的全国统一身份认证系统，解决了企业和群众办事在不同地区和部门平台重复注册验证等问题，基于个人数字身份和企业数字身份的全国统一身份认证服务实现了电子政务"一次认证、全网通办"。在医疗卫生领域，我国已针对医疗卫生人员和医疗卫生机构，开展基于实名认证的、具有全国统一标识的可信医学数字身份建设。在金融领域，统一的数字身份被视为新型数字金融基础设施，开展数字身份标准制定工作，以及面向跨境交易的法人识别编码工作。此外，在技术创新方面，我国多地正积极探索融合区块链安全服务能力构建"区块链+数字身份"体系，拓展数字身份在社会治理、政务监管、商品溯源、身份证明、共享经济、积分通兑等领域的应用，将互联、互通、互信的数字身份和电子证照应用于各类民生服务场景。

（2）在技术标准方面。我国已开始了数字身份领域的标准化探索并取得了阶段性成果，在国家标准和行业标准方面均有系列标准输出。在国家标准方面，我国形成了服务于公民数字身份的《信息安全技术 公民网络电子身份标识格式规范》（GB/T 36632—2018）和《信息安全技术 公民网络电子身份标识安全技术要求》（GB/T 36629—2018）系列标准，对公民网络电子身份标识的格式、读写机具安全技术要求、载体安全技术要求、验证服务消息及其处理规则进行了规范。在行业标准方面，我国形成了"网络电子身份标识eID"系列标准，其中《网络电子身份标识 eID 术语和定义》（YD/T 3203—2016）是系列标准之一，并对系列标准中"用户"的概念进行了定义："需要得到实名认证的实体，包含个人实体和非个人实体（如组织机构、硬件设备、网络、软件和服务等）"，系列标准涵盖了个人数字身份的内容，可为我国个人数字身份发展提供技术参考。

此外，在电子政务服务方面，为落实国务院关于统一身份认证平台的建设要求，国务院办公厅会同各相关部委制定了政务服务平台电子证照系列标准，涵盖工程质检、工程建设、医师执业等多个领域，为丰富数字身份维度、实现数字身份跨地区跨部门共享提供了有力支撑。

实践案例 8-5：中国移动可信数字身份能力体系[一]

中国移动以号码和超级 SIM 作为可信数字身份的认证基础，逐步增加安全芯片、数字证书、国家算法等能力，完善认证/核验平台、卡端接入平台以及业务合作平台，集成面向个人、企业、政府的多场景应用，逐步搭建并完善可信数字身份体系。例如，在文旅场景中，打造线上预约、线下核验全流程通行方案，通过数字身份信息代填，不仅降低了游客在预约过程中个人信息手工填写的泄露风险，还解决了入园时游客因忘记携带身份证件带来的不便。经调查显示，方案实施后，游客平均满意度从 90% 提升至 95%。

三、金融科技

1. 金融科技规则演进

近年来，金融科技（FinTech）的概念在全球迅速兴起，成为金融经济体系的重要组成部分以及金融高质量发展的新动力，广受各国监管机构和国际组织的关注。FinTech 是英文 Financial Technology 的缩写，通常指的是由技术进步驱动的金融创新。金融科技一词最先作为一个金融技术合作项目的名称，在 20 世纪 90 年代由花旗集团提出。如今，金融科技的法律含义已由金融稳定理事会（FSB）进行权威定义。金融稳定理事会在 2016 年 3 月发布的《金融科技的全景描述与分析框架报告》中定义，金融科技是"技术驱动的金融服务创新，能够形成新的商业模式、应用、流程或产品，并对金融服务的提供产生重大影响"。这一定义随后由巴塞尔银行监管委员会在其 2018 年 2 月发布的《稳健做法：金融科技发展对银行及银行监管者的影响》报告中采纳。

[一]《构建可信数字身份体系筑牢数字文明基石白皮书》，中移智库。

2019年9月6日，中国人民银行发布的《金融科技（FinTech）发展规划（2019—2021年）》也采用了金融稳定理事会的定义，强调金融科技是技术驱动的金融创新，旨在利用现代科技成果改造或创新金融产品、经营模式、业务流程等，推动金融发展提质增效。由此可见，金融稳定理事会对金融科技的定义已获得全球普遍认可。

在金融科技专门条款出现前，各国际经贸协定主要通过服务与投资、资本流动、知识产权、电子商务等条款的丰富和拓展对缔约方金融科技的发展起到直接的促进效应。在服务与投资条款中，主要法律原则包括最惠国待遇原则、透明度原则、市场准入原则和国民待遇原则，旨在解决金融服务市场的开放问题。资本流动条款可通过设定有效的汇率协调机制和货币互换合作机制提升整体金融科技基础设施的高效率和便捷度。知识产权条款的签订，能有效克服地域冲突带来的交易成本，降低不同国家产权合作的困难和复杂性，加强各方在知识产权领域的权限保护，提升金融科技发展水平。各经贸协定中的电子商务/数字经济章节可为金融科技企业提供安全、高效和合规的技术基础，促进金融科技创新和全球业务扩展。

例如，通过已发展较为成熟的电子签名与电子认证条款，确保参与各方的身份验证，提高了交易的安全性和可靠性，使金融科技公司能够快速、准确地验证用户身份，简化开户和贷款申请等流程，提升客户体验；同时，亦可使金融科技公司能够更好地防范身份欺诈和未经授权的访问，增强用户对在线金融服务的信任。

DEPA第8.1条以专门条款的形式明确了缔约方应促进金融科技行业的合作，并认识到企业参与的重要性。这一规定旨在通过政策支持和合作机制，推动各国金融科技企业之间的合作与交流。为了实现金融科技行业的合作，DEPA第8.1条提出了以下三方面的措施。

（1）促进金融科技领域中企业之间的合作。

（2）促进商业或金融领域金融科技解决方案的开发。

（3）鼓励在符合各自法律法规的情况下，在金融科技领域开展创业或创业人才合作。

除以 DEPA 为代表的国际经贸协定外，金融领域相关行业组织则关注到了金融科技在给人类社会带来机遇的同时，也带来严峻的安全和治理挑战。金融稳定理事会（FSB）、国际清算银行（BIS）、巴塞尔银行监管委员会（BCBS）、支付和市场基础设施委员会（CPMI）、国际证监会组织（IOSCO）及国际保险监督官协会（IAIS）均在审查、评估金融科技发展给各自监管领域的影响，列出了监管的优先事项和考虑因素。其中，FSB 在其发布的《金融科技对金融稳定的影响》中，还进一步确认了三个国际合作优先领域，包括：管理来自第三方服务供商的运营风险，减轻网络风险，监测随着金融科技活动的增加可能出现的宏观金融风险。

2. 金融科技发展与监管的国际实践

为了适应和促进金融科技的发展，2017 年 1 月 13 日，美国国家经济委员会（NEC）发布了《金融科技政策与监管框架白皮书》（Framework for Fintech），阐述了金融科技发展六大政策目标和十项基本原则，为美国金融科技发展提供指导。六大政策目标包括：促进金融服务的积极创新，确保资本融资渠道的安全、公平和可负担性，增强金融普惠性和稳健性，应对金融稳定风险，完善金融监管框架，以及保持国家竞争力。十项基本原则涵盖：完善金融生态系统，保护金融消费者权益，推动安全的金融普惠，识别和规避技术偏见，提高金融产品和服务的透明度，实现技术标准的互操作性和协调性，重视网络安全、数据安全和隐私保护，提高金融机构效率，维护金融稳定，加强国际合作。

2018 年 6 月，美国财政部建议在联邦和州层面探索监管沙盒的使用，并引入金融科技特别许可。同年 8 月，美国首个金融科技监管沙盒项目在亚利桑那州启动，并开始正式接受申请。随后，犹他州商务部门宣布推出金融科技监管沙盒，为金融创新产品和服务提供灵活的监管试验空间。

新加坡作为亚洲金融科技最发达的地区之一，在金融科技相关监管机制设计上相对完善，并积极支持金融创新。新加坡金融管理局（MAS）是新加坡金融科技的主要监管部门，致力于平衡金融科技创新与风险。2016年，MAS出台了《金融科技监管沙盒指引》，为金融科技企业搭建生态系统，促进金融创新产品的发展，帮助金融机构实现数字化转型。在沙盒中注册的金融科技公司，新加坡允许其在事先报备的情况下，从事与新加坡现行监管措施有所冲突的业务，并且即使以后被官方终止相关业务，也不会追究相关法律责任。

为进一步升级金融科技沙盒实施框架，2019年8月，MAS推出了"金融科技快捷沙盒监管机制"（Sandbox Express），为创企测试创新金融产品和服务提供更快捷的选择。根据相关规定，目前快捷沙盒计划仅面向市场风险较低、业务模式较为简洁的金融科技活动，包括保险经纪服务机构、公认的市场运营商以及汇款业务机构。获准机构需要遵守预设的监管豁免条件、信息披露要求，并定期向MAS进行进度报告。

3. 中国金融科技布局完善

我国目前已出台30余项金融科技规则规范，引导云计算、大数据、区块链、人工智能等数字技术在金融领域规范应用。以中国证监会为例，中国证监会高度重视资本市场数字化转型与发展，加强顶层设计与统筹规划，推动资本市场数字化转型迈出坚实步伐。

（1）建立健全科技监管体制机制。中国证监会印发了《证券期货业科技发展"十四五"规划》《证券期货业网络和信息安全管理办法》等规范性文件，持续优化科技监管工作的组织领导，科技监管工作合力初步形成。

（2）积极推进金融科技创新试点。在推动金融科技创新应用方面，我国建立资本市场金融科技创新试点工作机制，在北京、上海、深圳、广州、南京、浙江、济南、成都八个城市或省份鼓励证券期货市场机构、区域性股权市场、银行以及科技企业等开展创新试点，探索大数据、云计算、区块链、人工智能等新一代信息技术在资本市场的应用，推动资本市场金融科技稳健发展，释放金融科技创新动能。

（3）系统推进行业数字化转型。我国强化关键信息基础设施建设，稳步推进证券交易、登记、结算等系统升级换代；完善行业科研管理机制，研究资本市场信息技术风险应对机制，开展国家重大科研项目研究工作；开展网络安全检查、网络安全应急演练，防范化解信息系统风险隐患；加强资本市场标准化工作；开展证券期货行业的信息技术系统服务机构备案管理工作，建立分类分级管理机制，明确提供信息技术服务相关要求。

（4）持续加强监管科技能力建设。中国证监会编制印发《证监会智慧监管IT战略规划》，充分借鉴国内外相关监管经验，基于数字技术建成智慧监管平台、证联网、监管大数据仓库、重点监管系统，并运用于发行监管、上市公司监管、机构监管、市场监测等领域，全面强化机构监管、行为监管、功能监管、穿透式监管、持续监管，切实提高金融监管有效性。

1）在产业发展方面。我国金融科技产业生态体系主要由监管机构、金融机构、科技企业、行业组织和研究机构组成。其中，监管机构主要是依据国家相关政策法规，对提供金融科技服务的企业进行合规监管。金融机构主要是运用云计算、大数据、人工智能和区块链等新一代信息通信技术，提供新金融服务。科技企业主要是为监管机构和金融机构在客服、风控、营销、投顾和征信等领域提供新技术服务。行业协会和研究机构主要是进行金融科技产业研究，推动行业交流和标准制定，促进金融科技应用成果的经验分享和互动交流。

2）从金融科技相关参与企业的原生背景来看。一般有五类典型的企业：

互联网背景、金融 IT 背景、传统金融背景、其他传统行业背景和初创背景。互联网背景的金融科技企业具有技术、数据、平台和人才优势，正在迅速成长为国内金融科技的核心力量之一，例如蚂蚁集团、京东科技等均是典型企业。金融 IT 背景的金融科技企业拥有深厚的金融行业科技服务经验，正在积极进行战略转型，开展金融科技服务，典型企业包括金蝶、用友等。传统金融背景的金融科技企业主要是利用新兴科技革新金融服务模式，提供新金融服务，推动自身发展转型，比较典型的企业包括银行、保险、证券机构设立的金融科技子公司等。其他传统行业背景的金融科技企业，则是利用自有渠道和用户规模优势，提供跨界金融科技服务，典型的企业如顺丰。初创背景的金融科技企业是指以金融科技为核心业务的初创型企业，企业在创立初期就以金融科技领域的技术和商业模式创新为核心竞争力。

3）在金融科技应用场景方面。 无论是从银行、证券、保险等不同细分领域来看，还是就支付、风控、客服等不同业务环节而言，金融科技对于中国金融业务的变革影响都在不断加深。从近年来的市场动向来看，数字人民币是最为热点的应用领域，相关试点不断扩展。同时，移动支付也在进一步向智能化方向升级，跨境支付成为典型场景。监管提出更加高质量合规的风控要求，推动智能化风控能力的加速升级。此外，保险科技、财富管理等都仍然保持着较高的发展热度，也是金融科技应用创新的重要领域。以数字人民币为例，目前数字人民币试点范围已扩展至 17 个省市的 26 个试点地区，多项创新技术在数字人民币试点中扩大应用范围，包括：无电无网支付技术的首次引入，验证了数字人民币离线交易功能，解决信号不稳定、极端天气等场景支付问题；数字人民币 APP 结合最新的 5G 超级 SIM 卡技术上线 SIM 卡硬钱包功能，借助手机这一渗透率最广的智能终端进一步提升数字人民币支付的便利性和安全性。

第九章

数字贸易标准的内涵框架及发展趋势

数字贸易标准是增强数字交易互操作性、促进数字化供应链系统集成、保障数字贸易安全有序的规范基石，是提升数字产业国际竞争力、推进数字贸易国际合作的重要环节。伴随数字技术融入传统贸易的各个环节，数字贸易标准为企业和消费者设定了一致基准，能够促进交易并确保产品可靠，加强消费者信心并简化选择，对全球数字贸易蓬勃发展发挥着关键性支撑、促进和协调作用。

第一节　数字贸易标准的内涵及框架体系

当前国内外对数字贸易标准的概念尚未做出专门界定。由于数字贸易标准体量庞大且纷繁复杂，因此相较数字贸易标准本身，界定数字贸易标准化和体系框架更有助于学界和企业界参考运用。

一、数字贸易标准的概念内涵

根据国际标准化组织（ISO）及有关机构研究成果，标准指产品特性、技术规范或使用指南，可使特定产品与其他产品兼容（如电源插座和插头配置），或者适用于整个组织或工业部门（如 IT 安全标准）。根据《中国数字贸易发展报告》《数字贸易发展和合作报告》等研究成果，数字贸易是指以数据资源为关键生产要素、数字服务为核心、数字订购与交付为主要特征的对外贸易，其显著特征是贸易方式数字化和贸易对象数字化。

当前，国内外数字贸易标准制定几乎已覆盖到数字贸易发展的各个领域。有关专家学者指出，数字贸易标准体系指"贸易方式数字化"和"贸易对象数字化"所涉及内容的科学、技术和经验的综合成果所形成的标准所组成的科学有机整体。本书经综合研究数字贸易、标准的概念特征和国内外数字领域标准化工作实践认为，数字贸易标准是数字贸易各环节和贸易对象等标准化而形成的系列规范。数字贸易标准有五大核心功能和特征：一是促进数字贸易便利化，是贸易方式数字化的集中体现，包括数字合同、智慧物流、数字海关、线上支付等不同数字贸易环节和数字订购产品的标准化。二是确保数字服务可靠性，是贸易对象数字化的重要内容，包括ICT服务、ICT赋能的其他服务的标准化。三是增强数字技术互操作性，推动人工智能、区块链等新兴技术标准的统一协调。四是完善数据要素治理，围绕数据资源的跨境传输、数据安全等方面完善标准制定和推广实施。五是优化数字营商环境，包括增加企业和消费者信任，提高数字贸易的参与度。

二、数字贸易标准与数字贸易规则的关系

1. 数字贸易标准是数字贸易规则的重要支撑和补充

一方面，在数字贸易便利化、消费者保护、无纸贸易、网络安全等各方面，丰富多元的国际标准为数字贸易规则在各国之间有效实施提供具有互操作性、协调性、便利化的具体指南。例如，DEPA要求与电子发票相关的措施以国际标准、指导方针或建议为基础，提升数字贸易的互操作性。另一方面，对于跨境数据流动、计算设施本地化、源代码、数字产品非歧视待遇等各国分歧较大的议题，在数字贸易规则谈判进展缓慢的情况下，各国可以通过制定国际通行的标准、开展标准互认来建立数字跨境合作，促进政府监管、企业运营等层面的标准对接和统一，为在规则谈判中达成国际共识奠定坚实基础。

2. 数字贸易标准和数字贸易规则在定义、目的、制定主体等方面存在区别

在定义方面，数字贸易规则通常指的是由国家或国际组织制定的、用以管理跨境数字交易的国际法律法规或惯例，涉及数字贸易便利化、数据跨境流动、隐私保护等多个方面。数字贸易标准是指技术规范或行业共识，其确保数字产品和服务的质量、安全性和互操作性。在目的方面，数字贸易规则

的主要目的是为数字贸易活动提供国际法治框架,促进数字贸易自由化,防止歧视或不正当竞争,维护数字安全等。数字贸易标准的目的主要在于确保技术兼容性和产品质量,减少市场混乱,提升用户体验,从而推动数字技术的发展和应用。在制定主体方面,数字贸易规则通常由政府间国际组织(如世界贸易组织或区域性贸易协定)成员国共同制定。数字贸易标准多由标准化组织如国际电工委员会、国际标准化组织或行业协会等制定。

三、数字贸易标准框架体系

根据之江实验室的有关报告,数字贸易标准体系分为基础通用、基础要素、贸易业务、监管与服务、贸易安全五大类标准。在相关研究基础上,本书全面梳理了国际层面和国内层面数字贸易领域制定的主要标准。目前,数字贸易的国际标准主要聚焦数字身份、电子发票、无纸贸易、网络安全、消费者保护、人工智能等领域,我国数字贸易标准化主要围绕跨境电子商务流程和产品质量等内容展开。

党的二十届三中全会指出,主动对接国际高标准经贸规则,在电子商务等领域实现规则、规制、管理、标准相通相容,打造透明稳定可预期的制度环境。数字贸易标准是数字贸易规则的重要支撑和补充,并且国际数字贸易协定高度重视纳入有关国际标准实践,与数字贸易规则议题相对照提出标准体系,对我国在数字贸易标准领域对接国际高水平规则、完善国内标准化工作具有重要意义。鉴于此,本书从国内外数字贸易标准化现状出发,结合数字贸易和标准的概念内涵,提出与数字贸易规则议题相对应的数字贸易标准框架体系,覆盖六大领域(见图9-1)。

1. 数字贸易便利化

这是目前国内外标准制定的最主要领域。旨在促进销售、支付、通关等贸易流程的数字化,在电子通信和纸质文件之间提供功能同等的标准框架,加强全球贸易生态系统对接。包括数字身份、电子发票、无纸贸易、海关程序、电子支付、数字订购产品等方面的标准。其中，数字身份相关标准主要包含电子签名、数字身份验证等环节。

数字贸易					
技术驱动要素		数字贸易特征		数字环境	
数字技术	数据要素	贸易方式数字化	贸易对象数字化	数字营商环境	
驱动传统贸易形态发生变革的根本力量	核心生产要素和驱动力量	数字合同 智慧物流 数字海关 线上支付 数字订购 ……	ICT服务 ICT赋能的 其他服务	增加企业和消费者信任 提高数字贸易参与度	

数字贸易标准框架体系					
新兴技术	数据治理	数字贸易便利化	数字服务	企业信任	消费者信任
人工智能 / 物联网 / 区块链	跨境数据流动 / 数据安全 / ……	数字身份 / 电子发票 / 无纸贸易 / 海关程序 / 电子支付 / 数字订购产品	电信服务 / 金融服务	使用密码的ICT产品 / 网络安全	电子商务平台 / 消费者保护 / 个人隐私 / 接入互联网

图 9-1　数字贸易标准框架体系

2. 数字服务

目前主要聚焦电信服务、金融服务等数字交付的服务。出台这类标准的主要目的是通过制定相关技术标准，确保服务的可靠性，简化消费者的购买选择。

3. 新兴技术

包括人工智能、物联网、区块链等不同技术领域的标准。出台这类标准旨在促进各国负责任地使用新兴技术，建立国际统一框架或增强国际互认合作，以促进技术使用。

4. 数据治理

包括跨境数据流动、数据安全等数据要素全流程相关的标准。目前，国内外标准实践相对较少，出台这类标准主要目的是以开放数据的共同标准来打破"数据孤岛",促进全球数据连接。

5. 企业信任

包括使用密码的 ICT 产品、网络安全、电子商务平台等相关标准。出台这类标准主要目的是通过数字标准增加企业特别是中小微企业对数字贸易的参与度,以安全稳定的网络环境保护企业商业利益。

6. 消费者信任

包括消费者保护、个人隐私、接入互联网等方面的标准。出台这类标准旨在保护消费者隐私和普遍接入互联网的权利,促进数字贸易普惠包容。

第二节 国际数字贸易标准化最新进展

数字贸易的国际标准是由学科专家协商一致制定并经权威国际标准机构批准的自愿性文件,其目的是确保产品、服务和系统的安全性、一致性和可靠性。目前,数字贸易国际标准体系几乎已覆盖到数字贸易的全流程,呈现出以下三方面特点。

制定主体方面。ISO、IEC、ITU 等多个国际标准化组织持续制定数字贸易领域的国际标准,完善数字贸易国际标准体系。

覆盖领域方面。数字贸易便利化、消费者信任、网络安全、新兴技术等方面的标准数量逐渐增多、进展较快,而数据跨境流动等数据治理领域的标准进展相对缓慢。

推广实施方面。当前全球数字贸易的定义边界不清、数据统计口径不一,同时各国政府越来越多地采用不同的国家标准,破坏了跨境技术生态系统。多边和双边、区域层面重视推动国际标准互认合作,促进数字贸易互联互通。

一、国际标准制定机构持续完善数字贸易国际标准体系

当前,多个国际组织、国际行业协会等积极开展数字贸易标准化制定、

推广实施与研究工作，推动数字贸易国际标准化体系日趋完备与成熟。国际标准化组织（ISO）作为全球权威性标准化机构，主要通过电子商务交易保障技术委员会（ISO/TC 321）[一]、行政、商业和行业中的过程、数据元和文档标准化技术委员会（ISO/TC 154）、金融服务技术委员会（ISO/TC 68）等开展数字贸易标准化研究及制定工作。

其中，ISO/TC 321 聚焦电子商务交易保障以及与电子商务相关的过程领域标准工作，是中国电商领域设立的第一个国际性标准化技术委员会；ISO/TC 68 的作用是在价值链中的所有参与方都使用标准化的数据交换，以在私人和公共领域的过程管理中降低成本并促进贸易便利化；ISO/TC 154 的国际标准涵盖国际贸易、电子商务等所有应用领域的数据交换。

国际电工委员会（IEC）主要制定电气和电子元件及设备领域的国际标准，避免电气及电子产品贸易相关标准构成技术性壁垒。同时与 ISO 合作设立多个联合委员会，聚焦信息服务、网络安全、人工智能等领域的国际标准制定。国际电信联盟（ITU）作为电信领域最权威的标准制定机构，专注于技术问题（如频率分配和标准化）的国际标准制定，确保信息通信技术的互操作性，并且与 ISO 成立联合技术委员会，制定数据链路、网络和传输协议等电信技术标准。联合国贸易便利化与电子业务中心（UN/CEFACT）是联合国欧洲经济委员会的附属政府间机构，主要制定电子商务便利化领域的国际标准，包括电子发票、电子数据交换、供应链参考数据模型等诸多数字贸易环节。电气和电子工程师学会（IEEE）主要制定计算机工程、通信等领域的国际标准，重点布局区块链技术、网络安全、电信、数字健康等方面，围绕区块链技术已制定发布 32 项国际标准。此外，行业内企业间也形成了非政府国际组织，例如线上快速身份验证联盟（FIDO）、RosettaNet（B2B 协议标准）等，并参与数字贸易标准和规则的制订。

[一] TC：Technical Committee，技术委员会。

二、数字贸易国际标准体系覆盖 15 个关键贸易领域

由于现行数字贸易的国际标准数量庞大且呈碎片化分布，本书无法穷尽列举所有国际标准。与前文数字贸易标准的框架体系相对应，本书主要收集了数字贸易便利化、企业信任、消费者信任、数字服务、新兴技术、数据治理六个方面覆盖 15 个关键贸易领域的国际标准（见表 9-1）。

表 9-1　数字贸易国际标准

数字贸易领域		国际标准制定机构	标 准 内 容
数字贸易便利化	数字身份	ISO/TC 154	ISO 14533，电子签名
		ISO、IEC	ISO/IEC 24760-1：2019 信息技术安全与隐私—身份管理框架；ISO/IEC 24745：2011 信息技术—安全技术—生物识别信息保护
		FIDO	FIDO 通用身份验证框架
	电子发票	UN/CEFACT	跨行业发票（CII），可用于创建在全球贸易伙伴之间交换的消息语法根据
		ISO	ISO 20022，涵盖了发票消息本身以及与其他财务消息之间集成的所有当前财务识别需求
		PEPPOL	EN 16931，欧洲电子发票标准
	无纸贸易	UN/EDIFACT	联合国行政、商业和运输电子数据交换规则
	海关程序	WCO	跨境电子商务标准框架、安全保障和促进全球贸易标准框架（SAFE）
	电子支付	ISO	ISO 20022，广泛认可的支付技术标准
		ISO、IEC	ISO/IEC 7816，带触点的电子识别卡（如智能卡） ISO/IEC 14443，非接触式集成电路卡

第九章 数字贸易标准的内涵框架及发展趋势

（续）

数字贸易领域		国际标准制定机构	标 准 内 容
企业信任	使用密码的ICT产品	ISO/IEC JTC 1/SC 27	ISO/IEC 18033，涵盖了用于数据保密的加密系统
	网络安全	ISO、IEC	ISO/IEC 27000、ISO/IEC 27001、ISO/IEC 27002
		IEC	IEC 62443，针对自动化和控制系统中操作技术网络安全的一系列国际标准
		IEEE	IEEE 1686-2013、IEEE 1686-2007
消费者信任	消费者保护	ISO/PC 317	ISO 31700，为消费品和服务涉及的隐私
	个人隐私保护	ISO、IEC	ISO/IEC 27701，安全技术
		伊比利亚-美洲数据保护网络	伊比利亚-美洲国家数据保护标准
	接入互联网	IEEE-SA	IEEE 802.11
		互联网工程任务组（IETF）	RFC 4084
		万维网联盟（W3C）	W3C 网络标准
数字服务	数字服务	ITU	ITU-T 建议书
		ISO/IEC JTC 1/SC 6	ISO/IEC 14908
		美国通信工业协会（TIA）	TR—8—移动和个人专用无线电标准、TR—34—卫星设备与系统、TR—41—通信产品的性能和易用性等
		欧洲电信标准化协会（ETSI）	ETSI OEU 008、ETSI 103 199、ETSI 203 199
新兴技术	人工智能	ISO/IEC JTC1/SC42	IOS/IEC 20546-2019、IOS/IEC TR 20547-2
		IEEE	IEEE（AIS）P7000 系列
		ITU	ITU-TY.3172
	物联网	ISO、IEC	ISO/IEC 30141
	区块链	ISO	ISO/TR 23455：2019，区块链与分布式分类记账技术系统中智能契约的概述与交互
		IEEE	2418.10-2022-IEEE，基于区块链的数字资产管理

（续）

数字贸易领域		国际标准制定机构	标准内容
数据治理	跨境数据流动	伊比利亚-美洲个人信息保护网络	伊比利亚-美洲国家数据保护标准
		ISO、IEC	ISO/IEC CD 15944-19（草案），信息技术—企业经营观第19部分：跨境数据流指南：商业交易（包括个人信息）的要求

1. 数字贸易便利化领域的国际标准

（1）数字身份。在电子签名方面，国际标准化组织（ISO）的"行政、商业和行业中的过程、数据元和文档标准化技术委员会"（ISO/TC 154）建立了技术标准 ISO 14533，以帮助企业和政府确保电子签名的长期真实性和互操作性。该标准由三部分组成，分别为 CMS 高级电子签名（CAdES）、XML 高级电子签名（XAdES）以及 PDF 高级电子签名（PAdES）的长期签名配置文件。遵循该标准要求将确保电子签名在通过不同的信息科技系统传输和处理经其认证的文件时具备互操作性。在数字身份验证方面，ISO 与 IEC 合作发布国际标准信息技术安全与隐私—身份管理框架（ISO/IEC 24760-1：2019）、信息技术—安全技术—生物识别信息保护（ISO/IEC 24745：2011）。线上快速身份验证联盟（FIDO）制定了通用身份验证框架。

（2）电子发票。联合国贸易便利化和电子商务中心（UN/CEFACT）开发了最大数据集跨行业发票（Cross-Industry Invoice，CII），涵盖跨行业共同需求和针对多个部门及产品的子集。该标准是电子发票的技术规范，创建了包含所有潜在信息的标准模型，使各方可以更容易地识别电子发票的任何版本。欧盟已采用该标准，要求所有接收电子发票的公共机构必须接受 CII 作为提交电子发票的官方标准之一。在 CII 数据模型的基础上，ISO 开发了 ISO 20022 财务发票标准，涵盖了发票本身信息以及与其他财务信息（如发起付款、直接借记、卡支付、发票融资）之间集成的所有财务识别需求。

（3）无纸贸易。在电子通信和纸质文件之间提供功能同等的标准框架将大幅促进数字贸易。采用无纸贸易标准的主体一方面是公司和中小微为企业，其目的是降低成本，获得更好的融资条件，改善现金流，提高经营效率；另一方面是各国的海关当局，其目的是实现自动化风险管理、更好的财政评估和更快的货物清关。联合国贸易便利化和电子商务中心（UN/CEFACT）制定了"行政、商业和运输电子数据交换规划（UN/EDIFACT）"，用于在独立的计算机信息系统之间进行结构化数据的电子交换。该标准是自 20 世纪 90 年代至今数据交换中最广泛使用的单一标准，免费提供并定期更新。此外，UN/CEFACT 还提供了标准化的 XML，这种语法在结构、长度和格式方面提供了更高的灵活性。

（4）海关程序。世界海关组织（WCO）与利益相关方合作，开发了《跨境电子商务标准框架》（Cross-Border E-commerce Framework of Standards），从便利化角度为有效管理跨境电子商务提供了全球基础标准，以协助海关和其他相关政府机构制定电子商务战略和运营框架。世界海关组织还制定了《全球贸易安全与便利标准框架》（SAFE Framework of Standards to Secure and Facilitate Global Trade），旨在全球层面建立供应链安全和便利化标准，促进数字贸易的确定性和可预测性，以及加强海关当局与政府机构、商界之间的合作。该标准每三年更新一次，以反映新机遇、挑战和应对方案。万国邮政联盟制定国际邮件交换有关的技术标准和电子数据交换（EDI）消息传递规范，以促进邮政运营商之间的业务信息交换。其成员国及其指定的运营商应遵守万国邮联安全标准中规定的安全要求，并应在各级邮政业务中采用和实施积极主动的安全战略，以维护和增强公众对指定运营商提供的邮政服务的信心。

（5）电子支付。国际标准化组织于 2004 年发布 ISO 20022，是被广泛认可的互操作支付标准。该标准目前包括支付、零售卡、贸易服务、外汇和证券等金融交易类别，允许在付款时传输更多的汇款信息，并具有适应特定需求或背景的灵活性，可以支持降低成本和创造价值的创新；允许金融服务行业整合各种现有标准，将减少与支持多个标准相关的成本和工作量并支持创新。目前，该标准已被70多个国家的市场基础设施用于支付和证券业务，采用该标准的国家之间将加强全球互操作性，促进跨境支付。此外，ISO 与 IEC 合作发布 ISO/IEC 7816 带触点的电子识别卡（如智能卡）和 ISO/IEC 14443 非接触式集成电路卡。

2. 企业信任相关的国际标准

（1）使用密码的 ICT 产品。 在技术标准方面，ISO 和 IEC 制定了 ISO/IEC 18033，涵盖了用于数据保密的加密系统（密码）。

（2）网络安全。 第一，ISO 和 IEC 建立了 ISO/IEC 27000 系列信息安全标准，帮助保护 IT 系统并确保虚拟世界中数据的自由流动。ISO/IEC 27001：2013 为资讯安全管理系统（Information Security Management System，ISMS）提供相关要求，使用该标准的组织可以管理财务信息、知识产权、员工信息或第三方委托信息等资产的安全性。ISO/IEC 27002：2013 为组织的信息安全标准和信息安全管理实践提供指南，包括选择对信息安全风险环境的控制措施进行实施和管理。第二，IEC 建立了 IEC 62443 标准，相较 ISO/IEC 27000，IEC 62443 建立了适用于广泛行业和关键基础设施环境的精确网络安全指导方针和规范，旨在保持运营技术系统在物理世界中运行。该标准采用分层的深度防御方法，与美国国家标准与技术研究院（NIST）的网络安全框架兼容。第三，电气和电子工程师学会制定了智能电子设备网络安全能力标准和变电站智能电子设备网络安全能力标准。

3. 消费者信任相关的国际标准

（1）消费者保护。 ISO/PC 317 已发布两项关于消费者保护的 ISO 标准，包括 ISO 31700 消费者保护—消费品和服务的设计隐私—第 1 部分：高层次要求，消费者保护—消费品和服务的设计隐私—第 2 部分：用例。

(2) 个人隐私保护。2017 年，伊比利亚-美洲数据保护网络批准了《伊比利亚-美洲国家数据保护标准》（Data Protection Standards of the Ibero-American States），该标准构成了一套法律上不具约束力的准则，可能有助于在伊比利亚-美洲地区发布保护个人数据的监管举措。该标准旨在"建立一套保护个人数据的共同原则和权利，通过在国内立法中纳入相关原则和权利，可以促进该地区规则的一致性。ISO 和 IEC 也制定了有关隐私保护的技术标准，ISO/IEC 27701 为采用该标准的组织制定了隐私管理的要求和指导。

(3) 接入互联网。互联网标准是支撑互联网基础设施的技术规范，主要由电气和电子工程师协会标准协会（IEEE-SA）、互联网工程任务组（IETF）、万维网联盟（W3C）等非政府技术标准机构制定。这些机构正在采取开放的互联网标准方法，允许任何人参与制定互联网标准的过程。这些机构面临的挑战之一是缺乏政府的认可，国内法律法规没有引用开放标准。

4. 数字服务相关的国际标准

(1) 多个政府间和非政府标准制定机构制定了电信技术标准。国际电信联盟（ITU）制定"ITU-T 建议书"，作为 ICTs 全球基础设施的定义要素，以增强信息通信技术的互操作性，并通过确保各国的信息通信技术网络和设备使用同一种语言来实现全球通信。ISO 和 IEC 建立联合技术委员会 ISO/IEC JTC 1/SC 6，致力于电信领域的标准化，包括物理层、数据链路、网络和传输等较低层的协议和服务，以及上层的协议和服务。

(2) 行业协会和其他标准制定组织在制定电信标准方面发挥积极作用。美国通信工业协会（TIA）由美国国家标准协会（ANSI）认可为标准开发组织，为专用无线电设备、蜂窝塔、VOIP 设备、结构化布线、卫星、电话终端设备、可访问性、数据中心、移动设备通信、车载远程信息处理、智能设备通信等开发相关操作指南。欧洲电信标准化协会（ETSI）是处理电信、广播和其他电子通信网络和服务的欧洲区域标准机构，为工业和社会所有部门部署的信息通信技术系统、应用和服务制定标准。

5. 新兴技术相关的国际标准

（1）**人工智能领域**。ISO 和 IEC 成立人工智能联合委员会 ISO/IEC JTC1/SC42，为人工智能制定了一系列标准，既满足市场的需要，又促进人工智能技术的负责任部署。这些标准包括定义人工智能术语和描述概念的 ISO/IEC 22989 等基础标准，以及建立人工智能和机器学习（ML）框架的 ISO/IEC 23053，用于描述使用机器学习技术的通用人工智能系统。IEEE 建立的 IEEE P7000 系列标准是解决系统设计中伦理问题的第一个全球标准，以实用和可操作的方式解决了人工智能符合道德设计中确定的关键社会技术问题，将原则付诸人工智能系统的实践。ITU 发布 ITU-TY.3172，规定了未来网络中机器学习的体系结构框架，提出了相关体系结构需求和特定的体系结构组件，以及在各种技术特定的底层网络中应用这一体系结构框架的指导方针。

（2）**物联网领域**。物联网领域制定国际标准的重点是在不同供应商和不同应用的无线传感器网络之间实现互操作性，以释放物联网的全部潜力。自 2016 年起，IEC 和 ISO 在联合技术委员会 ISO/IEC JTC 1 下设立分委会 SC 41，专门制定物联网标准，目前已发布 ISO/IEC 30141 等标准。该标准为物联网建立了一个全面框架，作为开发特定环境的物联网架构和实际系统的基础。

（3）**区块链领域**。建立区块链技术国际标准的目的是确保区块链的相互作用遵循国际适用的规则、规范和程序，建立公众信任以促进技术使用。ISO/TC 307 技术委员会正在开展区块链和分布式账本技术的国际标准化工作，旨在使区块链概念及其支持机制标准化。已发布的标准包括 ISO/TR 23455：2019，该标准涉及区块链与分布式分类记账技术系统中智能契约的概述与交互。IEEE 制定国际标准"2418.10-2022-IEEE 基于区块链的数字资产管理"，定义了区块链的基准框架，并概述了区块链上数字资产管理的一般流程。

6. 数据治理相关的国际标准

（1）伊比利亚-美洲国家数据保护标准（Data Protection Standards of the Ibero-American States）。2022年9月27日，伊比利亚-美洲个人信息保护网络（RIPD）发布了《个人信息国际传输标准合同条款实施指南》，规定了通过使用标准合同条款进行个人信息国际传输时需要考虑的因素。

（2）数据商业交易标准。目前，ISO和IEC正在合作开发ISO/IEC CD 15944-19（草案）标准，该标准旨在为企业提供跨境数据流动指南，其中主要涉及数据（包括个人信息）商业交易的要求。

三、各国加强数字贸易国际标准的协调互认与合作

数字经济天然具有全球化属性，全球数据连接需要以开放数据的共同标准来打破"数据孤岛"，实现优质数据互联互通。为此，国际数字治理机制积极开展数字标准合作，形成数据元标准并增强全球互操作性，各国通过数字贸易协定等推动国际标准的普遍实施，共享数字贸易发展红利。

（1）多边层面。国际数字治理机制积极推动数字贸易国际标准实施推广和协调统一。国际商会（ICC）"数字标准倡议"（Digital Standards Initiative，DSI）旨在加快发展全球协调的数字化贸易环境，作为有活力、可持续和包容性增长的关键推动因素。鼓励公共部门推进监管和机构改革，并动员私营部门开展采用、实施和能力建设。在无纸贸易方面，2022年6月，ICC与世界贸易组织联合发布《跨境无纸贸易标准工具包》报告，概述了目前在贸易中使用的标准，包括为所有供应链参与者制定基础标准和标识符标准；购买、运输和支付等商业交易标准；货物装卸、港口/机场清关和实时货物跟踪的运输和后勤标准；正式控制文件标准；支援电子贸易文件交换的互用数字化框架等。数字供应链方面，2024年4月，ICC发布"关键贸易单据和数据元素报告"，介绍了整个数字供应链的集成框架和针对性建议，为端到端供应链提

供贸易数据和标准的综合指南，以加速所有相关流程的采用、调整和数字化转型。二十国集团通过其数字经济工作组，在为国际标准制定奠定基础方面发挥重要作用，包括开展实质性讨论，并提高对开放、包容、数字化转型服务业可互操作规则重要性的认识。它还可以发挥作用，为通往具体全球标准的道路确定原则和准则。亚洲及太平洋地区经济与社会委员会（ESCAP）《亚洲及太平洋跨境无纸贸易便利化框架协定》规定了国际标准和准则的重要性。

（2）双边及区域层面。各国在数字贸易协定中积极纳入数字贸易标准相关要求。多个数字贸易协定都强调纳入国际标准的重要性，进一步推动了数字贸易标准的国际互认和广泛实施。在数字贸易便利化和数字服务产品方面，2020年新加坡与澳大利亚签署了双边数字经济协定 SADEA，在电子认证和签名、海底电信电缆系统、金融服务计算设施的位置、源代码，以及数字贸易的标准和合格评定等议题上均做了详细的约定。在电子支付方面，DEPA 规定了电子支付法规的透明度和考虑国际公认的支付标准等原则，以促进应用程序编程接口（API）的使用。个人隐私保护方面，《美墨加协定》将 APEC 隐私框架和 OECD 隐私指南作为原则和指导方针，要求缔约方在制定个人信息保护法律框架时予以考虑。网络安全方面，《美墨加协定》要求各方努力采用基于风险的方法，这些方法依赖于基于共识的标准和风险管理最佳实践，以识别和防范网络安全风险，并从网络安全事件中检测、响应和恢复。

第三节 我国数字贸易标准制定进展情况

我国自 2002 年起在数字贸易标准方面进行布局。在数字贸易发展初期，我国为规范电子商务应用中的术语及定义，于 2002 年制定了《电子商务基本术语》（GB/T 18811—2002）标准，为未来制定和实施其他相关电子商务标准奠定了良好基础。由于电子商务涉及的范围十分广泛，缺乏权威国际标准

第九章　数字贸易标准的内涵框架及发展趋势

化组织专门制定的电子商务术语，该标准中的术语分别来自 ISO、IEC、ITU、UN/ECE 等国际标准化组织，同时也参考了 IETF、ebXML、W3C 等在电子商务应用中发挥重要作用的国际性标准化组织。该标准侧重于电子商务应用中的业务活动和业务过程。2003 年，在可扩展置标语言（XML）被广泛采用，并形成了基于 XML 的电子商务系列国际标准（ebXML）的背景下，我国将相关国际标准转化为国家标准，形成了基于 XML 的电子商务标准化的框架性、方法性系列标准《基于 XML 的电子商务》（GB/T 19256）。

此后，随着我国数字贸易的迅猛发展，国家标准制定不再仅局限于对国际标准的吸收采纳，自 2009 年起，针对电子商务产品、服务平台、交易主体、商务信用等自主研制了一系列推荐性国家标准。在地方层面，浙江、山东、广东等地对电子商务的地方标准制定进行发力，制定标准数量超 110 条。同时，行业标准与团体标准也成了我国标准体系建设的重要补充，由各职能部门制定的行业标准以及各行业协会、社会团体发布的团体标准均涉及数字贸易相关内容。

一、国家标准制定关注跨境电子商务

2023 年中央经济工作会议提出"要加快培育外贸新动能，巩固外贸外资基本盘，拓展中间品贸易、服务贸易、数字贸易、跨境电商出口"。近年来，跨境电商作为发展速度最快、潜力最大、带动作用最强的外贸新业态，显示出巨大的市场活力和增长韧性。据统计，2024 年一季度，中国跨境电商进出口 5776 亿元，增长 9.6%。

我国跨境电子商务产业快速发展与配套国家标准制定不断完善密切相关。2018 年，为实施更高水平跨境贸易便利化措施，国务院印发《优化口岸营商环境　促进跨境贸易便利化工作方案》，提出加强国际贸易"单一窗口"建设，实现进出境通关全流程无纸化。同年，我国发布了针对跨境电子商务各环节纸质版文件（交易订单、运输舱单、报关单等）的电子版本标准，统一了电子版本文件中应当包含的信息内容，对贸易便利化领域国家标准制定开展探索。例如，针对通关环节的电子报关单发布《跨境电子商务电子报关单基础信息描述》（GB/T 37148—2018），适用于跨境电子商务交易过程中报关单相关电子数据的传输，规定了进出口报关单表头信息、表体信息必备及可选内容，要求包括产品项号、电商平台代码与名称、进/出口口岸代码、运输方式代码等信息。

鉴于跨境电子商务整体流程较长，涉及关键环节较多，主要包括交易、支付、物流、通关、退税、结汇等，相关国家标准制定关注的环节范围不断拓展。在交易环节，专门出台《跨境电子商务交易要求》（GB/T 40105—2021），规定了跨境电子商务交易体系、基础保障要求、交易过程要求和客户关系服务要求。同时，面向管辖范围较难覆盖的境外出口侧，我国通过统一制定国家标准的形式，要求对相关产品信息进行明示，有助于实现保障进口产品质量安全。相关标准包括：《跨境电子商务 出口商品信息描述规范》（GB/T 41128—2021）、《跨境电子商务 出口经营主体信息描述规范》（GB/T 41126—2021）、《跨境电子商务 产品溯源信息管理规范》（GB/T 39062—2020），以及《跨境电子商务进口商品质量风险评估指南》（GB/T 42497—2023）等。在物流与支付环节，又制定了包括《跨境电子商务 物流信息申报和支付信息申报电子单证》（GB/T 39676—2020）、《跨境电子商务物流信息交换要求》（GB/T 40202—2021），以及《跨境电子商务海外仓运营管理要求》（GB/T 43291—2023）等国家标准。

值得关注的是，为进一步提高跨境电子商务中消费者保护水平，我国标准制定涉及的领域范围也从逐步拓展至企业与消费者信任、数字产品和服务等领域。例如，针对消费者通过中国境内经营的跨境电子商务平台、网站等购买产品或服务产生争议后依托第三方平台在线解决争端的情形制定了《跨

境电子商务 在线争议解决单证规范》(GB/T 41127—2021),规定了跨境电子商务争议解决在线协商、在线调解和在线仲裁过程中所使用的主要单证类型和要素要求、信息安全要求等(见表9-2)。

表9-2 近几年电子商务国家标准制定情况

标准号	标准名称	发布日期
GB/T 40477—2021	《电子商务信用 网络零售信用基本要求 服务产品提供》	2021-08-20
GB/T 40476—2021	《电子商务信用 网络零售信用基本要求 数字产品零售》	2021-08-20
GB/T 40202—2021	《跨境电子商务物流信息交换要求》	2021-08-20
GB/T 40843—2021	《跨境电子商务 产品追溯信息共享指南》	2021-10-11
GB/T 40841—2021	《跨境电子商务 产品质量评价结果交换指南》	2021-10-11
GB/T 41128—2021	《跨境电子商务 出口商品信息描述规范》	2021-12-31
GB/T 41127—2021	《跨境电子商务 在线争议解决单证规范》	2021-12-31
GB/T 41126—2021	《跨境电子商务 出口经营主体信息描述规范》	2021-12-31
GB/T 41242—2022	《电子商务物流可循环包装管理规范》	2022-03-09
GB/T 41714—2022	《农业社会化服务 生鲜农产品电子商务交易服务规范》	2022-10-12
GB/T 42002—2022	《跨境电子商务交易类产品信息多语种描述 智能手机》	2022-11-08
GB/T 42003—2022	《跨境电子商务交易类产品多语种分类与命名 陶瓷产品》	2022-11-08
GB/T 19256.5—2022（采用国际标准）	《基于XML的电子商务 第5部分:核心构件规范》	2022-12-30
GB/T 42499—2023	《电子商务投诉举报信息分类与代码》	2023-03-17
GB/T 42498—2023	《电子商务在线争议解决规范》	2023-03-17
GB/T 42497—2023	《跨境电子商务进口商品质量风险评估指南》	2023-03-17
GB/T 42774—2023	《跨境电子商务供应链质量安全管理指南》	2023-05-23
GB/T 41247—2023	《电子商务直播售货质量管理规范》	2023-08-06
GB/T 42893—2023	《电子商务交易产品质量监测实施指南》	2023-08-06
GB/T 20538.2—2023	《基于XML的电子商务业务数据和过程 第2部分:业务信息实体目录》	2023-09-07
GB/T 31782—2023	《电子商务可信交易要求》	2023-09-07
GB/T 43060—2023	《供应链电子商务业务协同技术要求》	2023-09-07
GB/T 43291—2023	《跨境电子商务海外仓运营管理要求》	2023-11-27
GB/T 43290—2023	《电子商务逆向物流通用服务规范》	2023-11-27

二、地方标准数量分布不均，多地发力农产品电子商务标准制定

从目前围绕电子商务已制定的 113 条地方标准来看，各地仍存在较大的数量差异，浙江省以 24 条地方标准实现领跑。浙江省围绕电子商务制定的地方标准与我国针对电子商务的推荐性国家标准重合度较高，且标准制定时间多集中于 2017 年，领先于对应国家标准的制定时间。山东省、广东省亦在地方标准制定方面进行布局，围绕电子商务领域分别制定 13 条、11 条地方标准。但同时，仍有 12 个省、自治区或直辖市未针对电子商务制定相关地方标准（见图 9-2）。

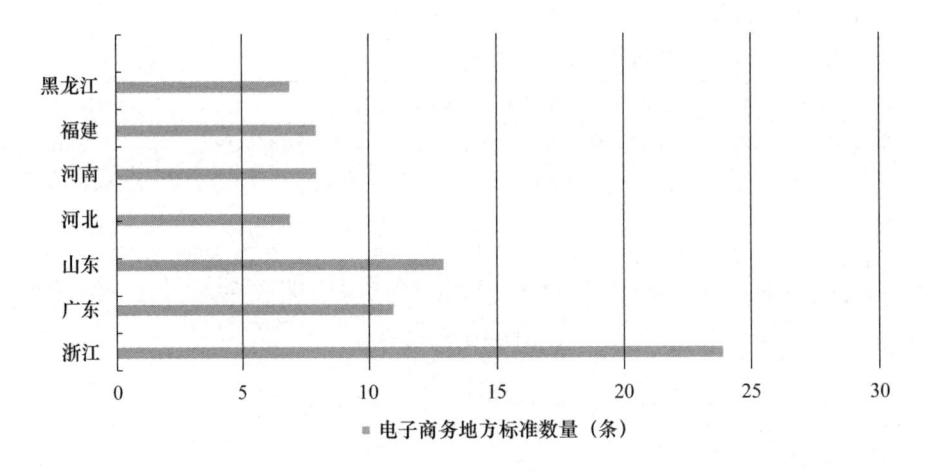

图 9-2　各地方围绕电子商务标准制定情况

地方标准制定的另一大特色为关注农村电子商务发展。目前，中国已成为世界第一大农产品电商国，2023 年全国农产品网络零售额达 5870.3 亿元，同比增长 12.5%，约为 2014 年的 5 倍。2024 年 3 月，商务部等 9 部门印发《关于推动农村电商高质量发展的实施意见》，首次提出实施农村电商高质量发展工程，发展乡村土特产网络销售。

随着我国进入新的经济和消费周期，农产品电商也进入高质量发展时期。现阶段重点任务正在转向三农信息服务数字化、智慧农业以及生产、加工、营销、物流、品牌等环节的数字化，以达成产业形态的整体变革。以山东、黑龙江为代表的地区特别针对其出产的农产品制定电子商务交易标准。例如，山东省潍坊市为本地出产的葡萄、山楂、西瓜等水果产品制定水果电子商务规范；黑龙江省为本省出产的大豆制定电子商务交易产品信息描述地方标准，并制定黑木耳产品展示数据描述地方标准；福建省、河南省分别就本地银耳与大蒜产品推出对应电子商务交易产品信息描述规范。

除针对特定种类农产品制定地方标准外，各地在农产品电商其他环节也推出了相应地方标准。我国在"三农"领域仍存流通网络不够完善、营销信息闭塞、销售渠道不畅等问题，将制约农产品产销市场的提振与经济发展。针对农产品电商物流问题，山东省制定了《农产品电子商务配送服务规范》（DB37/T 4322—2021），规定农产品电子商务配送服务的服务原则、服务机构要求、服务流程、异常处理及服务质量评价等内容，这将有助于实现农产品的流通网络的升级，进而解决农产品产销问题，为农产品的生产发展助力。随着近年来直播营销被更多地应用到了农产品的销售上，直播带货等线上销售方式已成为拓宽本土农特产品销售渠道的重要手段。各地方对于电子商务直播服务规范、售货行为规范的探索亦有助于促进农特产品上行，促进县域农村电商发展。

三、行业、团体标准辐射范围更广

1. 行业标准

行业标准与团体标准作为我国标准化体系的重要组成部分，在数字贸易领域标准制定方面较为领先，对于国家标准、地方标准起到较强的补充细化作用。

在行业标准制定上，各部门主动发力主管行业领域，推出相应标准。商务部作为电子商务领域行业标准制定引领者，着眼国内贸易领域，共制定19条电子商务管理标准，数量占比超50%。工业和信息化部于2004年制定《电子商务技术要求 第二部分：支付网关》（YD/T 1322.2—2004），关注数字技术作用于支付、证书认证等环节的标准。2014年，在主管的电信和互联网服务中，对其中电子商务服务特别制定用户个人信息保护技术要求，从技术规范的角度落实个人信息保护要求。另外，公安部、国家旅游局（现文化和旅游部）、国家认证认可监督管理委员会等亦参与了行业标准制定。

2. 团体标准

团体标准的制定展示了更大灵活性。

（1）团体标准填补了现行国家标准与地方标准的真空区域。通过推出针对跨境电子商务领域更多环节的团体标准，发布包括《跨境电子商务海外仓发货操作规范》（T/WHHLW 89—2024）、《跨境电子商务服务平台客服服务规范》（T/CASME 816—2023）等，使跨境电子商务相关标准具有更强的可操作性，规范跨境电子商务全产业链条；通过《农村电子商务服务 代购代销》（T/LWSZSW 02—2023）、《农产品电子商务平台建设与运行规范》（T/TIC 006—2023），以及更多针对特定农产品的电子商务流通规范、产品质量等级评价规范，丰富了我国在农产品电子商务领域的标准体系建设。

（2）数字技术应用于贸易中所带来的安全挑战成为近期团体标准制定工作重点。2023年6月，《电子商务SaaS协同平台的数据安全管理规范》（T/SSIA 0015—2023）正式发布，规定了电商SaaS协同平台的数据采集、数据传输、数据存储、数据使用、数据保管和抽检、数据备份、数据恢复、数据清理和转存、数据销毁等方面的要求，描述了对应的验证方法。2024年3月，中关村新兴科技服务业产业联盟针对电子商务中的个人信息安全发布系列标准，规定了电子商务配送服务与支付服务中个人信息内容、个人信息安全管理要求、支付业务访问控制要求、个人信息处理要求、个人信息安全事件处置要求、监测、评估与改进要求；同时，建立了电子商务平台个人信息安全评价指标体系、评价内容、评价流程及方式、报告编制标准。2024 年 6 月，《移动终端支付可信环境数据安全规范》（T/ZS 0619—2024）发布，针对支付环节的数据录入、存储、传输制定相关标准。

第十章

数字出海

数字出海是以数字化技术、产品、服务或商业模式为核心，突破地理边界进入国际市场的过程，主要指数字产业和数字企业出海，是数字经济时代特有的国际化形态。数字出海与数字贸易相互促进、紧密相连，呈现深度互构关系。数字产业通过技术创新和数据要素重组构建全球化生产网络，为数字贸易提供技术基础与可交易内容，推动服务与产品的数字化交付。数字企业是数字领域出海的主体，借助跨境电商、数字服务出口等方式拓展国际市场，直接扩大贸易规模与范围。数字出海通过技术外溢与商业模式创新突破贸易边界，推动数字贸易规则完善；数字贸易的制度演进反向促进数字产业升级与企业国际化战略调适，形成动态互构的数字化转型闭环，二者协同推动全球经济数字化转型及国际贸易格局重塑。

第一节 数字出海的目的和意义

随着中国数字经济的蓬勃发展，中国企业逐渐从国内市场向国际市场延伸，形成了以数字化技术为核心的全球化战略，逐渐融入亚太以及全球市场，成为推动区域经济合作与发展的重要力量。

一、提升数字产业国际竞争力

(1) 推动数字产业实现从"劳动资本出海"向"品牌技术出海"转型。 随着我国互联网企业国际竞争力不断增强，出海成为数字企业寻找新增长点的重要战略选择。出海发展促使国内互联网企业从劳动密集型和资本密集型向技术驱动型和品牌创新型转变。一方面，中国数字企业在出海过程中逐渐从工具类产品（如杀毒软件、浏览器）转向内容类产品（如短视频、游戏、电商），再到技术创新驱动的服务类产品。这种转变不仅提升了企业的技术含量和核心竞争力，还推动了国内互联网行业的整体升级。

另一方面，在出海过程中，中资企业致力于塑造可持续发展的品牌形象，根据目标市场调整品牌策略，通过数字化手段与技术创新提升了全球品牌影响力。例如，华为以客户为中心，深入了解客户需求提供定制化解决方案，在技术和品牌领域实现双重突破，赢得了客户的长期信任，成为中国企业在国际市场中的标杆企业。TikTok 基于 AI 的内容推荐算法深度适配本地文化偏好，塑造了"技术领先且文化包容"的品牌形象。希音（SHEIN）借助实时数据驱动的柔性供应链，将新品交付周期压缩至七天，重新定义了"敏捷创新"的行业标杆。

（2）推动中资数字企业快速提升数字化转型服务水平。 一方面，在数字企业出海的过程中，通过人工智能、大数据等技术的应用，提供数字转型服务的企业能够更高效地管理全球业务，构建线上线下融合的全渠道营销体系，提升运营效率和服务质量，同时更好地适应海外市场的需求变化，提高市场响应速度和竞争力。例如，中国移动通过全球网络规模的延伸和智算中心的建设，为企业提供了云网融合的一站式解决方案，加速了企业出海进程。

另一方面，海外市场动态多变且客户需求差异性大，依托数字化商业分析工具，中资数字企业能够实时追踪消费者购买习惯、竞争对手动向、行业政策变化等最新动态，确保第一时间获取到关键市场信息。通过线上即时反馈捕捉当地用户声音，中资数字企业可以实现深入剖析市场数据、准确预测市场趋势，对海量用户数据进行挖掘以精准把握消费者偏好，进而建立适合企业自身的市场预测模型与客户群画像，指导更符合市场期望的产品创新与服务调整策略，从而为不同地域客户提供个性化、便捷的服务体验，迅速增加客户黏性。

二、赋能数字贸易高质量发展

**（1）数字企业出海降低了数字贸易的交易成本，促进数字贸易便利化发展。中资数字企业全球化拓展正通过技术赋能与模式创新，系统性降低数字贸易的隐性成本，推动全球交易流程向便利化、高效化演进。

在数字基础设施领域，云计算技术通过云原生架构的应用，帮助企业降低整体云服务成本，同时云服务的全球化部署显著压缩了算力成本。公开数据显示，截至2024年底，阿里云在全球28个地域运营着85个可用区。阿里云通过树立AI基础设施新标准，全面升级从服务器到计算、存储、网络、数据处理、模型训练和推理平台的技术架构体系，让数据中心成为一台超级计算机，从而为每个AI和应用提供高性能、高效的算力服务，大幅降低了算力成本，形成了规模效应。

在跨境支付领域，蚂蚁集团旗下的万里汇（WorldFirst）通过技术实现"收、付、管、兑、贷"一站式服务，进一步便利了跨境资金支付结算，在降低数字贸易结算成本的同时缩短贸易时限。

在快递物流领域，伴随跨境电商行平台性经营转向全托管业务模式，物流企业基于电商平台需求和消费者需求，通过数字化、智能化方式提升物流全链路时效和海外网络运营能力。例如，菜鸟在海外构建精准匹配电商需求的智慧物流网络，以国际干线、航空货站、分拨中心等物流基础设施为基石，通过融入完整的数字化技术体系来实现物流全链路的智能化管理，在提高配送时效的同时大幅降低了跨境电商卖家成本。

（2）**推动数据要素全球优化配置，释放数据要素潜能**。中资数字企业通过全球化布局，能够促进跨境数据流动，推动数据要素在国际市场的优化配置。在提升数据存储与处理能力方面，中资数字企业在海外市场的技术输出和数据应用，有助于推动东道国的数字化转型，促进数据要素的本地化开发和利用，形成互利共赢的局面。例如，中国移动在巴基斯坦部署的5G智慧港口，通过物联网传感器实时采集物流数据，并与中国港口系统联动优化全球供应链决策；中国电信在非洲建设的云计算中心，为当地农业数据跨境分提供算力支撑，提升了当地数据分析和处理能力。

在释放数据要素乘数效应方面，中资数字企业通过构建数据"采集-传输-应用-增值"的全链条，不仅优化了全球数据资源配置效率，更催生数据要素与传统产业融合的新业态，为数字贸易发展注入新动能。例如，微信支付与欧洲零售商共享经脱敏处理后的消费数据，帮助实施中国游客偏好分析，反哺商品供应链调整，大幅提升了跨境消费转化率。鉴此，中资数字企业通过构建全球化的数据基础设施和服务平台，在降低了数据流通成本的同时提升数据要素使用效率，推动全球数字贸易高质量发展。

三、服务构建新发展格局

（1）**从短期看，数字企业出海有利于稳外贸稳就业**。以跨境电商为例，近年来，特别是随着"一带一路"倡议的深入推进，跨境电商建设对于稳定外贸和扩大就业起到了积极作用。具体来讲，跨境电商建设提升了当地政府招商引资的优势，有助于增强整个城市的创新活力和集中当地进出口企业资源，促进国内外贸相关产业的升级和稳定发展。此外，跨境电商行业的发展还带动社会各界力量创新创业，吸纳了一批具备全球视野、应用型技术技能型外贸专业人才，培育了众多跨境电商主体及配套企业，进而提供更多新岗位。

（2）**从中长期看，数字企业出海有利于服务构建国内国际双循环的新发展格局**。从企业层面看，在市场更为广阔、竞争更加激烈的国际市场，与国际领先平台企业展开角逐，有助于倒逼数字企业积极增强技术创新能力，不断提高企业经营水平，在多元化国际市场中磨炼本领，实现企业竞争力的全面提升。从国家层面看，数字企业的全球化发展，能够推动经济运行跨越地域界限，使得资源的全球化配置更为便捷，全供应链的协作共赢成为可能。随着数字企业全球化发展的进一步深入，将进一步调动国际国内两个市场两种资源，以国际循环提升国内大循环效率和水平，推动构建国内国际双循环的新发展格局。

第二节　数字出海的主要路径和最新趋势

随着数字技术的飞速发展，数字贸易已成为全球贸易增长的新引擎。数字出海作为数字贸易的重要组成部分，在推动经济全球化、促进产业升级以及增强国际竞争力等方面发挥着关键作用。了解我国数字出海的主要路径与最新趋势，对于制定相关政策、优化企业战略以及把握数字经济发展机遇具有重要意义。

一、数字出海的三大主要路径

1. 跨境电商驱动的商品数字化出海路径

跨境电商是数字出海最为直观和常见的路径之一。通过搭建线上交易平台，我国企业能够突破地域限制，将产品直接销售给海外消费者。

(1) 跨境电商企业依托中国优质供应链，以高性价比和迅速的市场反馈能力，在发达和发展中市场均表现突出，海外用户规模迅速增长。根据全球移动应用、游戏数据监测服务机构点点数据的监测显示，2023 年 12 月，拼多多旗下 TEMU 在美国市场的日活用户数已超过亚马逊，希音则超过了 eBay。

(2) 头部跨境电商企业积极推进新型商业模式落地海外。例如，拼多多以其高效的经营效率和创新的"全托管"经营模式，在海外市场复制了一个新的"拼多多"——Temu，并迅速在美国、欧洲等发达市场取得较大市场份额。希音通过数据和平台的双轮驱动，以"线上渠道+数据驱动+敏捷供应"构建了全新的"实时零售"模式，实现了数据与商业的紧密衔接，进而实现了在海外市场的爆发时增长。

（3）越来越多的中国企业开始注重品牌建设和市场细分。例如，智能穿戴设备制造商华米科技，通过精准定位目标市场，成功打入了欧美等发达经济体；安克创新（Anker）通过多品类布局与本地化营销，从爆款卖家升级为国际品牌，验证了品牌化对长期竞争力的重要性。

（4）跨境电商的发展离不开高效的物流和便捷的支付体系。为了满足日益增长的市场需求，各大跨境电商企业纷纷加强了国际物流网络建设和供应链的数字化改造，金融科技公司也在不断探索跨境支付解决方案。例如，菜鸟网络在全球布局15个eHub智能物流枢纽，采用数字孪生技术优化航线规划，使中美跨境包裹平均递送时效从2019年的15天缩短至2023年的8天；蚂蚁集团旗下的万里汇提供的"一个账户、全球收付"服务，极大简化了跨境交易流程。

2025年，我国跨境电商企业将进一步加速在欧美、东南亚等市场布局，通过在全球电商平台精准营销、优化供应链及本地化服务实现更大市场份额。同时，跨境电商企业正在加大海外社交媒体投入，进行本地化营销和内容创作，提升品牌影响力，将优质产品推向全球。

2. 数字技术创新驱动路径

数字技术创新不仅是中资数字企业突破国际市场竞争壁垒的有力工具，更是构建可持续全球化能力的重要抓手。我国在数字技术领域取得了显著成就，我国科技企业以数字化解决方案为核心，推动全球技术生态重构。

（1）5G、人工智能、云计算、大数据等数字技术的发展与成熟，可以为我国数字出海提供强有力的技术支撑，显著提升数字企业在国际市场的运营效率。例如，中国移动的数字化服务收入占比超30%，其全球网络基建（如2Africa海底电缆是全球最大、覆盖非洲最广的海底电缆项目之一）为出海企业提供了关键支撑；通过AIGC技术生成本地化广告内容，结合消费者行为分析实现个性化投放，部分国内企业在东南亚市场投放的广告点击率提升50%以上；AI预测需求优化库存管理，库存周转率提升25%～30%，如菜鸟物流与阿里速卖通的合作显著改善跨境物流效率；字节跳动旗下的TikTok通过大数据算法创新在全球范围内迅速崛起，其Content Understanding系统实现155种语言的情感分析，在欧美市场本地内容创作占比从2020年的35%提升至2023年的68%；腾讯自研引擎QuickSilver X支持8K光线追踪技术，使《王者荣耀》国际版应用动态难度平衡算法，使东南亚新手玩家留存率提高22个百分点。

(2) 越来越多的企业通过技术输出的方式实现数字出海，将这些先进技术应用于海外市场的各个领域，包括但不限于金融、医疗、教育、制造等领域。例如，阿里巴巴、腾讯、华为等公司将云计算、大数据等业务拓展至东南亚、印度、拉美等新兴市场，助力当地企业实现数字化转型；百度、字节跳动等公司在人工智能、在线教育等领域与"一带一路"沿线国家展开深度合作，推动了相关产业发展；大疆、华为通过AI与机器人技术，在海外推广智能硬件与工业自动化方案，形成技术壁垒；中国移动国际（CMI）通过"AI隐私脱敏+合规存储"方案，解决跨境数据治理难题，支持车企全球化布局；华为云凭借在大数据、AI和云计算领域的技术优势，已经成功进入中东、非洲和拉美等新兴市场，为这些地区的企业数字化转型提供基础设施和解决方案；腾讯云通过全球网络扩展与跨国合作，构建云服务生态链。技术输出不仅有助于提升我国数字技术的国际影响力，还能为企业带来新的增长机遇，同时也促进了全球数字技术的交流与共享。

3. 数字内容文化出海路径

(1) 随着国家对数字文化产业的重视程度不断提高，相关政策的支持力度也在加大。例如，《"十四五"服务贸易发展规划》首次将"数字贸易"列入服务贸易发展规划，指出要"大力发展数字文化贸易，积极推动数字出版、数字影视、数字演艺、数字艺术展览、动漫游戏、网络综艺、网络音乐、创

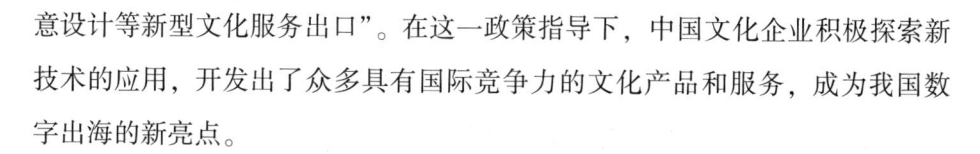

意设计等新型文化服务出口"。在这一政策指导下，中国文化企业积极探索新技术的应用，开发出了众多具有国际竞争力的文化产品和服务，成为我国数字出海的新亮点。

（2）**数字内容包括但不限于在线视频、数字音乐、网络游戏、网络文学、数字出版等领域。**近年来，一些国产在线视频平台、游戏企业、网络文学平台等纷纷加快出海步伐，将优质的数字内容推向海外市场。例如，在游戏领域，2023年腾讯与网易、米哈游、三七互娱、莉莉丝等众多中国游戏厂商一起，通过高质量的制作和本地化，进入美国、日本、韩国、德国、英国等发达国家市场。据统计，在这五个国家的用户销费额最多的100款移动游戏当中，至少有30款游戏由中国游戏厂商研发。在视频领域，短剧平台ReelShort在海外迅速崛起；腾讯视频的海外版WeTV在东南亚、欧美等地区上线，推出了多部受欢迎的国产电视剧和综艺节目。在泛娱乐应用领域，TikTok已成为全球最具影响力的社交媒体应用之一，StarMaker成为全球最大的音乐社交娱乐平台，BIGO LIVE为全球最大的泛娱乐直播平台，Litmatch是东南亚、南美地区深受年轻人欢迎的恋爱交友平台，MICO成为中国社交应用出海的旗舰产品，Lark Player为中东、拉美地区重要的数字音乐平台。其他如Kwai、WeTV、iQIYI、Boomplay、Tiya、Uplive、Yumy、NovelToon、Webnovel等数字文化企业，分别成为短视频、长视频、语音社交、视频社交、直播图文等领域知名数字文化品牌，全球用户规模实现快速增长，取得了较好的经济效益与社会效益。

我国数字文化企业依托强大的产品创新力和积极开拓国际市场的行动力，在激烈的国际竞争中脱颖而出，成为当前我国数字文化走出去的典范。

二、数字出海的最新趋势

1. 中国数字出海步伐持续加快，出海模式逐渐转向产业链出海

（1）**数字企业海外收入实现较快增长。**近年来，伴随中国企业加速全球化发展布局，科技和创新成为"出海"的新内核和增长点。相较于部分全球头部数字企业，中国数字企业海外收入占比较小，但得益于中国数字企业本身具有数字技术、供应链、营销策略等多方面的坚实基础，过去一年中国头部数字企业国际收入增速提升，显示较强发展潜力。统计数据显示，我国互联网及软件 10 强企业的海外业务总占比虽仅为 7.03%，但同比增长较快。例如，阿里巴巴海外营收占比 8%，同比增长 13.3%；快手 2023 海外收入占比为 2.01%，增速达到 265.4%；拼多多海外版的交易服务收入达 941 亿元，同比增长 241%。

（2）我国数字企业全球化战略升级，出海模式由单产品出海转向产业链整体出海。 早期我国数字出海多以单品商品输出为主，如简单的电子产品、工具软件等。这种模式虽然能够在短期内快速占领市场，但附加值低，难以形成长期稳定的竞争优势。产业链出海则是将国内成熟的产业链条整体复制到海外市场，形成从生产、销售到售后服务的完整体系。目前，数字出海生态正呈现"基础设施+企业生态+规则标准"三位一体特征。

在数字基础设施层面： 中资企业"数字新基建"全球化布局将形成显著协同效应。华为云全球可用区突破 200 个节点，覆盖"一带一路"沿线 95% 的国家；北斗卫星导航系统完成全球组网，与 5G 专网形成天地一体通信网络。这种数字基建构成的"软基建"网络，使跨境电商、数字内容、工业互联网等领域的出海企业获得底层架构支撑。

在企业生态层面： 华为鸿蒙系统通过开源策略已在欧洲汽车操作系统（OS）市场获得 15%份额，这种"技术开源+本地开发者生态"的模式，正在芯片、操作系统等"硬科技"领域复制。例如，菜鸟网络联合全球物流企业构建的智能货运联盟，通过 AI 路径优化将跨境物流时效提升 40%，这种由技术创新驱动的产业协同，正在重塑全球数字贸易便利化制度。

在规则标准层面： 中国企业在数字货币、数据安全等领域的话语权持续

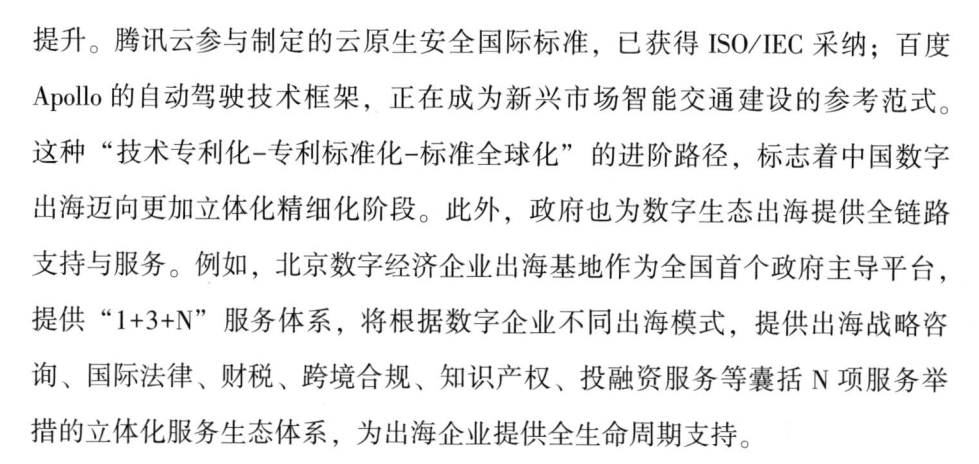

提升。腾讯云参与制定的云原生安全国际标准，已获得 ISO/IEC 采纳；百度 Apollo 的自动驾驶技术框架，正在成为新兴市场智能交通建设的参考范式。这种"技术专利化-专利标准化-标准全球化"的进阶路径，标志着中国数字出海迈向更加立体化精细化阶段。此外，政府也为数字生态出海提供全链路支持与服务。例如，北京数字经济企业出海基地作为全国首个政府主导平台，提供"1+3+N"服务体系，将根据数字企业不同出海模式，提供出海战略咨询、国际法律、财税、跨境合规、知识产权、投融资服务等囊括 N 项服务举措的立体化服务生态体系，为出海企业提供全生命周期支持。

2. 加快本地化助力当地发展，协同带动效应日渐增强

（1）当前数字出海越来越注重本地化，为当地数字化、产业转型、就业等方面带来新的机遇。 2022 年 4 月，滴滴出行通过旗下在巴西运营的出行平台"99"，联合汽车行业相关公司成立"巴西可持续交通联盟"，成员数量达 12 家。2023 年 10 月，滴滴出行与比亚迪巴西子公司、巴西相关企业共同签订了国产电动汽车国际化落地项目，在巴西部署 300 辆比亚迪电动汽车。

（2）头部企业与其他领域的"出海"企业形成协同效应，帮助上下游、中小企业抱团"出海"。 2022 年 12 月腾讯云建立出海生态联盟，帮助中小企业更好适应海外市场差异化政策文化环境，完成跨地域的团队管理，吸引有米科技、店匠科技、钱海等 30 余家企业加盟，覆盖数字营销、出海服务、跨境电商、支付工具、社交娱乐等多个领域。Temu 在全球首创全托管模式，通过一站式服务，解决了中小商家传统"出海"模式耗时长、资金压力大、尾货处理成本高等问题，已先后推动服装、数码、家电、箱包、户外、配饰、玩具、文具等领域上万家制造企业成功"出海"。

3. 新兴市场成为中国数字企业出海的目标区域

一方面，基于欧美的巨大市场和消费力，50% 以上的出海企业都会开通欧美业务。另一方面，近年来，伴随着共建"一带一路"倡议的推进，东南亚、中东、拉美、非洲等新兴市场数字化转型不断推进，数字基础设施逐步完善，经济增长强劲，消费潜力巨大，逐渐成为中资数字企业突破增长瓶颈、重构全球价值链的重要投资目的地。头部高市值企业中，超过70%已在海外或计划进行业务布局。

(1) 云计算领域。中国数字企业依托成熟的"数字基建输出"模式，正在重塑新兴市场的底层商业逻辑。

(2) 支付领域。中国企业主导的二维码互认系统已覆盖东盟10国，跨境支付清算效率有望进一步提升，为电商、泛娱乐等产业打通"数字丝路"。

(3) 跨境电商领域。社交电商、全托管等新模式不断涌现，为企业拓展海外市场提供新途径，推动了贸易方式的变革，在提高贸易效率的同时促进贸易规模扩大。根据市场报告，希音在全球购物类APP下载量中蝉联冠军，拉美市场是其重要的增长动力之一。同时，非洲、印度等地区的电商市场正逐渐苏醒，成为亟待开发的电商新蓝海。根据eMarketer数据，非洲电子商务总收入从2017年起逐年递增，预计到2025年可达到39.4亿美元，市场规模不容小觑。随着东南亚、非洲、拉美等地区数字基础设施的跨越式发展，以及年轻人口红利的持续释放，中国企业将迎来从"市场渗透"向"生态深耕"转型的关键窗口期。

第三节　数字出海的实践典型

当前，伴随新一轮科技革命和产业变革迅猛发展，围绕云计算、人工智能等数字技术产生的数字贸易已成为国际贸易发展的新趋势和世界经济的新增长点，中资数字企业掀起走出去热潮，提升全球竞争力，探索出一批批先进模式与项目经验，为我国加快贸易强国建设注入新动能。

一、信息通信企业出海实践典型

1. 跨境电商

2024年,我国跨境电商进出口达到2.63万亿元,增长10.8%,显著高于进出口总值5%的增幅,成为我国出口新动能。跨境电商的主要参与者已从消费者逐渐转变为商家与跨境电商平台。中国的制造业基础、完整的供应链体系、强大的物流网络和数字支付系统,共同构成了中国发展跨境电商的独特优势。

(1)希音的海外布局。希音是一家以女性快时尚为业务主体的跨境B2C互联网企业,于2008年由创始人许仰天成立。据胡润研究院发布的《2022年中全球独角兽榜》,希音以4000亿元人民币的估值位列全球第五大独角兽企业,并入选福布斯2022年中国创新力企业50强。

在海外市场拓展上,希音的应用程序在全球范围内的下载量已达2.08亿次,2024年销售额增长19%至380亿美元。根据Similarweb的统计数据,希音在2024年第三季度已成为全球访问量最大的服装与时尚品牌。在企业战略选择上,希音采取由数据驱动的设计与营销策略。在产品设计上,希音开发了智能预测系统,通过图像识别技术提取452种设计元素,如领型、袖长、印花等。在算法模型层,采用LSTM(长短期记忆网络)与Transformer融合模型,将社交媒体热度指数、历史销售数据、天气预测等87个变量纳入训练集。2023年迭代的SHEIN-TF模型,在预测"芭比粉"潮流时,准确识别出该颜色在电影《芭比》的预告片发布后72小时内全网搜索量暴涨632%。在决策反馈层,希音则通过每日生成《全球趋势日报》,将预测设计内容自动拆解为可量化的设计指令,如"泡泡袖长度需缩减1.2cm以适配东南亚市场"。

(2)拼多多的"多多出海"扶持计划。在"多多出海"扶持计划的支持下,拼多多旗下电商平台Temu已实现对国内制造业品类的全覆盖,先后推动服装、数码、家电、箱包、户外、配饰、玩具、文具等上万家制造业企业成功出海，进入全球 70 多个国家和地区。根据 Sensor Tower 相关统计数据，截至 2024 年 12 月，Temu 全球累计下载量接近 9 亿次，占据全球电商应用下载量和增速的榜首。Temu 搭建了供应链数字化管理平台，其中包含供应商协同管理系统，通过提供一个共享的信息环境，使 Temu 能够与其供应商实时互动，从而提高整个供应链的透明度和效率。此外，Temu 拥有精准的销售预测和个性化推荐能力，可以基于数据分析和 AI 技术对平台消费者的喜好和购物行为进行洞察。商家开发新品后，Temu 可以将预测结果分享给商家，选择是否加大生产，商家可以极大限度地减少库存管理成本，避免生产过剩的风险。

2. 设备商

（1）我国信息通信设备产业发展已由早期的技术引进转型为全球化输出。 20 世纪 80 年代，中国电信设备产业基础较为薄弱，主要通过引进境外先进技术与设备，在满足国内市场需求的同时，利用我国大规模市场吸引力，吸引拥有先进技术的企业来华设立合资公司，助推相关专业知识在中国的扩散。随着国际化经营经验的积累和实力的增强，我国通信企业开始进行技术消化和自主创新，并开始在全球市场开始布局，通过全球化运营和管理、跨国合作等方式实现国际化运营。信息通信设备商主要通过提供信息通信技术设备和解决方案实现全球化布局。一方面，设备商提供包括交换机、路由器、基站等在内的信息通信技术设备；另一方面，设备商还可以提供包括云计算、大数据、人工智能等在内的解决方案，帮助海外用户实现数字化转型和升级。

（2）近年来，全球电信设备市场疲软态势明显，我国设备商实现领跑。 我国市场研究机构 Dell'Oro 最新数据显示，2024 年全球光传输设备市场全年整体规模同比下降 13%，而华为与中兴分别以 3% 和 1% 的份额实现"双增长"。

2024 年，华为在全球光传输设备占有率达 33%，蝉联全球第一。华为高度重视研发投入，在光传输技术领域不断推出创新解决方案。由华为推出的 OptiXtrans 系列产品，通过采用超高速信号传输技术，提高数据传输的速度与效率，采用全光交叉技术（OXC），进一步提升网络灵活性，并通过智能运维技术，实现了网络扩容周期从月级降低到天级，大幅降低系统运维成本，使该系列产品不仅在性能上领先，同时兼具成本与能耗优势，进一步巩固了华为在全球光传输设备市场中的领先地位。

从中兴通讯 2024 年度财务报告来看，相较于公司在国内市场收入下降 2.38%，净利润同比缩水 9.66%的表现，公司在国际市场上则展现出了一定的增长态势。2024 年，国际市场营业收入达到 392.93 亿元，同比增长 4.04%，占公司整体营业收入的 32.39%。在 5G 建设方面，根据 ABI Research 发布的 5G 固定无线接入（FWA）CPE 十大供应商竞争力评估报告显示，中兴通讯领先于诺基亚、爱立信等知名国外厂商，排名第一。中兴通讯推出的全球首款 AI 驱动的 5G-A 旗舰 FWA 设备"G5 Ultra"，率先实现在 5G FWA 中应用 AI 等尖端技术，为用户带来更优质、更高效的网络体验，使其在全球 5G FWA CPE 供应商竞争力评估中获得了"顶级创新者"的地位。目前，已有超 30 个国家（包括欧洲、亚太、中东和拉丁美洲的主要市场）的超 150 家运营商部署了中兴通讯 5G FWA 解决方案，进一步巩固了公司在行业内的领导地位。此外，中兴通讯还为海外用户提供了多种云计算和大数据解决方案，包括 iEPMS（V4.0）数智化交付平台，利用质量工单在线采集的数据实现施工验收文档自动化输出，提升文档制作效率和准确率，目前已在全球 12 个国家的 15 个外线工程项目中落地应用。

3. 基础电信运营商

（1）中国移动深化国际化运营，拓展数字基础设施、云服务等多领域国际市场。近年来，中国移动持续发挥国内国际两个市场联动效应，加强优质产品和 5G 解决方案出海，服务"一带一路"建设，推进海外数字基础设施升级，持续深化国际领域生态合作。2024年上半年，中国移动的国际业务收入达到118亿元，同比增长16.3%。数字基础设施方面，中国移动通过全球网络延伸，构建了云网融合解决方案，已搭建39个业务点和5个自建数据中心，并计划到2030年境外PoP站点超过1000个。此外，非洲海缆项目为企业出海非洲创造了优质环境，全长4.5万公里，设计容量达180T。

云服务方面，中国移动不断强化5G、AI、云计算、大数据等前沿技术的融合应用，构建了一个开放的云服务生态系统。不仅丰富了服务产品线，还促进了与生态伙伴的共同创新。当前，中国移动正积极推进移动云盘、云手机等核心产品的国际化布局，通过技术创新与全球合作，为海外用户带来更加便捷、高效的数字生活体验。

（2）中国联通以基础设施为重点推动全球化发展。 一方面，中国联通持续推动网络设施互联互通，已在全球设立30余个分支机构，其中"一带一路"区域19个。全球国际业务接入点达到124个，实现产品业务节点363个，覆盖44个国家、76个城市；国际互联网China169回国带宽达5.59T；移动业务通达264个国家和地区，5G国际漫游通达72个国家和地区，4G国际漫游通达221个国家和地区。其中，"一带一路"方向节点达到37个，海缆容量达到46.4T，跨境陆缆容量达到31.3T。

另一方面，中国联通协同粤港澳大湾区一体化国际算力布局，推进中国联通国际网络（香港）枢纽项目。中国联通为国内各行业面向东盟提供出境业务电路超300条，为东盟国家提供国际入境业务电路超120条，合作项目超240个，赋能东盟国家数字经济发展。

4. 短视频产业

（1）TikTok领跑短视频产业数字出海。 自2017年正式出海以来，TikTok采用去中心化算法，基于用户兴趣与行为进行精准匹配，以个性化内容实现用户的爆发式增长。截至2024年7月，TikTok在全球拥有超过16亿月活跃用户，其中美国用户高达1.7亿，占美国人口的一半以上。此外，2021年2月，TikTok以印尼为起点开启电商业务，此后陆续开放英国和东南亚六国的跨境电商业务；2023年9月，TikTok Shop正式入驻美国；2024年2月，TikTok上线了半闭环模式，将外部电商平台的插件与TikTok进行绑定，卖家可以在自己TikTok视频的购物车或个人主页的橱窗里放置外部商品链接，从而引导观众点击链接前往独立站，进行商品购买。该模式在德国、法国、西班牙、意大利、加拿大、澳大利亚、日本和韩国八个国家内测上线。

相关数据显示，2025年1月，TikTok Shop以153%的销售额增速强势冲击美国市场，远超希音（26%）和Temu（28%）。TikTok Shop的增长不仅体现在低价市场，还在高价市场取得了突破。在交易金额超过25美元的市场（希音占据主导地位）中，TikTok Shop的市场份额上升了16个百分点，而在低于25美元的市场（Temu的核心领域）中，也增长了7个百分点。

（2）快手深耕重点市场提升核心竞争力。2021年，快手成立海外营销品牌"快手海外商业化"（Kwai for Business）。作为全球数字平台，快手国际化业务近年来加速发展，海外用户、内容、电商、商业化生态持续繁荣，业务遍布全球30多个国家，市场选择灵活，全球月活已达10亿。通过其短视频产品Kwai和SnackVideo，快手在拉美、东南亚等市场成绩明显，如Kwai巴西月活突破6000万，SnackVideo在印尼月活突破4300万。在巴西，Kwai已成为国民级内容社交平台，此外，Kwai Lite版本也多次登顶巴西Google Play总榜。SnackVideo稳居印尼第三大视频类APP。基于繁荣的用户生态，过去一年，快手海外商业化业务在多个关键市场实现了显著增长。

5. 游戏产业

2024年，中国自主研发游戏海外市场实际销售收入为185.57亿美元，同比增长13.39%，其规模已连续五年超千亿元人民币，并再创新高。面对全球游戏市场增速放缓、竞争日趋激烈的国际环境，国内游戏企业积极应对，表现依然出色。

（1）《黑神话：悟空》在全球范围内的成功，为优质国产游戏作品出海奠定坚实基础。 2024年8月，由深圳市游科互动科技有限公司（以下简称"游戏科学"）开发的国产3A（高质量、高体量、高成本单机游戏）游戏大作《黑神话：悟空》在全球各大游戏平台正式上线，引发国内外玩家广泛关注。截至2025年2月，根据分析机构Video Game Insights相关统计，该游戏在面向全球玩家的游戏平台Steam上总收入已达9.445亿美元，成为该平台收入最高的收费单机游戏。此外，《黑神话：悟空》美术总监杨奇曾透露，该游戏的海外玩家数量占比已达30%左右，受到海外玩家广泛好评。该游戏采用了前沿制作技术，并通过实施精准海外营销策略，向全球玩家传达了特色鲜明且内涵丰富的民族文化内容，不仅为自身赢得了国际市场，也为其他希望出海的中国游戏品牌提供了宝贵的经验和借鉴。

（2）以米哈游公司为代表的移动游戏公司已经成完善的出海战略。 米哈游布局海外市场时间较早，2014年就已通过发行《崩坏学园2》游戏作品开启对海外市场的探索，在我国出海游戏企业的海外收入方面排名第二，仅次于腾讯。

在战略目标设定上， 米哈游在2017年发布的招股书中公开表示，公司重要发展战略之一即为开拓海外市场，抢占国际移动游戏市场份额。此外，"长线运营"策略也成为其出海经营的重要指导，目标致力于持续强化同一游戏IP的国际影响力，提高全球用户对游戏的参与感。

在重点海外市场选取上， 米哈游作为移动游戏公司，在出海早期阶段选择日本、北美和韩国地区，这些地区均处于移动游戏玩家规模较大、市场规模较大、增长快速的地区。相关地区配套数字基础设施较为完善，网络流量较大，同时拥有集中化的游戏产品分发渠道，便于实现企业的全球化扩张。

在技术路线选择上， 米哈游积极布局AI产业应用，力图通过AI技术进一步提升全球用户体验。在米哈游最新发布的游戏作品《崩坏：星穹铁道》中，AI 技术被应用到角色行为管理、3D 建模调优、NPC（非玩家控制角色）台词等多个方面，大幅提升了内容产出效率。2024 年 9 月，米哈游旗下子公司，上海米哈游秘法科技有限公司的模型"Glossa"通过生成式人工智能服务备案。

未来，米哈游可进一步探索通过 AI 技术实现游戏本地化布局，如自动翻译游戏文本，生成符合不同文化背景的角色和剧情等，以更好地适应不同地区的市场需求。

二、其他数字企业出海实践典型

1. 在线教育

伴随互联网技术与教育行业深度融合，全球在线教育市场正在迎来蓬勃发展。根据 Statista 数据显示，截至 2023 年底，全球在线教育市场规模为 1665.5 亿美元，2017—2023 年全球在线教育市场规模复合增速为 16.8%。从市场份额看，美国和中国领跑全球在线教育市场。2017—2023 年，美国在线教育市场收入从 310 亿美元增长到超过 750 亿美元。中国在线教育市场经历了显著增长，2017—2023 年，收入从 180 亿美元增长到 460 亿美元。

（1）51Talk 聚焦海外英语教培服务。51Talk 是少儿英语在线教育品牌，主打海外英语教培服务，以东南亚市场为切入点并将业务逐步扩张至中东、欧美等全球多个国家和地区。自 2023 年起，51Talk 开始实现收入 100% 来自国际市场，业务全面出海。2024 年，51Talk 主要发力本地化和 AI 赋能，通过产品、服务、人才本地化站稳不同国家市场，重点在课程研发方面深入结合本地文化习俗和教育需求，以趣味性互动在线英语学习体验快速占领海外市场用户心智；AI 技术的应用则有效改善 51Talk 潜在客户转化率、导师管理效率、学生学习体验，成为提升产品服务竞争力和经营效率的重要驱动力。根据51Talk在线教育集团季度财务报告，2024年第三季度，51Talk净收入为1400万美元，环比及同比分别增长28.2%、79.4%；活跃学生人数约65700人，同比增长82.5%，学员已覆盖全球50个国家和地区，海外发展前景广阔。

（2）教育类APP以AI技术塑造核心竞争力。学而思、作业帮、猿力教育等借助生成式AI技术和行业垂直大模型，发力教育类产品出海，为欧美市场用户所偏好。2019年，学而思以Think Academy品牌和自身优势学科数学教育进入美国硅谷市场，线上课程结合TikTok直播进行引流，快速覆盖目标用户；后续重点筹备成立东南亚地区分校，并持续完善包括中文及素质教育在内的教育业务。作业帮的Question.AI基于AI能力解答学科问题，具备AI聊天、AI写作功能，支持多学科拍照解题，2023年5月在美国上线后，又相继登陆东南亚和其他国家，在美国、印尼市场表现良好。猿力教育的CheckMath是基于AI驱动的学习家教，主要面向数学学科提供AI搜题服务，目前已出海超百个国家，实现了全球用户规模的快速增长。

2. 金融行业

近年来，中国数字金融企业出海蓬勃发展，形成了头部先行到全面出海、发达市场向新兴市场拓展的路径，国际影响力逐渐提升。根据《中国金融科技企业首席洞察报告》显示，东南亚是我国数字金融企业出海最主要的区域选择，东南亚地区的金融基础设施薄弱，移动支付普及率高，为中国数字金融企业的出海提供了良好的市场环境。此外，北美、拉美、非洲等地区也逐渐成为中国数字金融企业的新兴市场。中国数字金融企业的出海模式主要包括自营出海、参股控股出海和合作出海三种形式。

（1）移动支付出海具有显著的技术和服务优势。根据博通咨询相关研究，2023年初至2024年，中资跨境支付机构纷纷在东南亚加大资本投入，包括与东南亚各国支付工具扫码互认，搭载营销解决方案进入本地生活服务等。蚂蚂蚁集团通过参股海外钱包和提供本地化解决方案进入东南亚市场。蚂蚁集团是数字金融出海的先锋企业之一。其通过参股海外钱包（如新加坡星熠数字银行）和提供本地化解决方案，成功进入东南亚市场。此外，蚂蚁集团还投资了多家海外金融科技公司，如 Zomato、Bukalapak 等，并通过资产证券化等方式加速海外扩张。腾讯通过微信支付在全球范围内开展业务，覆盖 200 多个国家或地区和地区。微信支付不仅支持跨境支付，还通过技术输出帮助中小企业实现数字化转型。2024 年 9 月 13 日，微信支付与马来西亚 PayNet 达成合作，让 200 多万家马来商铺接入微信支付，微信用户直接扫本地 DuitNow 二维码即可完成支付。这一二维码互扫，是中国支付企业的技术标准输出，也是构建更加一体化国际支付环境的有力举措。

（2）金融科技平台出海助力海外金融机构转型。近年来，中国金融科技数字化解决方案的国际竞争力显著提升，海外金融机构在核心系统数字化、智能化改造方面对中国产品的需求持续增长，云服务、分布式技术架构、数据库管理系统等中国金融科技产品输出海外，为海外的中国金融机构和本地金融机构的数字化转型，提供了技术、资本、本地化合规等协同赋能。例如，腾讯云基本较强的基础设施能力、业务场景理解和产品服务能力，已服务境外金融客户逾 300 家，覆盖亚洲、中东、欧洲、美洲等 20 多个国家和地区。印度尼西亚当地大型数字银行 Allo Bank 依托腾讯云基础设施与数据库等产品，在开业 5 个月内 Allo Bank 收获 500 万用户，实现业务快速扩容。印尼银行（BNC）通过腾讯云数据库 TDSQL 支撑其银行核心系统运行，实现日均处理超过 500 万笔交易与 5 万笔贷款发放，2021 年以来获得逾 2800 万用户。柬埔寨大型银行——加华银行也基于腾讯云移动银行解决方案打造了全新的加华银行 APP，带动活跃用户数与交易量同比明显增长。

3. 互联网医疗

2024 年，中国医疗企业发力国际市场，超过 90% 的中国前 50 大医疗科技公司已将"出海"作为核心战略之一，出海模式包括通过"原始设计制造"（ODM）模式满足海外市场需求、联合研发和商业化合作，以及并购海外资产等多种方式。

（1）"同仁堂国际"引领中医药出海迈出坚定步伐。2015 年，同仁堂自建电商平台"同仁堂国际"，于 2016 年上线同仁堂国际中医药"走出去"平台（TRTMED.COM）。同仁堂国际依托中医药全产业链优势，重点整合全球优质医馆、中医名家等健康资源，为中医药国际化实现"互联网+"的新布局，通过跨境电商模式将高品质中药及植物健康产品提供给全球消费者。该平台采用从源头到用户的直采模式，整合全球供应链实现境外直发，并且从产品销售到健康服务，实现全方位精准健康管理。2020 年，同仁堂国际与华为携手布局"智慧云中医"，通过大数据云平台，打通个人健康管理服务的全产业链，为海外医馆、医师提供便捷高效的用户健康管理生态圈，为企业员工及大众用户提供优质的线上健康管理服务。目前，同仁堂国际中医药平台已经覆盖美国、加拿大、英国、爱尔兰、新西兰、澳大利亚、新加坡等国家，支持美元、欧元、英镑等 15 种货币结算，取得了中医药出海的良好成效。

（2）微医（WeDoctor）以数智化医疗推进东南亚数字医疗枢纽建设。微医是中国领先的医疗 AI 企业，其"AI 健共体"整体解决方案以及在医疗大模型技术和 AI 智能体应用方面的创新成果，为全球医疗健康服务体系的现代化升级提供了宝贵的经验和范式参考。近年来，微医通过"机制创新+AI 赋能"的双轮驱动模式，持续打造高性价比的医疗健康服务模式，全力推动"价值医疗"落地，并已取得显著成效。微医的 AI 健共体模式通过嵌入自主研发的"AI 医生、AI 药师、AI 健管、AI 智控"四大智能体，构建了覆盖"医、药、检、健、管"的全流程闭环，为患者提供从诊前、诊中到诊后的全生命周期健康管理服务。此外，微医的医疗大模型在权威医疗大模型测评平台 CMB 中以 91.71 的平均分位居榜首，展现了其在医疗知识理解、临床决策

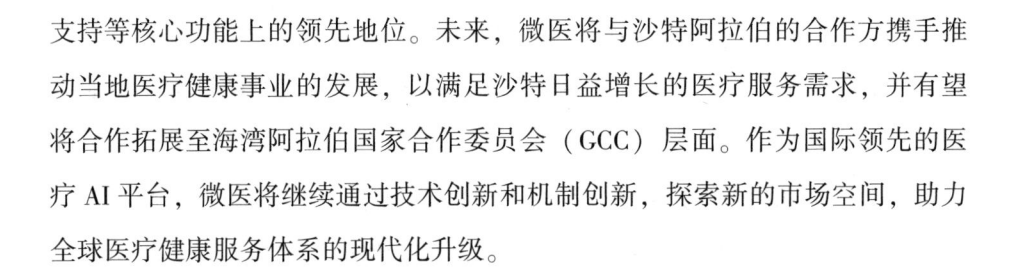

支持等核心功能上的领先地位。未来，微医将与沙特阿拉伯的合作方携手推动当地医疗健康事业的发展，以满足沙特日益增长的医疗服务需求，并有望将合作拓展至海湾阿拉伯国家合作委员会（GCC）层面。作为国际领先的医疗 AI 平台，微医将继续通过技术创新和机制创新，探索新的市场空间，助力全球医疗健康服务体系的现代化升级。

第四节　数字出海的发展展望与政策建议

一、数字出海的五大发展展望

在全球数字经济加速重构的背景下，中国数字企业正以技术创新为核心引擎，突破地域边界、重塑国际竞争力。2025—2026 年，随着人工智能、区块链、云计算等技术的迭代升级，以及全球数字化需求的爆发，中国数字企业将进入出海战略的"深水区"——从单纯的产品输出转向技术标准、商业模式和产业生态的全球化渗透。

1. 数字化转型将为中国数字企业出海领域拓展注入强劲动能

根据《2024 年中国数字经济企业出海发展报告》，中国数字经济规模在 2023 年已达到 539281 亿元，预计到 2030 年将占 GDP 的 50%以上。根据沙利文咨询机构预测，2024 年中国"专精特新"中小企业出海率已超过 65%。目前，电子元器件和设备、计算机、软件开发、互联网和信息技术、信息基础设施、工业互联网、车联网等企业出海的数量占比较高，数字媒体设备、通信及雷达、数字产品服务行业、智能制造等行业企业出海数量正在逐渐增加。

展望未来：依托数字化转型的技术红利、政策支撑与市场积淀，中国企业的全球化布局将从"规模扩张"迈向"价值深耕"，在商业模式创新、供应链效率提升、本地化运营等领域释放强劲动能。随着数字化不断提升企业的内部管理效率、优化资源配置，中资数字企业的出海领域将持续拓展，越来越多的数字企业迈向国际市场，在海外智能制造、医疗、金融等诸多领域，为境外消费者提供更加智能化、精细化的产品和服务，提升我国数字产业国际竞争力，促进数字经济高质量发展。

2. 数字技术创新将为中国数字企业出海升级迭代提供核心驱动力

当前，数字出海的技术创新正在从单点创新到构建系统化能力输出。中国数字企业的技术积累已从"追赶"逐步转向"领跑"。2025年，以生成式AI、量子计算、6G通信为代表的下一代数字技术将进入产业化临界点。

展望未来：技术迭代将推动中资数字企业出海模式深度转型，技术融合创新将进一步深化，生态协同升级将进一步加强，绿色技术输出将进一步增加。数字企业利用人工智能技术，将实现更精准的营销、个性化推荐和客户服务，提升用户体验；深度借助大数据分析洞察全球市场趋势、消费者行为和竞争对手动态，将为企业战略决策提供更全面准确的依据。技术研发与商业场景的深度融合，将使中国企业的出海模式从"成本驱动"持续转向"技术溢价驱动"。

3. 产业生态出海将为中国数字企业出海格局优化激发新潜力

在全球数字经济版图加速重构的背景下，中国数字企业正经历从"产品出海"向"生态出海"的战略转型。

展望未来：随着数字技术革命深化与全球产业链重组共振，通过技术赋能、生态重构、模式创新三维突破，中国数字经济生态系统的结构性变革将重构出海企业的竞争范式，数字企业的出海模式将更加多元化和高效化，在提升数字企业商业价值的同时，通过数字基础设施共建、企业生态模式输出、技术标准共研，为全球市场开拓注入新动能，为全球数字经济发展带来新机遇。

4. 本地化与品牌建设将为中国数字企业扎根海外市场拓展新思路

伴随全球经济进入深度调整期、地缘政治对数字领域影响持续加深，中国数字企业出海面临遏制打压、文化差异、法规壁垒、品牌认知度等诸多挑战。同时，在全球数字经济加速渗透的背景下，中国数字企业正面临从"走出去"到"走进去"的战略升级窗口期，需要以深化本地化融入、加强品牌建设为两大抓手，为深耕、扎根海外市场提供持续动力。本地化方面，不同国家和地区在文化、法规、消费习惯等方面存在显著差异，这就要求企业深入了解并据此改造产品和服务。早期中国企业的本地化实践多停留在语言翻译、产品功能调整等表层适配。品牌建设方面，以往部分企业靠低价打开市场，中国品牌长期依赖"高性价比"标签，但在欧美成熟市场，这种策略容易陷入低利润竞争陷阱。

展望未来： 海外市场的本地化将向"深度嵌入社会肌理"进化发展，实现"价值链本地化"的深层次突破。企业可通过"智能本地化系统"实现动态响应，如跨境电商平台可借助 AI 分析各国文化节点，动态调整选品策略和营销话术。随着全球市场竞争格局重塑、技术迭代深化以及消费者主权意识觉醒，本地化与品牌建设将成为中国企业在海外市场实现可持续增长的核心抓手。在这一阶段，中国数字企业需要突破传统出海逻辑，构建"技术驱动、文化共情、生态协同"的新范式，将专利数量、研发投入占比等硬指标转化为品牌叙事，在全球化与本地化之间找到动态平衡点。

5. 新兴市场将为中国数字企业出海扩围增效提供更多机遇

伴随新兴市场对全球经济发展的重要性与日俱增，新兴市场不仅将成为中国数字企业构建协同数字出海的重要目的地，通过技术创新、文化融合与生态协同的复合战略，中国数字企业有望在新兴市场实现规模扩张与价值升级的双重突破。

展望未来： 在出海区域选择上，拉丁美洲、北非、南非等新兴市场将成为出海热土，中东海湾地区国家在智能、低碳产业的巨大发展空间也将吸引更多中国出海企业。众多企业在全球多点布局，推动当地数字经济发展，与我国整体贸易多元化发展方向一致，将为数字贸易增长注入新动力。

二、对数字出海的四大政策建议

1. 加强政策引导，为数字企业出海提供更好保障

（1）在制度供给方面。相关政府部门可考虑通过研究制定数字企业出海指引、组织评选出海典型数字产品、形成企业全球化发展指南、发布数字企业出海白皮书、组建数字企业全球化发展联盟、召开数字企业全球化发展论坛等多种形式和手段，积极营造有利的政策环境，培育数字企业形成全球化发展氛围。同时，编制美欧、新兴市场等出海目的地国家合规操作指引，对各国最新市场需求、合规要求、发展前景等进行梳理总结，为数字企业出海提供全面精准辅导。

（2）在政策扶持方面。鼓励新创平台企业实施"原生全球化"战略。同时，完善中小企业赋能体系，加大对出海商家，特别是加大对中小微企业的优惠和支持力度，解决中小微企业数字化出海面临的痛点、堵点，如降低跨境电商零售出口优惠政策对中小微企业的适用门槛，创新中小微数字企业出海的融资增信机制，扩大海外仓支持政策受益范围等。

2. 提高合规意识，确保数字企业出海行稳致远

（1）数字出海企业应遵守国际和当地的法律法规，提高合规风险防范意识。当前，全球数字监管环境日趋严格，约80%的国家已完成数据安全和隐私立法，各国对数字企业的设立主体、跨境用工、人工智能产品、大模型应用、数据合规、知识产权保护等方面均有相关法律法规要求，部分国家还有出口管制与合规以及文化与价值观问题。中资数字出海企业需要加强风险合规意识和尽职调研，特别是在数据收集、数据跨境流动、数据交易等方面认真研究当地法律法规要求，通过健全企业内部合规组织、构建相关管理制度和规范、建立隐私安全合规平台、购买专业咨询服务等方式，降低数据安全

和合规风险。

(2) 需提升维护中国数字企业在海外合法权益的能力。企业应加快培育知识产权、商事协调、法律顾问等专业化中介服务，加强海外司法协调、投资保护和维权救济能力，保护我国数字企业在海外的合法权益。加强对被列入国外管制清单、受突发事件影响的企业的跟踪调研，指导企业应对，减轻相关限制措施对我国企业"走出去"的负面影响。对受到重大损害的企业实施救济，综合运用技术、市场、法律等手段提供援助。

3. 强化人才建设，为数字企业出海注入源头活水

数字出海企业可以构建多层级人才供给体系，强化数字出海核心竞争力。

(1) 在机制建设方面。企业在出海前应制定清晰的人力资源战略和路径规划，包括招聘、培训、晋升机制以及与当地文化相融合的薪酬福利体系。建立全球人才培养机制，搭建多元化的人才引进渠道，通过构建支持多语言学习的全球统一数字化培训平台，培养具备数字化思维和技能的员工，为引进国际顶尖数字人才提供有力激励机制，提高团队整体数字化素养。

(2) 在实务培训方面。企业应加强与国际人才和合作网络的联系，吸引和培养具有国际化视野和跨文化沟通能力、熟悉跨境电商领域国际规则、掌握前沿技术的复合型专业人才；应高度重视数字技能培训，综合出海目的地业务经营不同场景，开展贴近实际业务场景的培训教程，切实提高员工对AI等数字化工具的应用能力和实践效果。此外，数字出海企业可建立全球法律团队，关注目标市场的法律法规和劳动政策，根据需要成立专门的数字合规和法律部门，加强数据安全、网络安全、隐私保护等方面的政策研究和应对，为出海项目顺利落地提供专业的法律团队支持。

4. 积极参与国际规则制定，优化国际化发展环境

(1) 在国际治理方面。主动参与国际组织数字经济和数字贸易议题谈判，开展双多边数字治理合作，深度融入全球价值链，为数字企业开拓国际市场营造良好发展环境；积极参与联合国、G20、APEC、金砖、上合等多边机制数字领域规则谈判，加强对 ITU、ISO、IEC 等国际标准化组织的参与力度。倡导平等有序的世界多极化、普惠包容的经济全球化，推动落实全球发展倡议、全球安全倡议、全球文明倡议，积极参与全球治理体系改革和建设。

(2) 在规则谈判方面。加快推进我国加入 CPTPP 和 DEPA 等高标准国际经贸协定，扩大高水平对外开放。有效拓展多层次数字经济国际合作，加强与共建"一带一路"国家数字经济发展合作，拓展与东盟、欧盟的数字经济合作伙伴关系。开展境外数字基础设施合作，推动云计算、跨境电商、数字贸易等新兴服务全球化发展。深化全球数字经济合作，全面深化在数字贸易规则制定方面的参与度，提高话语权，为我国数字企业全球化发展保驾护航。